Jeremy Bentham

Tactik oder Theorie des Geschäftsganges in deliberirenden Volksständeversammlungen

Elibron Classics
www.elibron.com

Elibron Classics series.

ISBN 0-543-70329-0 (paperback)
ISBN 0-543-70328-2 (hardcover)

This Elibron Classics Replica Edition is an unabridged facsimile
of the edition published in 1817 by J. J. Palm und Ernst Enke, Erlangen.

Tactik

oder

Theorie

des

Geschäftsganges

in deliberirenden Volksständeversammlungen

von

Jeremias Bentham.

Nach dessen hinterlassenen Papieren bearbeitet

von

St. Dumont
Mitglied des repräsentativen Raths des Cantons Genf.

Erlangen 1817
bei J. J. Palm und Ernst Enke.

Vorrede des Uebersetzers.

Das Original dieser Schrift ist erst dieses Jahr zu Genf unter dem Titel erschienen: Tactique des Assemblées législatives suivie d'un Traité des sophismes politiques. Ouvrage extrait des Manuscrits de M. Jérémie Bentham Jurisconsulte anglois, par Et. Dumont, Membre du Conseil représentatif du Canton de Genève. Ars obstetrix animorum.

Ueber den Titel Tactique des Assemblées législatives rechtfertigt sich Herr Dumont in seiner Vorrede. Er versteht darunter nichts anders als eine Theorie der Geschäftsverhandlungen in Volksstände-Versammlungen, die freilich, wenn man eine Opposition annimmt, einem fortgesetzten Krieg gleichen, der eine besondere Tactik, besondere Kriegsregeln, voraussetzt.

Herr Dumont, ein helvetischer Gelehrter, studirte während seines langen Aufenthaltes in England mit besonderer Vorliebe und Aufmerksamkeit die brittische Constitution und den hergebrachten, auf keinen geschriebenen Gesetzen beruhenden, Geschäftsgang im Parlament. Nach seiner Rückkehr ins Vaterland fand sich eine erwünschte Gelegenheit seine erlangten Kenntnisse zum Wohl desselben anzuwenden. Als nämlich die Stadt Genf im Jahr 1813 durch das Waffenglück und das Wohlwollen der verbündeten Monarchen ihre Freiheit wieder erlangte, und sich neu constituirte, wurde er zum Mitglied des repräsentativen Raths ernannt, und erhielt den ehrenvollen Auftrag ein neues Reglement für denselben zu entwerfen.

Bei dieser wichtigen Arbeit legte er Benthams Theorie zum Grunde, in sofern dieselbe mit der neuen Verfassung der Stadt Genf vereinbar war, und auf einen so kleinen Staat angewandt werden konnte. Der neue Entwurf der Geschäftsordnung wurde nun Artikelweise erst von einer besonders dazu niedergesetzten Commission, dann von der ganzen Versammlung geprüft und erhielt im Verlauf der Debatten noch einige Modificationen, wurde aber bei der definitiven Abstimmung seinem ganzen Inhalt nach provisorisch auf ein Jahr, und dann noch auf ein Jahr angenommen, welches letzte bis jetzt noch nicht verflossen ist. Wahrscheinlich wird er bei der durch den 74. Artikel verordneten Revision keine wesentlichen Veränderungen erleiden.

Dieses neue Reglement hat Hr. Dumont seinem Werke beidrucken lassen, und die Leser finden es S. 195. dieser Uebersetzung, mit einem Vorbericht des Verfassers. Es ist dasselbe, meines Erachtens, doppelt interessant, da sich in demselben nicht nur Benthams Theorie im ganzen durch eine zweijährige glückliche Anwendung bewährt hat, sondern auch selbst die Abweichungen interessante Fingerzeige geben. Ich verweise hierüber die Leser auf den erwähnten Vorbericht des Verfassers S. 195.

Nach diesem Reglement folgt auch eine Uebersicht der Regeln und Gewohnheiten, welche bei den Geschäftsverhandlungen im brittischen Parlament befolgt werden. Auch dieser Aufsatz, der dem berühmten Grafen v. Mirabeau von einem Engländer handschriftlich mitgetheilt wurde, hat ein ganz eigenes Interesse, wenn man erwägt, daß die Geschäftsführung in dem gedachten Parlament sich auf kein schriftliches Gesetz, sondern auf bloses Herkommen gründet. Auch hier muß ich mich auf den besondern Vorbericht des Verfassers, S. 221, berufen. Man wird bei Durchlesung desselben manches finden, was die Anwendung des Wortes Tactik auf den Parlamentskrieg rechtfertigen kann.

Die Abhandlung über die politischen Sophismen, deren der Titel gedenkt, füllt das zweite Bändchen dieses Werks, wovon die Uebersetzung bald nachfolgen wird. Bei der Erscheinung desselben werden sich auch die Modificationen bestimmen lassen, welche das neue Genfer Reglement durch die verordnete Revision erleiden wird, die in der December-Sitzung 1816 vorgenommen werden soll.

Es ist zu hoffen, daß in dem dermaligen wichtigen Moment, wo alle teutsche Staaten mit dem großen Werk beschäftiget sind, sich neue ständische Constitutionen zu geben, oder die alten neu zu organisiren, Benthams Theorie die erwünschte Aufmerksamkeit finden und bei der Entwerfung neuer Geschäftsordnungen benutzt werden wird, zumal da sie beinahe ganz auf den durch so lange Erfahrung als trefflich bewährten Geschäftsgang in dem brittischen Parlament gegründet ist.

Genf, den 1. October 1816.

Dr. Ludwig Friedr. Wilh. Meynier.

Vorrede des Verfassers.

Kaum war der Titel dieses Werks bekannt, so fand er auch Tadler und Lobredner. — Das Wort Tactik, sprechen jene zu mir, hat eine gehässige Nebenbedeutung; es deutet auf etwas Hinterlistiges: man wird glauben, Sie lehren die Kunst, in einer politischen Versammlung zu manövriren, sie zu verführen und den Absichten eines Mannes oder einer Partei unterthänig zu machen. — Behalten Sie das Wort bei, sagten diese, weil es, in seinem wahren Sinne genommen, genau ausdrückt, was Sie sagen wollen. Die gemeine Bedeutung desselben darf Ihnen nicht bange machen, sie wird die Neugierde einer gewissen Anzahl von Lesern reitzen, die vielleicht ein Gegenstück zu Machiavellis Fürsten zu finden wähnen.

Ich habe den Titel beibehalten, aber keineswegs, um diejenigen anzulocken, die hier die Kunst politischer Kriegslist in den Volksversammlungen suchen. — Ich sage ihnen zum voraus, daß nichts dem Zwecke dieses Buches mehr zuwider ist. — Die Tactik, in ihrem Sinne genommen, wäre die Kunst, eine Partei zu bilden und anzuführen, auf eine geschickte Weise Mittel der Bestechung anzuwenden, die Versammlung durch unvorhergesehene Vorschläge zu überraschen, sie in Schrecken zu setzen, wenn man etwas mit Sturm erobern will; seine Gegner mit gehässigen Farben zu malen, durch lügenhafte Beschuldigungen, sie zu Ueberschreitung der Grenzen mit fortzureissen, um darauf Vortheil aus ihren Fehlern zu ziehen, schlaue Diversionen zu machen, wenn man sich nicht stark genug fühlt; um den *einen* Punkt *heuchlerisch* zu streiten, um einen *andern* zu erhalten, und zu seinem Zweck zu gelangen, mit völliger Gleichgültigkeit über die Wahl der Mittel. Es ist dies ein Gemische von Sophismen, von Verderbniß, Gewaltthätigkeit und Trug, und eine solche Tactik verhält sich zu der vorliegenden wie *Gift* zu *Speise*.

Dieses Werk soll allen Regierungen nützlich werden, selbst den unumschränktesten, weil keine ohne Corporationen, ohne Collegien und Gesellschaften existiren kann, die sich versammeln, um Beschlüsse zu fassen, und die folglich die Kunst zu deliberiren, verstehen müssen. Aber es ist insbesondere gemischten oder republikanischen Staaten gewidmet, welche repräsentative Rathsversammlungen haben; denn ihnen ist die Kunst, die Operationen einer zahlreichen Versammlung zu leiten, am wichtigsten. Die innere Anordnung einer Staatsversammlung ist ein Zweig der Gesetzgebung, und zwar ein wesentlicher Zweig. Bis jetzt hat noch kein politischer Schriftsteller sich ausschließlich damit beschäftiget, folglich ist dieser Gegenstand zugleich sehr alt und sehr neu; jenes durch die *Praxis*, dieses durch die *Theorie*: ja in dieser Hinsicht so neu, daß er noch keinen besondern Namen erhalten hat, und, daß ihn zu bezeichnen, ein neuer Ausdruck erfunden werden mußte.

Dieser Zweig der Gesetzgebung ist deswegen vernachlässigt worden, weil man seine Wichtigkeit nicht kannte. Man sah nicht genug ein, welchen Einfluß die bei den Operationen einer Versammlung angenommenen Formen auf die Operationen selbst haben mußten. Es sind ja blos Formen, sagte man, und für oberflächliche Köpfe erniedrigt das Wort: „Form" sogleich die Würde des „Gegenstandes. Formen, sagen sie, sind Kleinigkeiten, pedantisches Zeug; wer ins Große sieht, der verachtet „die Formen."

Wenn wir genau die Geschichte mehrerer politischer Corporationen auseinandersetzen könnten, so würden wir sehen, daß jene zu Grund gegangen, diese sich aber erhalten haben, durch den einzigen Unterschied in den Formen der Berathschlagungen und der Ausübung.

Die Freiheit aller Glieder sichern, die Minorität schützen, die Fragen, über die man berathschlagt, gehörig ordnen, eine methodische Verhandlung erzielen, und als letztes Resultat zum treuen Ausspruch des allgemeinen Willens gelangen, endlich Beharrlichkeit in allen Unternehmungen: dies sind nothwendige Bedingungen zur Erhaltung einer politischen Versammlung. Sie muß ununterborchen gegen drei große Uebel sich zu verwahren suchen, die ihr drohen, so lange sie existirt: „Uebereilung, Gewalt und Trug (fraude)." Zwei große Feinde stehen beständig an ihren Thoren, die Oligarchie, wenn die kleine Zahl den Willen der Majorität beherrscht, und die Anarchie, wenn jeder eifersüchtig auf seine eigene Unabhängigkeit der Bildung eines Gemeinwillens widerstrebt. Umringt von so vielen Gefahren, was hat sie für Vertheidigungsmittel? Kein anderes als ihr inneres System, das sie nur dann retten kann, wenn es beständig dem ganzen Corps die Nothwendigkeit der Mäsigung, des Nachdenkens und des Beharrens auflegt.

Wenn die ehemaligen General-Staaten in Frankreich schwach und ohnmächtig waren, so waren sie es blos, weil sie nie wußten, sich einer guten Disciplin zu unterwerfen, und sich einer zweckmäsigen Form in ihren Verhandlungen zu bedienen; deswegen haben sie nie einen wirklichen allgemeinen Willen zu bilden vermocht. Bei jeder neuen Versammlung mußten die verschiedenen Stände über ihre entgegengesetzten Forderungen ganz von vorne wieder anfangen. Mit den besten Absichten hätte die innere Unordnung sie unfähig gemacht, zu wirken. Sie sahen eher einem unordentlich zusammengelaufenen Haufen, als einer Volksversammlung gleich, und ihr wahrhafter Charakter spricht sich in zwei Worten aus: wilder Eifer (fougue) für die Gegenwart und Unvorsicht für die Zukunft. Ohne eine gute Disciplin hat der Patriotismus so wenig Glück in einer politischen Versammlung, als die Tapferkeit auf einem Schlachtfeld. Muth reicht hin, einen augenblicklichen Vortheil zu erringen, aber um sich eines dauernden Erfolges zu versichern, bedarf es ganz anderer Eigenschaften.

Das englische Parlament, weniger machtig bei seinem Entstehen, als die General-Staaten, aber regelmäsiger in seiner Einrichtung, wußte sich mitten in den Stürmen und unter den despotischsten Fürsten zu erhalten. Dieses System fand sich nicht in den Wäldern, wie Montesquieu sagt. Es hat sich nicht auf einmal gebildet, sondern war die Frucht der Erfahrung, und vervollkommnete sich bei allen Versuchen, die man gewagt hat, es zu zerstören.

Erstaunlich ist es, daß unter so vielen Schriftstellern, die über die englische Constitution geschrieben haben, und sie blos loben wollten, keiner zum Gegenstand seiner Lobeserhebungen einen ihrer unbekanntesten und ehrwürdigsten Theile gemacht hat: die innere Regiminalordnung des Parlaments, die Regeln, denen es sich in Ausübung seiner Gewalt unterworfen hat. Und doch haben diese Formen den größten Einfluß auf die Erhaltung und den Wachsthum der National-Freiheit gehabt. Der ganze Baum, in seiner Entwickelung, zog alle Blicke auf sich; aber die Aufmerksamkeit hat sich nicht auf seine erste Pflege in dem Zaune gerichtet, der seine Schwäche schützte, bis er Wurzeln geschlagen hatte, tief genug, um den Stürmen zu trotzen.

Dieses System einer innern Polizei wird nicht in einem geschriebenen Codex aufbewahrt. Es ist eine simple Gewohnheit durch den Gebrauch entstanden, durch Ueberlieferung erhalten, und die seit beinahe einem Jahrhundert sich wenig verändert hat. Herrn Benthams Werk ist großen Theils nach diesem Muster entworfen. Er beobachtete die Gebräuche im Parlamente und leitete daraus eine Theorie ab. Folglich hat die Erfindungsgabe keinen großen Theil an dieser Arbeit; aber je weniger Erfindung, desto größere Sicherheit. Es ist dies eine schöne Antwort für die, die diesen Schriftsteller einer zu großen Neigung zur Neuerung anklagten. Kaum hatte er ein bestehendes System entdeckt, das vollkommen seinem Zwecke entsprach, so gründete er auf diese Basis seine Arbeit, so gerne und mit mehr Vertrauen, als hätte er es selbst erfunden.

Wahr ist es jedoch, daß er sich in gewissen Fällen von der englischen Methode entfernt hat; nicht immer schien sie ihm die bestmögliche, hauptsächlich für eine neu geschaffene Versammlung. Um mit gutem Erfolg ein ganzes System zu verpflanzen, müßte man zu gleicher Zeit viele Nebenumstände übertragen können, besonders Gewohnheiten, die bei gewissen Unvollkommenheiten als Gegenmittel dienen. Diese oder jene Sitte, z. B., hat in England nicht empfindlich schlimme Folgen, weil sich eine Routine gebildet hat, welche dieselben vermeiden lehrt oder sie beinahe aufhebt. Trage man dieselbe Sitte in eine andere Versammlnng über, deren Constitution nicht dieselbe, oder doch noch neu ist: so bleibt das Uebel in seiner ganzen Kraft, ohne daß man Mittel wüßte, ihm abzuhelfen.

Wie vielen Schwierigkeiten weicht man im brittischen Parlament nicht durch die Vereinigung der Glieder unter den Panieren zweier Parteien aus! Diese Theilung ist zwar selbst einer großen Menge von Uebeln unterworfen; aber unwiderlegbar ist es, daß sie den Geschäften einen leichtern Gang verleiht, und einer Menge widersprechender Anträge zuvorkommt. Die Häupter der beiden Parteien werden thätigere Wächter, beobachten sich wechselseitig, beharren in ihren Maasregeln, und combiniren die Mittel, die zum Sieg führen. Unter diesem Gesichtspunkt hört die Abwesenheit der fünf Sechstheile der Versammlung auf, ein Uebel zu seyn. Die Führer halten Wache; die übrigen liegen ihren Geschäften oder Vergnügungen ob.

Aber in einer Versammlung, die solche Partei-Fahnen nicht hätte, wäre sehr zu fürchten, daß es an

Folge und Ordnung in den Operationen fehlen möchte; bald würde die Thätigkeit der Mehrzahl durch die Verwirrung schädlich werden, die sie in die Geschäfte bringen würde; bald würde der Mangel an Uebereinstimmung die besten Maasregeln zum Scheitern bringen, oder zu heillosen Ueberraschungen Anlaß geben. Folglich muß das Regulativ einer noch unerfahrnen Versammlung viele Schwierigkeiten zum voraus beachten, die bei einer alten niemals vorkommen.

Man könnte kein unrichtigeres Urtheil fällen, als wenn man alle segenreichen Wirkungen des englischen Regiments von der bloßen Annahme desselben erwarten wollte. In der Politik ist Nachahmung nicht immer Aehnlichkeit. Durch diese äussere Uebereinstimmung der Regierung wird nur eine Maschine erlangt, die für das Auge Aehnlichkeit hat, und der das innere Lebens-Prinzip fehlt.

Diejenigen, die von dem gedeihlichen Zustande Englands sprechen, und es als ein allgemeines Vorbild empfehlen, folgern ganz falsch. Sie nehmen an, daß es nicht denselben Grad des Wohlstandes unter einer in tausend Rücksichten verschiedenen Regiminalordnung hätte erlangen können; aber sie setzen es ganz ohne Beweis voraus. Um einen richtigen Schluß zu ziehen, müßte erwiesen werden, daß ein nothwendiger Zusammenhang zwischen diesem und jenem Punkt der gedachten Regiminalordnung und dem Gedeihen des Landes vorhanden wäre. Sonst ist diese Bewunderung, deren Styl so gewöhnlich und so leicht ist, nur eine eitle oft schädliche Declamation. Ein solcher Ton der Begeisterung und solche unbedingte Lobeserhebungen verwirren blos die Köpfe und führen zu schlechten Nachahmungen.

Noch muß ich hinzufügen, daß bei der kleinen Anzahl von Fällen, wo man die englische Praxis mißbilligt, ja nicht geschlossen werden darf, daß es rathsam für die Engländer seyn dürfte, sie abzuändern.

Wenn die Dinge einen gewissen Gewohnheits-Gang (routine) genommen haben, ist es im Allgemeinen zuträglicher, ihn beizubehalten, als mit andern Gebräuchen zu vertauschen, die vorzüglicher wären, wenn man von vorne anzufangen hätte. Wenn aber alle Systeme gleich neu sind, wäre es absurd, nicht das beste zu wählen.

Nach diesen allgemeinen Bemerkungen bleibt mir noch übrig, von der Gelegenheit zu sprechen, auf deren Veranlassung dieses Werk unternommen wurde, von dem Zustande der Manuscripte, die ich bearbeitet habe, und von der besondern Methode meiner Arbeit.

Der erste Entwurf dieser Abhandlung wurde durch die Protocolle (procès verbaux) der ProvinzialVersammlungen veranlasst. Die häufigen Fragen, die über die innere Polizei dieser Versammlungen erhoben wurden, und die Hindernisse, die sich bei ihren Verhandlungen zeigten, bewogen Herrn Bentham über die Grundsätze dieser Kunst nachzudenken. Er hatte seine Arbeit zur Zeit der zweiten Zusammenberufung der Notabeln in Frankreich angefangen, und hoffte vor der Eröffnung der GeneralStaaten sie zu vollenden, und es diesen zum Geschenke zu machen: „Mit Abscheu" sagt er in dem Entwurf einer Dedication „würde ich die Anschuldigung des

Patriotismus verwerfen, wenn ich, um Freund meines Vaterlandes zu seyn, der Feind des Menschengeschlechts werden müsste. Das bleibende Interesse aller Völker ist dasselbe. Ich nütze meinem Vaterlande, wenn ich dazu beitragen kann, Frankreich eine freiere und glücklichere Constitution zu geben."

Die GeneralStaaten waren versammelt, und Herrn Benthams Werk noch weit entfernt von seiner Vollendung. Aber wäre es auch vollendet gewesen, so weiß ich doch nicht, welchen Einfluß es gegen die Eifersucht der Corps und die NationalEifersucht erhalten hätte. Ein Umstand, von dem ich Zeuge war, läßt mich glauben, daß er sehr gering gewesen wäre. Als nämlich die NationalVersammlung durch Erfahrung die Unmöglichkeit eingesehen, mit den alten Formen fortzukommen, und die Nothwendigkeit begriffen hatte, sich eine PolizeiOrdnung zu geben, beauftragte sie einen Ausschuß in Eile diese Gesetze zu entwerfen, die den Gang der Gesetzgeber selbst reguliren sollten.

Graf Mirabeau überreichte diesem Ausschuß einen Aufsatz (mémoire), den man ihm von London zugesandt hatte. Es war das eine bloße Erzählung von Thatsachen, eine schmucklose Darstellung der Formen, die das brittische Parlament befolgt, bei der Art die Motionen vorzutragen, sie zu verbessern (amender), darüber zu berathschlagen, die Stimmen zu sammeln, Ausschüsse niederzusetzen 2c.

Dieses Memoire wurde auf dem Bureau angenommen, aber eines der Glieder, das die NationalEhre durch eine fremde Instruction beleidiget glaubte, antwortete Herrn von Mirabeau:

„Wir wollen nichts von den Engländern, wir wollen niemanden nachahmen.“

Die NationalVersammlung behielt immer eine unregelmäſige, formlose Disciplin. Ihre GeschäftsOrdnung war in tausend Rücksichten mangelhaft. Alle Comités arbeiteten getrennt über Gegenstände, die die vollkommenste Uebereinstimmung erfordert hätten. Sie wußten sich vor Ueberraschung und Uebereilung nicht zu hüten. Es schien selbst, daß in diesem tumultuarischen Krieg von Motionen man eifersüchtig suchte, sich Siege durch Sturm vorzubehalten und durch treulose Ueberfälle (coups de main). Die verhängnißvolle Nacht vom 4ten August lieferte eine Probe davon. Mit einem Wort, alles wurde durch eine Tactik entschieden, die der im geringsten nicht gleich sah, deren Regeln Herr Bentham entworfen hatte. Das anarchische Uebergewicht der Gallerien in dem Palais royal wurde sorgfältig erhalten, um die Mehrzahl der Versammlung unter das Joch einer Faction zu beugen. —

Unter den Tagesblättern jener Zeit blieb eines der bekanntesten „le courrier de Provence“ das unter Mirabeaus Namen herausgegeben wurde, obgleich er keinen Theil daran hatte, das einzige in dem man es sich angelegen seyn ließ, die Irrthümer in der Regiminalordnung der Versammlung zu bestreiten, die Fehler des Regulativs und die Hindernisse fühlbar zu machen, die täglich daraus entsprangen, sowohl durch die unreifen Beschlüsse, als durch den Mangel an Zusammenhang in den Decreten, die schlechte Ordnung der Maasregeln, die Raschheit im Zerstören, noch ehe man auf Mittel zum Ersatz gedacht hatte. Diese Beobachtungen wurden von Thatsachen im Momente selbst hergenommen, und gar oft wiederholt, blieben aber immer fruchtlos.

Herrn Benthams Werk, das er unvollendet liegen ließ, sobald er sah, daß er keinen unmittelbaren Gebrauch mehr davon machen konnte, war zu einer Uebersetzung nicht geeignet. Es war nicht nur unvollständig, sondern es würde auch gegenwärtig in seiner ersten Form unter mehreren Rücksichten zu spät erscheinen. Es war für die damaligen Umstände geschrieben. Der Zweck, den der Verfasser im Auge hatte, bewog ihn, in viele kritische Discussionen über die Fehler der alten in Frankreich angenommenen Formen einzugehen; damals war diese Controverse nothwendig, heute würde sie ohne Nutzen und Interesse seyn.

So belehrend auch seine Methode ist, so würde man sie doch gewiß nicht zum Vergnügen des Lesers wählen. Benthams Arbeit bestand nämlich in einem vollkommen ausgearbeiteten Reglement, Artikel für Artikel, in Gesetzesform, und jede Regel mit den Gründen versehen, die sie rechtfertigen. Der Text des Gesetzes, welcher der Erklärung halber immer vor Augen liegt, zwingt den Schriftsteller zur strengsten didactischen Form und erlaubt ihm nicht die geringste Abweichung.

Ich hielt es für gerathener, von dieser Form abzuweichen, und die zerschnittenen Regeln und Bemerkungen des Verfassers zu einem zusammenhängenden Ganzen zu vereinigen. Es wurde von mir jede Regel mit den gehörigen Beweisgründen unterstützt; ich glaubte aber nicht, daß es nöthig sey, sie jedesmal wie in Benthams Handschrift mit No. 1. 2. 3. 4. zu bezeichnen. Wenn solche Unterscheidungen nicht wichtig sind, so ermüden sie das Gedächtniß; überdies scheint es mir, als wenn bei den meisten Punkten nur Ein Hauptgrund vorzüglich in die Augen fiele; man schwächt ihn vielleicht wenn man zu sehr die Nebenbestimmungen vermehrt nnd hervor hebt.

Wird jede Regel mit ihren Rechtfertigungsgründen versehen, so vermindert man die Herrschaft des Zufalles. Alles was Gutes geschieht, ohne daß man das Warum angeben kann, ist nur durch Zufall gut. Nur der bekannte Grund einer Verfahrungsweise kann sie launischer Willkühr entziehen, sie feststellen und in das Gebiet des menschlichen Geistes unter dem Schutze der Nutzbarkeit einführen.

Man muß gestehen, daß man oft genöthiget ist, unter zwei Handelsweisen zu wählen, ohne einen recht triftigen Grund zu finden, die eine oder die andere vorzuziehen; aber in der Gesetzgebung kommen tausend Punkte vor, wo man aus bloßer Noth, sich zu etwas zu entschließen, gezwungen ist. Auch in diesen Fällen, wo man sich mit leichten Gründen begnügen muß, soll man sie doch aus einem guten Princip herleiten, ich meine das: einem Uebel auszuweichen. Und hätte man nur einen Pfennig zu reichen, der Pfennig muß von gutem Schrot und Korn seyn.

Ich hätte gerne bei Gelegenheit einer jeden Regel die verschiedenen Gebräuche der Völker angegeben, die deliberirende Versammlungen besessen haben; gerne den Leser nach Athen, Rom, Venedig und die übrigen ehemaligen Republiken Italiens versetzt. Aber unsere Kenntniße über ihre innere Formen sind sehr mangelhaft. Die Schriftsteller haben diese Details vernachläßigt, entweder weil sie sie als überflüssig für ihre Zeitgenossen hielten, die damit bekannt waren, oder weil sie die Wichtigkeit derselben nicht ahneten. —

Denjenigen, welche die Geschäfte leiteten war wohl der Einfluß dieser Formen und der Vortheil, den man zur Beherrschung des Volkes daraus ziehen kann, nicht unbekannt. Der römische Senat bediente sich desselben mit der größten Kunst, um seine Macht zu erhalten und auszubreiten. Doch alles, was man über die Anwendung derselben gesammelt hat, bildet noch lange kein vollständiges System; und in den Formen der Gesetzgebung der römischen Republik sind Dunkelheiten, die die gelehrtesten Forschungen nicht zu erleuchten vermochten.

Der beredte und tiefdenkende Verfasser der Geschichte der Polnischen Anarchie, Herr Rhuliere, gehört nicht zu den Geschichtschreibern, die jener Vorwurf trifft. Während er die Geschichte dieser sonderbaren Republik studirte, der es weder an großen Tugenden, noch an großen Karakteren, noch an geschickten Patrioten fehlte, die den Umsturz des Staats vorausgesehen, und Mittel gefunden hatten, ihn zu retten, lernte dieser weise Geschichtschreiber einsehen, daß der Keim aller Uebel in den Formen der Berathschlagung lag, in jenen fehlerhaften

Formen, die der Bildung eines Gemeinwillens entgegenstanden, und die, in welchen Staat man sie auch verpflanzt hätte, daselbst bald die Anarchie einheimisch gemacht haben würden.

Inhalt.

Seite

Tactik

der

deliberirenden Staats-Versammlungen.

Erstes Kapitel.

Gegenstand des Werkes.

Das Wort Tactik, das aus dem Griechischen entlehnt und durch seine Anwendung auf einen Zweig der Kriegskunst bekannt geworden ist, bedeutet im Allgemeinen: die Kunst, Ordnung herzustellen. Es kann eben so gut dienen, den Gang der Operationen einer politischen Versammlung zu bezeichnen, als die Kunst, die Evolutionen einer Armee zu leiten.

Ordnung setzt Zweck voraus — die Tactik der politischen Versammlungen ist folglich die Wissenschaft, welche lehrt, sie zu dem Zwecke ihrer Einrichtung zu führen, mit Hülfe der in ihrem Gange zu befolgenden Ordnung.

In diesem Theil der Regierung, wie in mehreren andern, ist der Zweck, so zu sagen, negativer Art. Es ist darum zu thun, Fehlern auszuweichen, und Schwierigkeiten zuvorzukommen, welche nothwendig aus einer großen Versammlung von Männern entspringen müssen, die dazu berufen sind, gemeinschaftlich zu berathschlagen. Die Kunst des Gesetzgebers beschränkt sich darauf, alles zu entfernen, was der Entwickelung ihrer Freiheit und ihres Einverständnisses schaden könnte. Das Gute und das Böse, das eine Versammlung hervorbringen kann, hängt von zwei Hauptursachen ab. Die handgreiflichste (palpable) und mächtigste ist ihre Zusammensetzung, die andere die Methode ihrer Operationen. — Von diesen beiden gehört nur die letztere hieher. Die Composition der Versammlung, die Zahl und der Rang ihrer Glieder, die Art ihrer Wahl, ihre Verhältnisse mit den Bürgern, oder mit der Regierung, dies alles gehört der politischen Constitution zu.

Ich begnüge mich, über diesen grossen Gegenstand Folgendes zu bemerken. Die Zusammensetzung einer legislativen Versammlung wird um so besser seyn, je mehr sie Berührungspunkte mit der Nation zeigt, das heißt, je mehr ihr Interesse sich dem Interesse der Gemeinheit nähert *).

*) Vier Dinge sind erforderlich, um der Nation ein dauerhaftes Zutrauen zu einer Versammlung einzuflößen, die es repräsentiren soll. 1) Eine directe Wahl; 2) Entsetzbarkeit (Amovibilität) der Repräsentanten; 3) Gewisse Bedingungen, um Wähler oder wählbar seyn zu können; 4) Eine der Ausdehnung des Landes angemessene Anzahl der Repräsentanten.

Die Wahl muß direct seyn. Geht sie durch mehrere Grade hindurch, so kann das Volk, das nur die Wähler ernennt, die gewählten Deputirten nicht als sein Werk ansehen, und hängt folglich an ihnen weder durch eine Neigung, die aus der Wahl entspringt, noch durch das Gefühl der Macht. Die Erwählten sind an das Volk weder durch Dankbarkeit noch durch Verantwortlichkeit gebunden. Die oberen und unteren Classen bleiben getrennt und das politische Band ist unvollkommen.

Die Entsetzbarkeit ist absolut nothwendig. Denn was ist eine Wahl anders, als eine feierliche Erklärung, daß ein gewisser Mann heute das Vertrauen seiner Commit-

In einer Abhandlung über die Tactik wird eine schon gebildete Versammlung vorausgesetzt, und man beschäftigt sich nur mit der Methode, nach der sie ihre Operationen leiten soll.

---

tenten besitzt. Aber diese Erklärung faßt keine wunderthätige Kraft in sich, die den Karakter und die künftigen Handlungen dieses Mannes garantiren könnte. Es wäre absurd, einem ganzen Volk die unsinnigen Worte in den Mund zu legen: „Wir erklären, daß diese fünf Hundert Individuen, „die jetzt unser Vertrauen besitzen, es auch ihr ganzes Leben „hindurch besitzen werden, mögen sie auch thun was sie „wollen“.

Die **Bedingungen**, die gefordert werden können, sind etwas zweifelhafter. Die pecuniären Bedingungen, die zur Wählbarkeit verlangt werden, scheinen auf einem allgemeinen Mißtrauen gegen alle Individuen zu beruhen, die kein Eigenthum zum Pfand ihrer Gesinnungen besitzen: man betrachtet sie so, als hiengen sie weniger an der Aufrechthaltung der Ordnung, oder als wären sie der Verführung mehr ausgesetzt. Die Bedingungen, die erforderlich sind, um Wähler zu werden, zielen dahin, daß eine Staats-Gewalt nicht solchen Menschen verliehen werde, die man für unfähig hält, sich derselben mit Verstand und Redlichkeit zu bedienen. Es ist eine Vorsichtsmaasregel gegen Käuflichkeit, Unwissenheit und Begünstigung (brigue).

Die **Anzahl** der Repräsentanten ist ein wichtigerer Punkt. Die legislativen Funktionen erfordern Eigenschaften und Tugenden, die nicht gemein sind: nur in einer großen Vereinigung von Individuen ist es wahrscheinlich, sie zu finden.

Die Gesetzgebung erfordert mannigfaltige Local-Kenntnisse, wie man sie nur in einer zahlreichen, aus allen Theilen des Reichs gewählten Versammlung von Deputirten erhalten kann. Alle Interessen müssen bekannt seyn, und verhandelt werden können. Die Gesetzgebung kann keiner Di-

Doch giebt es Punkte, bei denen es zweifelhaft wird, ob sie dem constitutionellen Theile angehören oder der Tactik. Z. B. ob alle Glieder dieselben Rechte genießen sollen, oder ob es besser sey, sie so zu vertheilen, daß diesen das Recht zu proponiren, jenen das Recht über einen gemachten Vorschlag auszusprechen: diesen das Recht zu deliberiren, ohne zu stimmen, und jenen zu stimmen ohne zu deliberiren, zustehe; ob ferner die Berathschlagungen öffentlich seyn sollen; ob Entfernung zulässig sey, und ob in diesem Falle die Rechte eines Individuums auf das andere übergetragen werden sollen; ob die Versammlung immer ungetheilt bleiben, oder verpflichtet oder autorisirt werden solle, sich zu theilen.

Ich habe diese Fragen mit meinem Gegenstande vereinigt, weil es mir schien, als sey die Untersuchung derselben innig mit der Untersuchung über die besten, bei den

---

recten Verantwortlichkeit unterzogen werden. Ein kleines Junto im Gesetzgeben kann besonderes Interesse haben, und Gesetze gegen das allgemeine Wohl machen. Es wäre der ausübenden Gewalt ein leichtes, sie ihrem Einfluß zu unterwerfen. Aber die Zahl ist ein Verwahrungsmittel gegen diese Gefahr. Eine zahlreiche Corporation von entsetzbaren Legislatoren ist zu sehr in das allgemeine Interesse verwickelt, um sich lange davon entfernen zu können. Drückende Gesetze würden sie selbst treffen. Selbst die Eifersucht (rivalité), die in einer großen Versammlung entsteht, dient dem Volke zum Schutze.

Endlich, wenn die Zahl der Deputirten zu klein wäre, so würde die Größe der Wahl-Districte die Wahlen schwierig machen, den Gehalt einer Stimme beinahe auf nichts reduciren, und verhältnißmäßig die Autorität der Wähler über die Deputirten vermindern, zu gleicher Zeit aber den relativen Werth der Stellen so sehr erhöhen, daß die Wahlen den heftigsten Intriguen und Kämpfen ausgesetzt würden.

Berathschlagungen zu befolgenden Regeln verwandt. Es ist unmöglich, diese gut abzuhandeln, ohne auch auf die anderen zurückzukommen.

Zweites Kapitel.

Begriff der politischen Corporationen.

Der figürliche Ausdruck: politisches Corpus (corps politique) hat eine Menge falscher und sonderbarer Vorstellungen erzeugt. Eine blos auf Metaphern gebaute Analogie diente vorgeblichen Beweisgründen zur Basis, und die Poesie nahm das Gebiet der Vernunft ein.

Eine Vereinigung oder eine Versammlung von Individuen bildet das, was man in mancher Hinsicht ein Corpus nennen kann, blos deswegen, weil sie sich zu einem gemeinschaftlichen Act vereiniget haben.

Aber ein Corpus setzt nicht nothwendig eine Versammlung voraus, weil mehrere Individuen ihre Theilnahme an einem und demselben Act erklären können, ohne sich zu versammeln. Z. B. durch Signatur derselben Schrift. Nichts ist gewöhnlicher in England als Bittschriften (petitions), die Hunderte und Tausende von Individuen an das Parlament richten, und die von jedem besonders, ohne mit den andern versammelt zu seyn, unterschrieben werden.

Bald hat ein Corpus eine beständige Dauer, bald ist diese blos der Gelegenheit angemessen, und so zu sagen ephemär (der englische Jury).

Jenes Corpus hat der Zahl nach eine unbeschränkte Ausdehnung, dieses ist auf eine bestimmte Zahl eingeschränkt. Jenes ist privilegirt, dieses ist es nicht. Ein privilegirtes Corpus nennt man ein solches, dessen Glieder, vereint nach einer gewissen Regel wirkend, Rechte erhalten haben, die andere Bürger nicht besitzen. Man versteht allgemein unter politischen Corps solche privilegirte Corporationen, die vermöge dieses Titels eine mehr oder weniger lange dauernde, oft perpetuirliche Existenz, und eine beschränkte Zahl Glieder haben.

Bald ist eine solche Gesellschaft einfach, bald zusammengesetzt. Das brittische Parlament ist eine zusammengesetzte Gesellschaft, die sich aus zwei verschiedenen Versammlungen und dem obersten Haupte des Staates bildet.

Man sieht leicht ein, daß aus dem Schoose eines grossen schon gebildeten Corpus sich auf kurze Zeit (momentanément) weniger zahlreiche Gesellschaften bilden können. Dieß nennt man Ausschüsse (Comités).

Ein politisches Corpus wird constituirt durch die Zusammenwirkung (concours) mehrerer Glieder in einem und demselben Act. Man sieht hieraus, daß der Act einer Versammlung nur ein enunciativer Act seyn kann, der eine Meinung (opinion) oder einen Willen ausspricht. Jeder Act einer Versammlung müßte erst der Act eines Individuums seyn; aber jeder enunciative Act, Ausdruck einer Meinung oder eines Willens, der von einem Individuum ausgeht, kann zuletzt der Act einer ganzen Gesellschaft werden. So stellt sich, spricht Titius, die Sache meinem Geiste dar: Sempronius kann genau dasselbe behaupten.

Die Möglichkeit, also zu demselben intellectuellen Act zu concurriren, constituirt das Einheits-Princip einer solchen Gesellschaft *).

*) Denn in der That, nur ein intellectueller Act kann unter mehreren Individuen identisch seyn, und das Einheits-Prinzip einer Corporation bilden. Nicht so ein physischer Act, der dem Individuum eigen ist, das ihn ausübt, und daher

II. Von den permanenten politischen Gesellschaften.

Ein permanentes politisches Corpus ist eine Vereinigung (collection) von Individuen, die bestimmt sind, eine Reihe von Acten zu verfertigen, welche mit dem Zwecke ihrer Anstellung in Beziehung stehen. Wenn sie einstimmig sind, so werden diese Acte allen angehören, aber da eine vollkommene Identität der Meinungen (sentiments) in einer großen Vereinigung von Individuen unmöglich ist, so ist man übereingekommen, einem Acte der Majorität dieselbe Kraft zu verleihen, wie einem Acte der Totalität. Die Unmöglichkeit einer allgemeinen Uebereinstimmung der Ansichten (sentiments) in einer Versammlung ist durch die Erfahrung aller Orte und Zeiten hinlänglich bewiesen. — Eine Regierung, in der man die gesetzgebende Versammlung dem Gesetze der Einstimmigkeit unterworfen hätte, ist ein so handgreiflicher Unsinn, daß man, ohne Polens Beispiel, glauben möchte, er habe sich nie des menschlichen Geistes bemächtigt;

---

nicht die Basis jener Identität bilden kann. Wenn der römische Senat beschließt, daß der Consul Opimius den Tiberius Gracchus tödten solle, so ist dieser Beschluß wörtlich und unbildlich der Act eines jeden Senatoren, der durch sein Suffragium dazu beiträgt. Wenn aber dem zufolge Opimius den Gracchus mit dem Schwerdt niederstößt, so ist dieser Streich einzig der Act des Opimius. Die Juristen werden behaupten, dieser Act sey nicht weniger der Act des Senats als der andern — Qui facit per alium, facit per se. — Ich will hier nicht untersuchen, ob dieses Spiel des Witzes (tour d'esprit), das zwei Personen mit einander zu verwechseln strebt, irgend einen Nutzen bringen kann, sondern begnüge mich mit der Bemerkung, daß wenn, um kurz, nur auf eine frappantere Art zu sprechen, dieser Schwerdtstreich als ein Act des Senats dargestellt wird, dies nur im figürlichen Sinne geschehen kann.

auch zeigt das Beispiel Polens, daß, wenn man auch fähig ist, ein solches Gesetz zu geben, es doch nicht befolgt werden kann, und daß in diesem Falle es die fürchterlichste Anarchie erzeugt.

Das erste, was man bei den Beschlüssen einer politischen Versammlung wünschen möchte, ist vollkommene Einstimmigkeit der Glieder, da diese aber unmöglich ist, so ist die der absoluten Einstimmigkeit am nächsten kommende auch am wünschenswerthesten. Dieß führt darauf, sich mit dem Willen der einfachen Mehrheit zu begnügen, denn so entfernt er auch von dem allgemeinen Willen ist, so steht er ihm doch näher, als der entgegengesetzte. Im Falle die Stimmen auf beiden Seiten gleich sind, geht daraus hervor, daß kein allgemeiner Act vorhanden ist. Da der eine Wille den andern Willen zerstört, so ist ein Schluß (conclusion) unmöglich; die Dinge müssen bleiben, wie sie waren, ohne daß man nöthig hätte, jemand eine überwiegende Stimme zu geben.

Bis jetzt habe ich nichts von den Fällen der Abwesenheit gesagt, die beständig die Einheit der Versammlung verändern. — Was soll man von einem Willen (voeu) sagen, der sich nicht ausspricht? Er gehört keinem Theile zu, und kann in der Ermessung des allgemeinen Willens nicht gezählt werden!

Der Abwesenden wegen, den Willen der Versammlung für nichtig erklären, hieße ihrem Willen dieselben Wirkungen beilegen, als wenn sie sich für die Minorität erklärt hätten: welches sie, wie wir voraussetzen, nicht gethan haben. — In der Berechnung der Suffragien, um mathematisch zu sprechen, ist der wahre Werth der Stimme eines Abwesenden eins minus eins, gleich null. — Ihr den Werth plus eins oder minus eins geben, wäre gleich falsch.

Aber bedarf es immer einer Entscheidung? Nein! es giebt viele Fälle wo es zu gefährlich wäre, einem kleinen Theil der Versammlung zu erlauben, ganz allein zu handeln. Lieber würde man keinen Beschluß haben, als einen solchen, der nicht ein gewisses Verhältniß der Stimmen des ganzen Corpus vereinigte. Man soll im voraus die zur Legitimation eines Actes der Versammlung nöthige Zahl festsetzen. Ich berühre hier nur diese wichtige Frage, die in einem andern Artikel abgehandelt werden soll.

Hier ist es genug, darauf aufmerksam gemacht zu haben, daß die gewöhnliche Formel „dieses war die „Entscheidung der Versammlung," sehr verschiedene Thatsachen ausdrückt. Bei einer Versammlung, die, in Hinsicht der Anzahl, beständig sich verändert, ist die gesetzliche Wirkung ihrer Entscheidungen das einzige Identische.

Das ist zu viel Metaphysik, wird vielleicht mancher hier bemerken; darauf antworte ich aber, daß sie nothwendig war, weil es mir daran gelegen ist, die Beschaffenheit eines politischen Corpus zu erklären, ohne mich figürlicher Ausdrücke zu bedienen. Diese Benennung hat unzähligen Allegorien zum Vorwande gedient, die dann selbst wieder die Basis einer Menge läppischer Schlußfolgerungen wurden. Die Phantasie der Schriftsteller hat sich ganz erschöpft, um dem politischen Corpus die Eigenschaften verschiedener Körper beizulegen. Bald mechanischer Körper, dann ist von Hebeln, von Federn, von Rädern, von Stoß, Reibung, Wage, Uebergewicht die Rede. Bald belebter Körper, in diesem Falle entlehnt sie die ganze physiologische Terminologie, und spricht von Gesundheit, von Krankheit, von Kraft, Blödsinnigkeit, Verderbniß, Auflösung, Schlaf, Tod und Auferstehung.

Ich weiß nicht, wie viele politische Werke in Nichts zerfließen würden, wenn man ihnen das poetische Kauderwelsch entzöge, mit dem man Ideen zu erzeugen glaubt, wenn man blos Worte combinirt.

Ohne Zweifel ist es erlaubt, theils der Kürze willen, theils um einen trockenen Gegenstand frischer darzustellen, einige Züge aus der figürlichen Rede zu entlehnen; bisweilen ist man sogar dazu gezwungen, weil die intellectuellen Ideen nie anders als durch sinnliche Bilder dargestellt werden können; doch ist in diesem Falle eine doppelte Vorsicht anzuwenden: erstlich, die einfache und strenge Wahrheit nie aus den Augen zu verlieren, das heißt, immer im Stande zu seyn, innerlich die figürliche Rede in schlichte Worte zu übersetzen; zweitens, auf die uneigentliche Bedeutung eines figürlichen Ausdrucks nie einen Schluß zu bauen.

Der metaphorische Ausdruck, der zur Auffassung der Ideen sehr behülflich ist, wenn er auf die einfache Rede folgt, wird schädlich, wenn er diese ersetzen soll. Er gewöhnt daran, über die falschesten Analogien zu räsonniren, und bildet um die Wahrheit einen Nebel, den der hellsehenste Geist nur mit Mühe durchschaut.

Drittes Kapitel.

Von der Publicität.

Ehe wir uns auf die einzelnen Operationen der Versammlung einlassen, wollen wir ihrem Regulativ dasjenige Gesetz vorausschicken, das am meisten dazu beiträgt, ihr das öffentliche Vertrauen zuzusichern und sie zwingt, ununterbrochen den Zweck ihrer Bestimmung zu verfolgen. Dieses Gesetz ist die Öffentlichkeit. Die Abhandlung dieses Gegenstandes zerfällt in 6 Theile: 1) die Rechtfertigungs-Gründe; 2) die Untersuchung der Einwendungen; 3) die zulässigen Ausnahmen; 4) die Grenzpunkte, bis zu denen die Publicität sich erstrecken soll; 5) die Mittel der Publicität; 6) Bemerkungen über die in England bestehende Praxis.

I. Rechtfertigungs-Gründe.

1) Die Glieder der Versammlung in der Grenze ihrer Pflicht zu erhalten.

Jemehr die Ausübung der politischen Gewalt einer grossen Menge von Versuchungen ausgesetzt ist, desto mächtigere Bewegründe, ihnen zu widerstehen, muß man denen geben, die sie übernommen haben. Es giebt aber keinen beständigeren und allgemeineren Beweggrund als die Oberaufsicht des Publikums. Die Gesammtheit desselben bildet ein Gericht, das mehr werth ist, als alle Tribunale zusammengenommen. Man kann sich stellen als trotze man seinen Aussprüchen, man kann sie darstellen als schwankende und divergirende Meinungen, die sich gegenseitig aufheben und zerstören; doch fühlt jeder, daß dieses Gericht, obgleich der Möglichkeit, sich zu irren, ausgesetzt, unbestechlich ist; daß es beständig sucht, sich zu erleuchten, daß es die ganze Weisheit und Gerechtigkeit eines Volkes in sich faßt, daß es immer über das Schicksal der Staats-Männer entscheidet, und daß die Strafen, die es auferlegt, unvermeidlich sind. Diejenigen, die sich über die Aussprüche desselben beklagen, appelliren doch an dies Tribunal selbst; und der Tugendhafte, der der Meinung des Tages widerstrebt und sich über das allgemeine Geschrei erhebt, zählt und wägt insgeheim die Stimmen derer, die ihm ähnlich sind.

Wenn es möglich wäre, sich diesem Tribunal zu entziehen, wer würde es thun wollen? Sicherlich nicht der redliche und aufgeklärte Mann, weil er in die Länge nichts zu fürchten und alles davon zu hoffen hat. Die Feinde der Öffentlichkeit können unter drei Classen gebracht werden: Der Missethäter, der sich den Blicken des Richters entziehen möchte — der Despot, der die öffentliche Meinung zu unterdrücken trachtet, deren Stimme er zu hören scheut — der furchtsame oder indolente Mensch, der die allgemeine Unfähigkeit anklagt, um seine eigene zu verschleyern.

Man könnte vielleicht einwenden, daß eine Versammlung, besonders wenn sie zahlreich ist, ein inneres Publicum bildet, das sich selbst im Zügel hält. Darauf antworte ich, daß eine Versammlung, so zahlreich sie auch seyn mag, es doch nie genug seyn wird, um in dieser Hinsicht das wahre Publicum zu ersetzen. Immer wird sie in zwei Partheien getheilt seyn, deren jeder, in Beziehung auf die andere, die nöthigen Eigenschaften mangeln, um das Richter-Amt zu übernehmen. Unpartheilichkeit fehlt ihnen. Wie auch das Betragen eines Individuums beschaffen sey, immer wird dasselbe der Zustimmung der einen, und des Widerspruchs der andern versichert seyn. Die innere Censur wird ohne die äussere Censur nie hinreichend seyn, Redlichkeit zu bewirken. Man fürchtet wenig die Vorwürfe seiner Freunde; für die seiner Feinde wird man beinahe fühllos. Der Partheigeist, in einen engen Kreis eingeschlossen, raubt Lob und Tadel seinen Werth.

2) Zweiter Vorzug der Öffentlichkeit: das Vertrauen des Volkes und seine Zustimmung zu den gesetzgebenden Maasregeln zu begründen.

Böser Verdacht umschleicht beständig das Geheimniß; er glaubt Verbrechen zu sehen, wo Heimlichkeit geäussert wird, und täuscht sich selten; denn warum sich verbergen, wenn man das Licht nicht scheut? — So sehr es der Unredlichkeit daran gelegen ist, mit Finsterniß sich zu umgeben, so sehr muß es der Unschuld darauf ankommen, im hohen Tageslichte zu wandeln, aus Furcht, für ihre Gegnerin gehalten zu werden. Eine so hervorspringende Wahrheit fällt dem Volke von selbst in die Augen: und wenn sie vom gesunden Menschenverstand nicht eingegeben würde, so möchte die Bosheit sie in Gang bringen. Der beste Plan im Dunkeln vorbereitet, wird mehr Schrecken erregen, als der schlechteste unter dem Schutze der Öffentlichkeit.

Welches Vertrauen, welche Sicherheit aber, nicht nur für das Volk, sondern auch für die Verwalter selbst, erwächst aus einer offenen und aufrichtigen Politik! Mache es unmöglich, etwas ohne Wissen des Volkes zu thun; beweise ihm, daß man es weder betrügen noch überlisten könne, und der Unzufriedenheit sind alle Waffen geraubt, die sie gegen Dich hätte gebrauchen können. Mit Wucher erwiedert das Publicum das Vertrauen, das man ihm zeigt. Die Verläumdung verliert ihre Kraft; ihre Schlangen nähren sich von Gift in den Höhlen, und das Tageslicht ist ihnen tödlich.

Ich will nicht läugnen, daß eine geheimnißvolle Politik sich bisweilen Unannehmlichkeiten erspart, aber ich zweifle auch nicht, daß sie in die Länge deren mehr schafft als abwendet, und daß unter zwei Regierungen, wovon eine im Dunkeln, die andere im Licht wandelt, diese letztere eine Kraft, eine Kühnheit und einen guten Leumund erhalten wird, die sie weit über die Verstellung der andern erheben.

Man bedenke besonders, wie sehr die öffentlichen Verhandlungen über die Gesetze, die Abgaben, das Verhalten der Staats-Männer auf den Gemeingeist einer Nation zu Gunsten der Regierung wirken müssen. Die

Einwendungen sind widergelegt, die falschen Gerüchte zu Schanden gemacht, die Nothwendigkeit der Opfer, die man vom Volke erheischt, in ihr volles Licht gestellt worden. Die Opposition mit allen ihren Bestrebungen, weit entfernt, der Autorität zu schaden, wird ihr eigentlich nützlich; und in diesem Sinne kann man sagen, daß ein Strebepfeiler stützt: denn die Staatsverwaltung ist des allgemeinen Gelingens einer Maasregel weit gewisser, nach einem Kampf beider Partheien, dessen Zeuge die ganze Nation war.

Bei einem Volke, das lange Zeit öffentliche Versammlungen gehabt hat, wird der Gemeingeist auch auf einen höhern Ton gestimmt seyn; die gesunden Ideen werden allgemeiner, die schädlichen Vorurtheile, öffentlich nicht von Rhetoren, sondern von Staatsmännern bekämpft, verlieren ihre Gewalt. Selbst die Menge wird vorsichtiger gegen die Charlatanerie der Demagogen und die Vorspiegelungen der Betrüger. Man wird mehr Achtung für große Talente zeigen, und der Frivolität der Schöngeisterei ihren wahren Werth beilegen. Vernunft und Untersuchungsgeist werden in allen Classen der Gesellschaft Sitte. Die Leidenschaften an einen öffentlichen Kampf gewöhnt, werden gegenseitige Schonung gelernt, und jene krankhafte Empfindlichkeit verloren haben, welche bei den Völkern ohne Freiheit und Erfahrung sie zum Spielwerke jeder Furcht und jedes Argwohns macht. Selbst in Umständen, wo die Unzufriedenheit am lautesten wird, sind diese Zeichen banger Unruhe keine Vorzeichen des Aufruhrs. Die Nation verläßt sich auf Männer, zu denen lange Erfahrung ihr Zutrauen gegeben, und der gesetzliche Widerstand gegen jede volkswidrige Maasregel läßt selbst den Gedanken eines unrechtlichen Widerstandes nicht aufkommen. Ja, wenn der gemeinschaftliche

Wille an einer zu mächtigen Parthei scheitert, so weiß man doch, daß die Sache nicht ohne Appellation entschieden ist, und beharrende Geduld wird eine Tugend freier Länder. Die Ordnung, die in den Erörterungen einer politischen Versammlung herrscht, bildet selbst durch Nachahmung den Volksgeist (esprit national). Diese Ordnung zeigt sich sogar in den Clubs, in den Gruppen und niedern Versammlungen, wo das Volk mit Wohlgefallen die Regelmäßigkeit wieder findet, deren Idee es in seinem grossen Vorbilde aufgefaßt hat. Wie oft hat man nicht in London gesehen, wie in tumultuarischen Gährungen, bekannte Redner dieselbe Aufmerksamkeit erhielten, wie im Parlament! Wie die Menge sie in guter Ordnung umgab, mit Stillschweigen anhörte, und mit einer Mäßigung zu Werke gieng, von der man nicht einmal einen Begriff hat in despotischen Staaten, wo der gemeine Hause, bald anmassend und bald furchtsam, in seinen Gewaltthätigkeiten und seiner Unterwerfung in gleichem Grad verächtlich ist. Doch hat die Öffentlichkeit, die noch sehr unvollkommen ist, und erst seit kurzem geduldet wird, ohne durch das Gesetz eingeführt worden zu seyn, noch nicht Zeit gehabt, alle guten Wirkungen hervorzubringen, die daraus entstehen müssen. Auch hat man Aufstände gesehen, die keinen andern Grund hatten, als die Uebereilung, mit der man zu Werke gieng, ohne die Vorsicht zu gebrauchen, das Volk aufzuklären *).

So sehr es den Regierten daran gelegen ist, das Verhalten der Regierenden zu kennen, eben so sehr kommt es diesen letzteren darauf an, mit dem wahren Wunsch der ersteren bekannt zu seyn. Unter Vorwaltung der Öffentlichkeit ist nichts leichter. Man setzt das Publicum in den Stand, sich eine vernünftige Meinung zu bilden,

*) Z. B. im Jahr 1780 in der Sache der Katholiken.

und der Gang dieser Meinung fällt leicht in die Augen. Was kann man aber im entgegengesetzten Falle mit Gewißheit wissen? Das Publicum geht seinen Gang, über alles absprechend und urtheilend, fort; aber es urtheilt ohne die Acten des Prozesses zu haben, urtheilt selbst nach falschen Acten-Stücken. Da seine Meinung nicht auf Kenntniß der Thatsachen beruht, so ist sie ganz verschieden von dem, was sie gewesen wäre, wenn sie die Wahrheit zur Basis gehabt hätte. Man glaube ja nicht, daß die Regierung nach Gefallen Irrthümer zerstören könne, denen sie leicht zuvorgekommen wäre. Eine zu späte Erläuterung macht nicht immer das Schlimme eines irrigen ersten Eindruckes wieder gut. Wie wenig auch immer von einem Projecte verlautet, so wird doch das Volk leidige Furcht davor hegen. Wir wollen annehmen, die Besorgniß sey ungegründet; es geräth demungeachtet in Bewegung, es murrt, die Bangigkeit greift um sich, und es bereitet sich zum Widerstand: Ist es alsdann genug, daß die Staatsverwaltung blos die Stimme erhebe? blos die Wahrheit verkünde, um diese Stimmung der Gemüther abzuändern? Wahrlich nicht: Vertrauen ist nur das Werk der Zeit. Die gehässigen Anschuldigungen existiren, die Aufklärung, die man nur aus Noth giebt, gilt für ein Bekenntniß der Schwäche. So strandet selbst das Gute, wenn es nicht auf die rechte Weise unternommen worden ist, und man gegen die Neigungen des Volkes angestoßen hat. Josephs des II. Geschichte liefert eine Menge Beispiele.

Diesen mächtigern Betrachtungen schließen sich andere, nicht zu vernachlässigende an: In einer vom Volke erwählten, und von Zeit zu Zeit erneuerten Versammlung ist die Öffentlichkeit absolut nothwendig, um den Wahlherren die Möglichkeit zu verleihen, mit Sach-Kenntniß zu verfahren.

Wozu nützt es, Versammlungen zu erneuern, wenn das Volk immer gezwungen ist, unter Männern zu wählen, die es nicht im Stande war, zu beurtheilen?

Dem Publico das Verhalten seiner Geschäftsträger (mandataires) verheimlichen, heißt mit Prävarication auch Inconsequenz verbinden; heißt zu jenen sprechen: diesen oder jenen Eurer Deputirten müßt ihr wählen oder verwerfen, ohne zu wissen warum; es ist Euch untersagt, nach Vernunftgründen zu handeln; ihr sollt keinen andern Führer haben bei Ausübung der höchsten Macht, als Zufall oder Willkühr."

Noch ein anderer Grund zu Gunsten der Öffentlichkeit: Die Versammlung wird in den Stand gesetzt, Vortheil aus den Einsichten des Publikums zu ziehen.

Ein Volk, das zu zahlreich ist, um selbst zu handeln, ist ohne Zweifel gezwungen, seinen Deputirten Vollmacht zu geben; wird aber diese Versammlung die Weisheit (l'intelligence) der ganzen Nation in sich concentriren? Ja, ist es möglich, daß diese Erwählten in jeder Hinsicht die aufgeklärtesten, fähigsten, weisesten der Nation seyen; daß sie allein alle allgemeinen und Local-Kenntnisse besitzen, die zum regieren erforderlich sind? Ein solches Wunder der Wahl ist ein Hirngespinnst. In friedlichen Zeiten werden Reichthum und ein hoher Rang immer die geschicktesten Umstände seyn, die Zustimmung der Mehrzahl zu erhalten. Diejenigen Männer, deren Beruf und Geschäft es ist, ihre Geisteskräfte zu bilden, haben selten die Mittel, die politische Laufbahn zu betreten. Locke, Newton, Hume, Adam Smith, und viele andere geniale Männer, haben keinen Sitz im Parlament gehabt. Die heilsamsten Ideen kommen oft von einsam stehenden Individuen. Es ist bekannt, daß der Plan, durch den Pitt's Administration berühmt wurde, nämlich der Schulden-Tilgungs-Fonds, die Frucht von Doctor Priges Berechnungen war, der vielleicht nie Muße gefunden hätte, sich auf solche Untersuchungen einzulassen, wenn er durch politische Beschäftigungen davon abgezogen worden wäre. Der einzige Mann der, vom Anfang des Streites mit den amerikanischen Colonien, gesunde Ideen hatte, und der Nation einen Krieg erspart hätte, wenn er angehört worden wäre, war ein durch seinen Stand von der Volks-Repräsentation ausgeschlossener Geistlicher *).

Man glaubt vielleicht, ich entferne mich von dem Ernsten dieses Gegenstandes, wenn ich unter die Vortheile der Öffentlichkeit das Vergnügen (amusement) rechne, das daraus entspringt; ich meine das Vergnügen an sich selbst, getrennt von der Belehrung, obgleich im Grunde beide unzertrennbar sind.

Derjenige aber, der diesen Gedanken für frivol hielte, würde ganz falsch urtheilen. Nützlich ist, was Gutes verspricht. Das Vergnügen ist ein schon realisirtes Gut, und diese Art von Vergnügen insbesondere scheint mir allein hinreichend, das Glück einer Nation, die es genießt, über das Glück einer andern zu erheben, der es unbekannt ist.

Die Memoiren sind einer der angenehmsten Theile der französischen Literatur, und wenig Bücher werden mehr gesucht: aber solche Memoiren erscheinen erst lange Zeit nach den Ereignissen und sind nicht in aller Welt Händen. Die englischen Journale sind wahre Memoiren, die in dem Augenblicke selbst, da die Dinge ge-

---

*) Der Dechant Tücker.

schehen, publicirt werden, da findet man alle Discussionen der Parlamente, alles was die handelnden Personen auf der politischen Schaubühne betrifft, alle Thatsachen frei dargestellt und die Meinungen frei verhandelt. Ich entsinne mich nicht, welcher Kaiser einen Preis demjenigen ausgesetzt hatte, der einen neuen Zeitvertreib erfinden würde. Niemand hat den Preis mehr verdient, als der, der zum erstenmale einem Publikum die Verhandlungen einer legislativen Versammlung vor Augen legte*).

II. Einwendungen.

Wenn die Öffentlichkeit in so vielen Rücksichten, den Regierungen selbst günstig, wenn sie geschickt ist, sie vor den Ungerechtigkeiten des Publikums zu bewahren, ihnen den süssen Lohn ihrer Anstrengungen zu verschaffen; warum sind sie denn durchgängig dieser Regel feind? Soll man die Gründe davon in ihren Lastern aufsuchen, in der Sucht, ohne Verantwortlichkeit zu regieren, ihr Betragen der Aufsicht zu entziehen, das Volk zu bethören, und es durch seine Unwissenheit zu unterjochen? Solche Beweggründe mögen manchen unter ihnen nicht fremd seyn, sie aber allen beilegen, wäre ungerecht. Es kann in dieser Hinsicht Irrthümer in gutem Glauben (bona fide) geben, die auf scheinbar triftige Gegengründe gebaut sind; wir wollen versuchen, sie auf ihren wahren Werth zurückzubringen.

Erste Einwendung. „Das Publikum ist ein incompetenter Richter über Operationen einer politischen „Versammlung, wegen der Unwissenheit und der Leidenschaften der Mehrzahl derer, aus denen es besteht.“

Wenn ich geständig wäre, daß in der Masse des Publikums unter Hunderten vielleicht nicht einer ist, der

*) S. La philosophie morale de Paley L. VI. c. 6. **Ich verweise meine Leser auf diese Stelle, zu welcher nichts hinzuzufügen ist.**

im Stande wäre, ein verständiges Urtheil über die Fragen zu fällen, die in den politischen Versammlungen verhandelt werden, so würde man mich doch wohl nicht anklagen, die Einwendung zu schwächen? und dennoch, sogar bis auf diesen Punkt, scheint sie mir ohne alle Beweiskraft gegen die Öffentlichkeit.

Diese Einwendung hätte einigen Grund, wenn man dem Volks-Tribunal durch die Benehmung der Mittel, richtig zu urtheilen, ihm auch zu gleicher Zeit überhaupt die Lust dazu benehmen könnte; aber das Publikum urtheilt immer. Wenn es sich des Urtheils enthielte, aus Furcht, falsch zu urtheilen, müßte man, weit entfernt seine Unwissenheit anzuklagen, seine Weisheit bewundern. Ein Volk, das sich des Urtheilens eine Zeit lang zu enthalten wüßte, bestände nicht aus gewöhnlichen Menschen, sondern aus Philosophen.

Aber, könnte man sagen, die Bekanntmachung der Acten wird die Zahl der schlechten Richter in einem, den guten sehr überlegenen, Verhältniß vermehren.

Darauf antworte ich, daß man in Beziehung auf diesen Gegenstand das Publikum in drei Classen theilen muß: die erste, welche die Mehrzahl in sich schließt, ist diejenige, die sich mit den öffentlichen Geschäften sehr wenig abgiebt und weder Zeit zu lesen noch zu urtheilen hat. Die zweite besteht aus denen, die eine Art von Urtheil fällen, aber ein entlehntes, ein Urtheil auf Treu und Glauben (sur parole) ohne sich die Mühe zu geben oder fähig zu seyn, eine eigene Meinung sich zu bilden. Die dritte Classe endlich besteht aus denen, die selbst urtheilen, nach den mehr oder weniger genauen Belehrungen, die sie sich zu verschaffen wußten.

Welcher von diesen drei Classen kann die Öffentlichkeit schaden?

Der ersten nicht, weil, wie wir annehmen, dieselbe

null für sie ist. Auch der dritten nicht: sie urtheilte vorher, sie urtheilt auch jetzt; aber sie urtheilte falsch nach sehr ungenauen Nachrichten, und muß ein gesunderes Urtheil fällen, wenn man sie in den Besitz der wahren Documente gesetzt haben wird.

Von der zweiten Classe haben wir gesagt, daß ihre Urtheile entlehnt und gleichsam der Wiederhall der dritten sind. Nun wird diese besser belehrte und urtheilende Classe denjenigen gesundere Ansichten mittheilen, die sie schon geschlossen von ihnen empfangen. Verbessert man jene, so werden auch diese verbessert. Reiniget man die Quelle, so reiniget man auch die Kanäle.

Um also zu entscheiden, ob die Öffentlichkeit schaden oder nützen kann, muß man nur Rücksicht auf die urtheilende Classe nehmen, weil sie allein den Gang der Volksmeinung bestimmt. Wenn nun diese Classe falsch urtheilt, so thut sie es, weil sie die Thatsachen nicht kennt; weil ihr die nothwendigen Data mangeln, um ein richtiges Urtheil zu fällen. Folgendes wäre also die Logik solcher Verehrer des Geheimnisses: „Ihr seyd unfähig zu urtheilen, weil ihr unwissend seyd, und unwissend seyd ihr, weil ihr unfähig seyd zu urtheilen.“

Zweite Einwendung. „Die Öffentlichkeit kann ein Mitglied der Versammlung dem Hasse des Volkes aussetzen, für Handlungen, die ein besseres Loos verdient hätten.“

Diese Einwendung kommt wieder auf die erstere zurück: die Unfähigkeit des Volkes, seine Freunde von seinen Feinden zu unterscheiden.

Wenn ein Mitglied einer politischen Versammlung nicht Festigkeit genug besäße, um einer augenblicklichen Ungerechtigkeit zu trotzen, so würde ihm das erste Erforderniß seines Berufes fehlen. Der eigenthümliche Charakter des Irrthums besteht darin, nur eine zufällige Dauer zu haben, die mit jedem Augenblicke aufhören kann, während die Wahrheit unzerstörbar besteht. Also kommt es nur darauf an, sie evident zu machen, und bei der Öffentlichkeit arbeitet alles darauf hin. Ist einmal die Ungerechtigkeit erkannt, so verwandelt sich der Haß in Hochachtung, und derjenige, der auf Kosten eines momentanen Credits diesen Wechselbrief auf die Zukunft zu stellen gewagt hat, wird mit Wucher dafür bezahlt.

Was den guten Ruf (la réputation) betrifft, so ist die Öffentlichkeit den Mitgliedern einer Versammlung weit mehr vortheilhaft als nachtheilig. Sie ist ihre Schutzwehr gegen bösliche Beschuldigungen und Verläumdungen. Man kann ihnen weder falsche Reden zuschreiben, noch das Gute verheimlichen, dessen Urheber sie sind, noch ihrem Betragen eine tückische Wendung geben. Hat man ihre Absichten irrig ausgelegt, so zerstört eine öffentliche Erklärung die falschen Gerüchte, und läßt heimlichen Angriffen keinen Raum.

Dritte Einwendung. „Der Wunsch der Popularität „kann einzelne Glieder der Versammlung zu gefährlichen „Vorschlägen veranlassen; die Beredsamkeit, die man zu „erlangen sucht, ist mehr die Beredsamkeit der Verführung als der Vernunft, vielmehr die eines Volkstribuns als eines Gesetzgebers."

Antwort. Auch diese Einwendung fällt mit der ersten zusammen, nämlich der Incompetenz des Volkes in Beurtheilung seines wahren Interesse, und der Unfähigkeit, seine Freunde von seinen Schmeichlern zu unterscheiden.

In einem repräsentativen Staat, wo das Volk nicht berufen ist, über politische Maasregeln zu votiren, ist diese Gefahr nicht leicht zu fürchten. Die Reden, die ihm nur aus den Tageblättern bekannt sind, haben bei weitem nicht den Einfluß, den die leidenschaftlichen Reden eines aufrühverischen Demagogen hätten. Sie gelangen erst dann zu ihm, wenn sie durch ein erkältendes Medium gegangen sind; und überdies sind sie von den widerlegenden Argumenten begleitet, die in dem gegebenen Fall den vollen natürlichen Vorzug des Wahren vor dem Falschen haben.

Die Öffentlichkeit der Verhandlungen hat mehr Demagogen zu Grunde gerichtet als erzeugt. Ein Mann, der sich in große Gunst bei dem Volk gesetzt hat, braucht blos ins Parlament zu treten, um nicht mehr furchtbar zu seyn. Mitten unter Menschen versetzt, die ihm an Talent gleich oder überlegen sind, bringt er nichts vor, das nicht bestritten würde; seine Übertreibungen werden auf ihren wahren Werth reducirt; seine Anmaßung gedemüthigt; der Wunsch einer momentanen Popularität macht nur lächerlich, und der Schmeichler des Volks wird dem Volk selbst zuletzt zum Eckel.

Vierte Einwendung. „In einem monarchischen „Staate kann die Öffentlichkeit der Versammlungen der Un„abhängigkeit der Beschlüsse dadurch schädlich wer„den, daß sie die Glieder der Rache (ressentiment) des „Regenten aussetzt.“

Diese Einwendung, die scheinbarste von allen, verschwindet, wenn man sie untersucht, und verwandelt sich selbst in ein, der Öffentlichkeit günstiges, Argument. Wenn in einer solchen Versammlung von dem Regenten Gefahr zu fürchten ist, so ist Rettung nur in dem Schutze des Volkes zu suchen. Die Vorsicht, heimlich zu deliberiren, wäre mehr eine scheinbare als wirkliche Vorsicht. Die Schritte der Versammlung würden immer dem Regenten bekannt werden, während diejenigen damit unbekannt blieben, die sie gerne vertheidigten, wenn man ihnen die Mittel hiezu in die Hände gäbe.

Wenn also eine politische Versammlung Verborgenheit vorzöge, aus dem Grunde, sich der Aufsicht des Regenten zu entziehen, so lasse man sich nicht in die Irre führen, es wäre das ein bloßer Vorwand. Der wahre

Beweggrund eines solchen Betragens wäre vielmehr, seinem Einflusse sich zu unterziehen, ohne zu sehr sich dem öffentlichen Tadel auszusetzen: denn welcher andern Aufsicht entledigt man sich durch die Ausschließung des Volkes, als der Volksaufsicht?

Fehlt es dem Haupte an Sachführern und Spionen? Ist es nicht zu gleicher Zeit unsichtbar und gegenwärtig im Schoose der Versammlung? Würde man wohl gegen die Öffentlichkeit einwenden, daß sie ein System des Mißtrauens sey? Freilich ist sie es, und ist nicht jedes gute politische Institut auf diese Basis gegründet? Wem müßte man denn mißtrauen, wenn es die nicht wären, denen man große Gewalt sammt großen Versuchungen giebt, sie zu mißbrauchen? Man betrachte nur die Gegenstände ihrer Pflichten; nicht ihre eigenen Geschäfte sind es, sondern fremde, im Vergleich mit jenen, gleichgültige, höchst schwierige, höchst zusammengesetzte Geschäfte, welche Indolenz allein uns verleiten würde, zu vernachlässigen, und die den mühsamsten Fleiß erfordern. Man betrachte ihr persönliches Interesse; oft wird es mit dem ihnen anvertrauten im Widerspruch erscheinen; sie haben alle Mittel in Händen, auf Kosten des Volks sich selbst zu dienen, ohne dessen überführt werden zu können. Bleibt also etwas anderes übrig, um alle diese gefährlichen Beweggründe nicht aufkommen zu lassen, als ein wichtigeres Interesse zu schaffen? Und kann es ein anderes geben, als die Achtung für die Volks-Meinung, die Furcht vor ihren Urtheils-Sprüchen, eine edle Ruhm-Begierde, mit einem Worte, alles was aus der Öffentlichkeit entspringt. Die Wirksamkeit dieses großen Mittels erstreckt sich über alles, über Gesetzgebung, Verwaltung, Gerichtsbarkeit (judicature). Ohne Öffentlichkeit ist kein dauerndes Wohl, unter ihren Auspicien kein dauerndes Uebel.

III. Gegenstände über welche die Oeffentlichkeit sich erstrecken soll.

Die Bekanntmachung dessen, was in der Versammlung vorgeht, muß folgende Punkte umfassen:

1) Den Inhalt jeder Motion.
2) Den Inhalt der Reden und der Beweisgründe für und wider.
3) Den Ausgang einer jeden Motion.
4) Die Zahl der Stimmen von beiden Seiten.
5) Die Namen der Stimmenden.
6) Die Beweis-Stücke die der Entscheidung zur Basis gedient haben.

Ich halte mich hier nicht mit dem Beweis auf, daß die Kenntniß aller dieser Punkte nothwendig ist, um das Volks-Tribunal in den Stand zu setzen, ein erleuchteres Urtheil zu fällen. Aber man könnte eine Einwendung gegen die Bekanntmachung der respectiven Anzahl der Votirenden vorbringen. Man kommt in Gefahr, möchte man sagen, durch die Bekanntmachung das Ansehen der Verhandlungen der Versammlung zu schwächen, und der Opposition Muth einzuflösen, im Falle die Majorität sehr gering seyn sollte. Antwort: Man muß zwischen der gesetzlichen und der ungesetzlichen Opposition unterscheiden: erstere ist nicht vorauszusetzen, letztere ist kein Übel.

Die erstere, sage ich, sey nicht vorauszusetzen. Die Existenz einer Regierung, die von einer Versammlung geleitet wird, gründet sich auf eine natürliche, durch Gewohnheit befestigte, (habituelle) Neigung, sich in den Willen der Mehrzahl zu fügen: man erwartet keine vollkommene beständige Einstimmigkeit, weil man weiß, daß sie unmöglich ist; und im Fall eine Partei durch eine sehr kleine Mehrzahl besiegt ist, so sieht sie darin, weit entfernt einen Beweggrund zu einer ungesetzlichen Opposition zu finden, blos einen Grund, ein nahes Gelingen zu erwarten.

Wenn demzufolge sich eine gesetzmäßige Opposition bildet, so ist dies eben kein Übel. Denn da die comparative Zahl der Stimmen das einzige Maas der Wahrscheinlichkeit für die Richtigkeit (droiture) der Entscheidungen ist, so folgt daraus, daß die legale Opposition sich auf nichts besser stützen könnte, als auf diese Wahrscheinlichkeit. Man setze den Fall einer juridischen Entscheidung. Angenommen, zwei Urtheile seyen gesprochen worden, das eine durch die kleinmöglichste, das andere durch die größtmöglichste Majorität: wäre es nicht natürlicher, gegen ersteres als gegen letzteres zu appelliren?

Doch ist die Nothwendigkeit des Appellirens in juridischen Sachen bei weitem nicht so wichtig, als in der Gesetzgebung. Die Entscheidungen der Richter treffen blos einzelne Fälle; die Entscheidungen einer gesetzgebenden Versammlung hingegen bestimmen das Interesse eines ganzen Volkes, und haben Folgen, die sich beständig erneuen.

Könnte man glauben, durch Verschweigung der verschiedenen Stimmen-Anzahl mehr Unterwerfung (soumission) zu erhalten? Man würde irren; das Publikum, auf Muthmassungen reducirt, würde dieses Geheimniß zum Nachtheil der Verheimlicher benutzen. Es wird ihm empfindlich fallen, durch falsche Nachrichten in Irrthum geleitet worden zu seyn. Eine kleine Minorität wird den Schein suchen, der Majorität nahe zu seyn, und sich tausend tückischer Mittel bedienen, um das Publicum über seine wahre Zahl zu täuschen.

Der amerikanische Congreß pflegte, wenn ich nicht irre, während des Unabhängigkeits-Kriegs alle seine Beschlüsse als einstimmig auszugeben. Seine Feinde sahen gerade in dieser Vorsichts-Maasregel das Bedürfniß, einen beständigen Zwist zu verbergen. Diese, übrigens so weise Versammlung wollte lieber sich einem solchen Verdacht aussetzen, als den Grad der Divergenz ihrer Maasregeln bekannt werden lassen. Ungeachtet aber diese Täuschung in jenem besonderen Falle gelang, so bewieß dieß doch nicht die allgemeine Nützlichkeit. Der Congreß, der des Vertrauens seiner Constituenten sehr gewiß war, hatte ihre Zustimmung zur Anwendung einer List, deren Zweck dahin gieng, den Feind zu desorientiren.

Die Namen der Stimmenden müssen bekannt gemacht werden, nicht nur damit das Publikum die herrschenden Principien seiner Deputirten, und ihr fleißiges Beiwohnen der Versammlungen kennen lerne, sondern auch noch aus einem andern Grunde: die Qualität der Stimmen hat so großen Einfluß auf die Meinung, als ihre Anzahl; Ihnen allen dasselbe Gewicht beilegen, hieße wollen, daß die Thorheit denselben Einfluß habe, als die Weisheit, nnd daß das Verdienst ohne Motiv und Belohnung bleibe.

IV. Ausnahmen von den Regeln der Öffentlichkeit.

Die Öffentlichkeit müßte suspendirt werden, im Falle sie folgende Wirkungen hervorbrächte:

1) Den Absichten eines Feindes günstig zu seyn.

2) Ohne Noth unschuldige Personen zu kränken.

3) Schuldigen eine zu strenge Strafe aufzulegen.

Man kann aus der Öffentlichkeit kein unbedingtes Gesetz machen, weil es unmöglich ist, alle Fälle vorherzusehen, in denen eine Versammlung sich befinden kann. Man giebt Regeln für einen ruhigen und sichern Zustand der Dinge. Für einen Zustand der Verwirrung und Gefahr lassen sich keine geben. Geheimniß ist ein Mittel der Verschwörung, folglich darf es nicht Gesetz in einer geordneten Regierung seyn.

V. Mittel der Öffentlichkeit.

Folgendes sind die Mittel der Öffentlichkeit, die man ganz oder zum Theil anwenden kann, der Natur der Versammlung und der Wichtigkeit der Geschäfte gemäs:

1) Authentische Bekanntmachung der Verhandlungen der Versammlung, nach einem vollständigen Plan, der die im vorigen Artikel angegebenen sechs Punkte in sich schließt.
2) Gebrauch der Tachygraphen, oder Geschwindschreiber, zu den Reden, und im Falle einer Untersuchung, zu den Verhören.
3) Duldung anderer nicht authentischer Bekanntmachungen über denselben Gegenstand.
4) Zulassung von Fremden zu den Sitzungen.

Die Anwendung der Tachygraphen wäre unumgänglich nothwendig, im Falle man den ganzen Inhalt der Reden haben wollte. Doch kann man sich dieses Mittels nur dann bedienen, wenn die Discussionen wichtig genug sind, um den Aufwand zu rechtfertigen. In England haben die Parteien in einem gewöhnlichen Prozeß die Freiheit, sich derselben zu bedienen. In Hastings feierlichem Proceß hatte einerseits das Unterhaus und andererseits der Angeklagte seine Tachygraphen. Das Oberhaus, als Richter, hatte den seinigen noch besonders.

Was die nicht authentischen Bekanntmachungen betrifft, so ist es nothwendig, sie zu dulden, theils um der Nachlässigkeit und der Untreue (mauvaise foi) der verpflichteten Bericht-Erstatter zuvorzukommen, theils um diesen Verdacht abzuwenden. Ein ausschliessendes Privilegium würde für ein Certificat der Verfälschung angesehen werden. Ueberdies kann die authentische Bekanntmachung des Protocolls der Versammlung nur mit einer Langsamkeit vorgenommen werden, welche die Ungeduld des Publikums keineswegs befriedigen würde, den Schaden unbeachtet, den in der Zwischenzeit falsche Berichte bringen könnten, ehe die authentische Bekanntmachung sie zerstörte.

Die nicht officiellen Tage-Blätter erfüllen diesen Gegenstand vollkommen. Ihre günstige Aufnahme hängt von der Lesebegierde des Publikums ab, und ihr Verdienst (talent) ist, sie zu befriedigen. In England hat man es zu einem solchen Grad von Schnelligkeit gebracht, daß Debatten, die sich bis drei oder vier Uhr Morgens hinausgezogen haben, noch an demselben Morgen in sechzehn Colonnen in Folio in kleiner Schrift gedruckt, und vor Mittag in der Hauptstadt vertheilt werden.

Die Zulassung des Publikums zu den Sitzungen ist ein sehr wichtiger Punkt; aber dieser Gegenstand erforderte Auseinandersetzungen, die hier nicht am rechten Orte ständen. Es soll davon besonders gehandelt werden.

Der Hauptgrund für diese Zulassung ist wohl der, daß sie Vertrauen in die Zeitungsberichte einflößt, oder vielmehr, daß sie die Hauptbedingung desselben bildet. Wäre das Publikum ausgeschlossen, so würde es immer Verfälschung der Wahrheit muthmassen, wenigstens würde es glauben, man habe einen Theil davon unterdrückt, und in der Versammlung mögen viele Dinge vorgehen, die ihm nicht bekannt werden. Aber abgesehen von dieser Garantie, ist es für den Ruf der Glieder der Versammlung ein sehr günstiger Umstand, von unparteiischen Zeugen gehört, und von einem Theile des Publikums gerichtet zu werden, der sich täglich erneuert. Diese Gegenwart der Fremden ist für sie sowohl ein mächtiger Beweggrund zum Wetteifer, als ein heilsamer Zügel gegen die mannichfaltigen Leidenschaften, die aus den Debatten entspringen können *).

---

*) Diese Publicitätslehre wird den Helvetischen Regierungen paradox vorkommen. Die, in beinahe allen Cantönen, welche die democratische Regierung nicht beibehielten, errichteten repräsentativen Räthe, verwehren nicht nur den Fremden den Eintritt in die Versammlung, sondern publiciren

VI. Lage der Dinge in England.

Um sich einen richtigen Begriff von dem Zustande der Dinge in England in Beziehung auf die Öffentlich-

---

nicht einmal das Protocoll ihrer Deliberationen. Die Zulassung des Publikums würde sich ihnen unter dem Gesichtspunkt einer höchst gefährlichen Neuerung darstellen: man würde davon eine beständige Gährung in dem Geiste des Publikums fürchten, sich verstümmelten, hinterlistigen, tückischen und verläumderischen Berichten ausgesetzt glauben. Das hieße, würde man sagen, Müßiggängern, die bald in eine schädliche Thätigkeit kommen würden, eine Schaubühne eröffnen, und Zeitverlust denen verursachen, die blos von ihrer Arbeit leben. Mit einem Wort, auf die Publicität würde bald eine Revolution folgen.

Diese nachtheiligen Folgen verhehle ich mir nicht. Doch sehe ich ungern, daß unsere Regierungen Verzicht auf die Vortheile thun, die aus der Publicität entspringen. Sie machen Gesetze, deren Gründe nur denen bekannt sind, die den Discussionen des Conseils beigewohnt haben. Das Publikum kennt diese Gründe nicht, kann sie nicht kennen, und bleibt in einem Zustand von Inferiorität, der ein schlimmes Mißverhältniß zwischen den Regierenden und den Regierten erzeugt. Zwar ist die Repräsentation in Verhältniß der Bevölkerung eines jeden Cantons viel stärker als in andern Staaten wie Frankreich und England. Dieser Unterschied ist reell, und vermindert die Gefahr der mangelnden Publicität Da die mittlere Classe weit besser repräsentirt ist, so hat sie weit mehr Grund, den Deputirten zu vertrauen, und zu gleicher Zeit weniger von der Regierung zu fürchten, die nicht die Mittel in den Händen hat, sie zu verführen. Auch kann man nicht läugnen, daß wenn der Deliberations-Saal dem Publico geöffnet würde, daraus die Gefahr falscher und untreuer Berichte entspringen würde, es müßte denn ein genaues Debatten-Journal eingeführt seyn.

Dennoch glaube ich, daß man in jedem Canton die Zulassung zu dem repräsentativen Conseil einer gewissen Anzahl von Personen gestatten könnte, und nicht nur ohne Nachtheil, keit zu machen, muß man zwei sehr verschiedene Gegenstände in Betracht ziehen — die Verordnungen (Règlements) und den jezigen Gebrauch.

Hier sind die Verordnungen:

1) Allen Fremden, das heißt, allen denjenigen, die nicht Mitglieder der Versammlung sind, ist es verboten, einzutreten, bei Strafe unmittelbarer Verhaftung. Die Einführung durch ein Mitglied hat weder Ausnahme von dem Verbot noch von der Strafe zur Folge. Dieses Verbot, das während der stürmischen Zeiten des Bürgerkriegs von 1650 gemacht worden, ist siebenmal bei Umständen wiederholt worden, die weder diese noch irgend eine andere Entschuldigung für sich hatten *).

2) Verbot sowohl für die Fremden, als für die Mitglieder, nichts von dem auszusagen, was daselbst

---

sondern mit großem Nutzen. Dieses Recht könnte man geben: 1) Denjenigen Candidaten, denen nur eine kleine Anzahl von Stimmen zur Ernennung gefehlt hätte; 2) denjenigen, die nach dem Geseze der Amovibilität die Versammlung verlassen hätten, und die durch eine neue Wahl wieder eintreten können; 3) den jungen Zöglingen, die die Rechte studiren und zur Magistratur bestimmt sind; 4) öffentlichen Beamten, den Geistlichen, den Directoren der Wohlthätigkeits-Anstalten 2c.

Dieß sind Männer, die eine natürliche Verantwortlichkeit und Anhänglichkeit für und an die Aufrechthaltung der Constitution haben, und ein besonderes Interesse, die Gründe zu kennen, die den Gesetzen und öffentlichen Acten zur Basis gedient haben. Ihre Aufnahme würde die glückliche Wirkung hervorbringen, der öffentlichen Sache eine größere Zahl von Individuen zuzugesellen, der Eifersucht und Unzufriedenheit Einhalt zu thun, die die Ausschließung einflößen kann, und so das allgemeine Zutrauen zu vermehren.

*) Den 26. Febr. 1688; 21. Nov. 1689; 2. April 1690; 31. Oct. 1705; 15. Nov. 1705; 26. Jan. 1709; 16. März 1719.

vorgegangen, und über diesen Gegenstand nichts bekannt zu machen, ohne die Ermächtigung der Versammlung.

Diese Verordnung, die sich von dem Anfange des Bürgerkriegs herschreibt, ist bis zu dreizehnmalen erneuert worden, und zum letztenmale 1738 in einem Schluß, wo die Leidenschaftlichkeit den höchsten Gipfel erreicht zu haben schien. Der Ton der stolzesten Despoten ist sanft und gemäsigt in Vergleichung mit dem Ton dieser Volks-Versammlung.

3) Seit 1722 hat man im Namen der Communen sogenannte Vota bekannt gemacht. Es ist dies eine Art trockenes, mageres Protocoll, das den formgemäsen Gang enthält, sammt den Motionen und Schlüssen (arrêtés), und im Falle einer Spaltung die Zahl für und wider. Sie gaben keine Notiz von den Debatten.

Vor dieser Epoche geschah diese Bekanntmachung nur auf eine intermittirende Weise.

Diese Vota, die zu Ende des Jahrs gesammelt, und von neuem, sammt einem grossen Haufen von Gesetzen und Privat-Acten, bekannt gemacht werden, bilden das, was man die Journale der Kammer nennt. Diese Journale werden jedem Mitgliede gegeben und an das Publikum nicht verkauft.

4) Was dem Publikum zu kennen am meisten noth thut, das sind die Gesetzes-Vorschläge (projets des lois), ehe noch das Parlament über sie etwas festgesetzt hat. Die Vorschläge, die man Bills nennt, werden nicht, kraft einer allgemeinen Regel, gedruckt, aber der Druck derselben wird oft durch einen Special-Schluß (arrêté spécial) und zum ausschließenden Gebrauch der Parlaments-Glieder verordnet: so, daß niemand damit bekannt werden kann, wenn

nicht eines der Mitglieder solch ein privilegirtes Exemplar ihm mittheilt.

So sonderbar es auch aussah, daß die Volks-Deputirten sich mit so vielem Stolz (hauteur) den Blicken ihrer Machtgeber entzogen, so waren doch die Principien einer freien Verfassung so wenig bekannt, daß man auch nicht eine einzige allgemeine Reclamation gegen ein Betragen findet, das dahin strebte, von Seiten der Geschäftsträger alle Verantwortlichkeit, von Seiten des Volks allen Einfluß zu zernichten.

Seitdem aber die erleuchtetere Volks-Meinung ein größeres Übergewicht gewonnen hat, hauptsächlich seit Georg III., haben diese antipopulären Satzungen ihre Kraft verloren, obgleich sie noch dieselben sind, und in mehreren Rücksichten hat die entgegengesetzte Sitte die Oberhand behalten. Betrübt ist es freilich, daß das Beste, was in England geschieht, durch eine beständige Verletzung der Gesetze bewirkt wird; aber man wird mit Vergnügen gewahr, daß diese unmerklichen Neuerungen zur allgemeinen Vervollkommnung führen.

Das Unterhaus hat aus Nachsicht einen kleinen Theil des Publikums zugelassen; ungefähr hundert und funfzig bis zweihundert Fremde finden Platz auf einer abgetheilten Tribune.

Unglücklicherweise ist diese Nachsicht prekär. Möge die Kammer die Zeugen in den besonderen Fällen ausschließen, von denen wir gesprochen haben, das muß so seyn; aber es bedarf nur einer einzigen Stimme, so wird die alte Verordnung wieder in Gang gerufen, die noch in voller Gesetzes-Kraft, folglich unwiderstehlich ist.

Was den Inhalt der Debatten betrifft, so geben eine Menge periodischer Bekanntmachungen hiervon Nachricht. Auch diese Verbreitungen sind Vergehen (délits);

und diesem glücklichen Vergehen dankt es England, daß es einer der Venetianischen ähnlichen aristokatischen Regierung entgangen ist.

Diese Bekanntmachungen hätten nie einen solchen Grad von Nachsicht erhalten, wenn sie genauer gewesen wären. Entdeckte man irgend einen Fremden in der Galerie mit dem Bleistift in der Hand, so erhob sich gleich ein allgemeines Geschrei gegen ihn, und er wurde ohne Gnade ausgetrieben. Doch heut zu Tage geht die Gefälligkeit weiter, und man duldet sogar Geschwindschreiber, die in Diensten der Redacteurs der Tagesblätter stehen.

Im Oberhause gelten im Grunde dieselben Regeln; doch ist der Ton gemäßigter. Keine Zulassung von Fremden (Befehl vom 5. April 1707.), keine Publikation der Debatten ist erlaubt (Befehl vom 27. Februar 1698); doch hat die jetzt herrschende Nachsicht auch dort angefangen.

In dieser Kammer herrscht ein Gebrauch, der einem Theile der Meinungen eine Öffentlichkeit ertheilt, von der man in der andern kein Beispiel findet. Ich spreche von den Protesten. Es sind motivirte Erklärungen von einem oder mehreren Gliedern der Minorität, gegen die von der Kammer angenommenen Maasregeln, die in ihre Register eingetragen werden. Solche Proteste circuliren ungeachtet der Verordnung. Aus dieser Bekanntmachung entspringt eine Sonderbarkeit (bizarrerie), die Stoff zu denken geben sollte, wenn Nachdenken sich mit der Routine vertrüge. Die einzigen Gründe nämlich, die dem Publico auf eine authentische Art vorgetragen werden, sind die, welche die Gesetze angreifen.

Die Kammer der Pairs, die den Eintritt in ihre Versammlungen einem Theil des Publikums erlaubte, machte diese Gunst so beschwerlich als möglich. Es werden keine Stühle gereicht. Die erste Reihe der Zuschauer raubt die Aussicht und verhindert diejenigen, die dahinter stehen zu hören. Einige Volksfreunde schlugen mehrere Male vor, dem Publikum ein bequemeres Lokal anzuweisen, aber die Majorität der Mitglieder verweigerte dies jedesmal, es sey nun, weil sie glaubten, daß eine ermüdende Stellung respektvoller ist, oder aus einer unbedingten Scheu vor jeder Veränderung. *)

---

*) In der französischen Constitution vom Jahr 1814 wurde durch den 32. Artikel festgesetzt, daß alle Deliberationen der Kammer der Pairs geheim gehalten werden sollten.

Ich kann auch nicht Einen guten Grund für dies Geheimhalten finden. Wenn die Oeffentlichkeit gefährlich ist, so scheint sie es doch weniger für diejenige Kammer zu seyn, die der Gefahr des Volks-Ehrgeitzes am wenigsten ausgesetzt ist.

Die Nicht-Publicität scheint mir hauptsächlich den Pairs nachtheilig, denn sie bedürfen der Oeffentlichkeit zu gleicher Zeit als Zaum und als Sporn; als Zaum, weil man sie ihrer Lage nach für Männer ansieht, deren Interesse vom Volks-Interesse getrennt ist; als Sporn, weil ihre Unentsetzbarkeit die Beweggründe, die zum Wetteifer antreiben, schwächt und ihnen eine absolute Unabhängigkeit giebt.

Angenommen, man betrachte die Kammer der Pairs, weil sie ganz vorzüglich monarchisch gesinnt ist, oder gesinnt seyn soll, als eine Schutzwehr der königlichen Würde und Autorität gegen die unbedachtsamen Motionen der Volks-Deputirten. — Ist nicht das Geheimhalten ihrer Deliberationen auch unter diesem Gesichtspunkt ein politischer Widersinn? Man läßt diejenigen öffentlich verhandeln, die, unserer Voraussetzung nach, Feinde der königl. Gewalt, oder wenigstens der Democratie zu günstig sind; und man zwingt zu geheimen Discussionen diejenigen, die man als geborne Vertheidiger des Monarchen und seiner Regierung ansieht. Heißt das nicht auf eine gewisse Art voraussetzen, daß ihre Sache zu schwach sey, um die Blicke der Nation zu ertragen, und daß man, um die Individuen der allgemeinen Mißbilligung zu entziehen, sie im Geheim votiren lassen muß? — Im Falle eine Motion

Viertes Kapitel.

Eintheilung des gesetzgebenden Körpers in zwei Versammlungen.

Ist es nützlich, zwei Versammlungen zu haben, deren Übereinstimmung zur Wirksamkeit eines Decrets nothwendig ist?

Es giebt Gründe für und wider. Wir wollen sie hier, einen nach dem andern, betrachten

Die Theilung des gesetzgebenden Corps scheint folgenden Mängeln unterworfen zu seyn:

1) Es wäre dies oft ein Mittel, der Minorität die Wirkungen der Majorität zu geben. Die Einstimmigkeit einer der beiden Versammlungen würde an der Majorität einer einzigen Stimme in der andern Versammlung scheitern.

2) Diese Theilung ist geschickt, zwei verschiedene Absichten nach dem Rang (qualité) der auf solche Art eingetheilten Mitglieder zu begünstigen. Ist zum Beispiel von Ständen (ordres) die Rede, von Adel und

---

der Deputirten-Kammer große Volksgunst erworben hätte, ist da nicht wünschenswerth, daß die Argumente, die sie bestreiten, bekannt werden; daß die Versammlung, die sie verwirft das Recht habe, öffentlich ihre Weigerung zu rechtfertigen; daß man sie nicht dem beleidigenden Verdachte aussetze, nur ihrem Interesse zu lieb zu handeln; und sie endlich in dem Kampf, den sie auszuhalten hat, nicht in eine zu unvortheilhafte Lage bringe? — Die Corporation, die öffentlich spricht, und deren Debatten publicirt werden, hat alle Mittel, sich zahlreiche Anhänger zu verschaffen, während eine solche Corporation die heimlich deliberirt, nur auf sich selbst Einfluß haben kann. — Es scheint, als wäre dies für sie so wenig schmeichelhafte Geheimhalten ersonnen worden, um ihr an Einfluß auf die Volksmeinung mehr zu nehmen, als man ihr durch Superiorität an Rang giebt.

Gemeinen: so ist das Resultat, daß man ein unrechtliches (indue) Übergewicht begünstiget, und das Interesse einer Classe dem Interesse des Volkes selbst entgegensetzt. Ist die Rede von zwei Versammlungen ohne rivalisirende Verschiedenheit, so ist das Resultat Begünstigung der Bestechung. Man versichere sich nur der Majorität in einer, die andere mag man immerhin vernachläßigen.

3) Jede Versammlung wird eines Theiles der Einsichten (lumières) beraubt werden, die sie vereinigt besessen hätten. Dieselben Gründe stellen sich nicht in beiden Kammern mit derselben Kraft dar. Die Beweisgründe, die in der einen die Stimmen gewonnen haben, kommen in der andern gar nicht vor. Der Urheber einer Motion, der sie zum Gegenstande eines tiefen Studiums gemacht, wird in der Versammlung nicht gegenwärtig seyn, in der man Einwendungen dagegen vorbringt. Die Sache wird entschieden, ohne daß die Hauptpartei gehört worden wäre *).

4) Diese Theilung zieht nothwendig die Geschäfte unnützerweise in die Länge. Zwei Versammlungen können sich nicht zur selben Zeit mit demselben Geschäfte befassen, wenigstens in allen Fällen, wo Original-Documente zu überreichen, Zeugen abzuhören sind; daraus erwächst doppelte Arbeit, doppelter Aufschub. Solche Versammlungen können nicht ohne entgegengesetzte Ansprüche bestehen. Es giebt Competenz-Fragen, die Unterhandlungen und oft

*) Dieser Nachtheil ist nicht von Belang, wenn die Berathschlagungen öffentlich und nach einander geschehen. Die Gründe, welche in der einen Versammlung gesiegt haben, werden auch in der andern bekannt werden.

einen Bruch herbeiführen. Ihre Streitigkeiten über Macht und Vorrechte werden, ihren eigenthümlichen Nachtheil und den Zeitverlust abgerechnet, oft Mittel darbieten, sie beide in Unthätigkeit zu versetzen. Dies sah man unaufhörlich bei den ehemaligen General-Staaten in Frankreich. Der Hof nährte Zwietracht unter den Ständen, bekämpfte die einen durch die andern, und fand in dieser Uneinigkeit immer einen scheinbar befriedigenden (plausible) Grund, sie auseinandergehen zu lassen.

5) Das letzte Resultat dieser Abtheilung ist das, eine Vertheilung der Gewalten zu bewirken, die einer der Versammlungen die Initiative giebt, und die andere blos auf die Negative reducirt. Eine natürliche und reiche Quelle von unstatthaften Oppositionen, von Streitigkeiten, Unthätigkeit und ewiger Dauer der Mißbräuche.

Alles zielt darauf ab, eine Vertheilung (repartition) dieser Art herbeizuführen — Zwei unabhängige Versammlungen können nicht lange bestehen, ohne ihre Kräfte zu messen. Überdies können diejenigen, die die Hauptführung der Geschäfte haben, nicht handeln, ohne einen Plan zu entwerfen, und sich ihrer Mittel zu versichern. Eine von beiden Versammlungen muß gewählt werden, um in derselben die Operationen anzufangen: wenn die eine mehr Einfluß zu haben scheint, als die andere, so wird man dahin alle wichtigen Anträge bringen. Dies allein ist hinreichend, das Gleichgewicht gänzlich aufzuheben. Nicht durch das Recht, sondern durch die That, wird sich eine Scheidung der beiden Mächte bilden, wovon die eine mit der Initiative, die andere mit der blosen Negative versehen seyn wird.

Was folglich das persönliche Interesse, das einzige Motiv, auf das man immer rechnen darf, betrifft, so wird in dieser Hinsicht die Corporation, welche auf die Negative reducirt ist, sich immer Allem entgegensetzen. Sie zeigt ihre Gewalt nur im Verwerfen, und erscheint null, wenn sie beitritt. Regieren heißt, die erste Rolle spielen; die zweite ist, sich regieren lassen.

Den Quellen des Ruhmes entfremdet, entbindet sich dies Corps unmerklich von den Geschäften; sie sind für dasselbe blos Frohnen. Es behält sich den leichtesten Theil bevor, nämlich sich Allem zu widersetzen, den Fall ausgenommen, wo es fürchten müßte, sich in der Meinung des Publikums herabzusetzen, und durch gehässigen Widerstand seinen guten Ruf zu verlieren.

Hier folgen nun die Gründe, die man zu Gunsten dieser Theilung anführen kann *).

Erster Vorzug. Reifheit der Erörterung. Die Theilung ist ein sicheres Mittel, die Übereilung im Zaum zu halten, und Überraschungen zuvorzukommen. Es ist wahr, daß in einer einzigen Versammlung man sich ein Regulativ geben kann, durch welches zahlreiche Untersuchungen nach der Wichtigkeit der Geschäfte vorgeschrieben werden, und dies sieht man in dem Unterhause: dreimaliges Vorlesen, drei Discussionen zu verschiedenen Zeiten: Discussion einer Bill im Comité, Artikel für Artikel: Bericht des Comité: Untersuchung dieses Berichts: Forderungen (petitions) aller derer, die ein Interesse geltend zu machen haben: ein bestimmter Tag zur Untersuchung dieser Forderungen. Mit diesen allgemeinen und andern ähnlichen Vorsichts-Maasregeln kommt man der Gefahr der Übereilung zuvor, und sichert die Reifheit der Verhandlungen.

---

*) Da der Verfasser seine Arbeit nicht vollendet hat, so habe ich hier das Fehlende nach seinen Ansichten ergänzt.

Note des Hrn. Dumont.

So ist es: aber eine einzige Versammlung, hätte sie auch das beste Regulativ, beobachtet es nur in so weit es ihr beliebt. Die Erfahrung hat gezeigt, daß sie leicht davon abgeht, und daß der Drang der Umstände ihr einen immer fertigen und populären Vorwand bietet, alles das zu thun, was die dominirende Partei will. Sind zwei Versammlungen vorhanden, so werden die Formen besser beobachtet werden, weil, im Falle sie von der einen verlezt würden, dies der andern einen rechtmäßigen Grund geben könnte, alles zu verwerfen, was ihr mit einer verdächtigen Neuerung vorgelegt würde.

Überdies geben die zahlreichen Erörterungen in einer einzigen Versammlung nicht die nämliche Sicherheit, als diejenigen, die durch verschiedene Corporationen hindurch gehen. Die Verschiedenheit des Interesse und der Ansichten, der Vorurtheile und Gewohnheiten, ist schlechterdings nothwendig, um die Gegenstände in allen ihren Verhältnissen betrachten zu lehren. Menschen, die lange zusammenwirken, schließen Verbindungen, bilden sich eine eigene Art zu sehen, eine Routine und einen Gemeingeist (esprit de corps), der sein Gegengift nur in einer andern Association findet.

Man kann also eine zweite Versammlung wie ein Appellationsgericht nach einem ersten Richterspruch ansehen.

Zweiter Vorzug. Einschränkung der Gewalt einer einzigen Versammlung.

Eine vom Volke erwählte und amovible Deputirten-Versammlung wäre dadurch selbst in einer Abhängigkeit, die sie zwingen würde, den Wunsch ihrer Machtverleiher zu berücksichtigen; aber in Erwartung eines absolut freien Systems der Wahl und Entsetzbarkeit (amovibilité), und in der Voraussetzung, daß dies System leicht und ohne Nachtheil eingeführt werden könnte, ist es dennoch wahr, daß eine gesetzgebende Versammlung nur eine Verantwortlichkeit in der Volksmeinung (opinion) hat, woraus nur eine sehr unvollkommene Sicherheit gegen Mißbrauch ihrer Gewalt entstehen kann. Von zwei verschieden zusammengesetzten Versammlungen dient die eine der andern natürlich als Zügel; die Gefahr der Demagogie nimmt ab; dasselbe Individuum kann nicht denselben Einfluß in den beiden Kammern haben. Es wird ein Wetteifer um Credit und Talent entstehen. Selbst die Eifersucht einer Versammlung dient in solchen Fällen als Schutzwehr gegen die Usurpation der andern, und die Constitution wird durch Leidenschaften aufrecht erhalten, die in entgegengesetzter Richtung wirken.

Dritter Vorzug. Absonderung des Adels und der Communen. Wenn es im Staate mächtige und privilegirte Corporationen giebt; wie der Adel und die Geistlichkeit, so ist es besser, ihre Deputirten in einer abgesonderten Versammlung zu vereinigen, als sie mit den Volks-Deputirten in einer und derselben Kammer zu vermengen. Warum das? Weil erstens zu fürchten stände, daß, im Fall ihre Zahl nicht bestimmt wäre, sie durch den Credit ihres Ranges oder Vermögens in den Wahlen ein bedeutendes Übergewicht erhalten möchten; zweitens, wenn sie getrennt wirken, so haftet auf ihrem Haupte die ganze Verantwortlichkeit der Meinung; sie müssen wissen, daß das Publikum ihr Benehmen durch ihr persönliches Interesse erklärt, und daß die Verweigerung eines populären Gesetzes sie der ganzen Strenge des Volks-Urtheils aussetzt. Sind sie hingegen mit den Volks-Deputirten in einer einzigen Versammlung vermengt, so haben sie Mittel des Einflusses, die im Verborgenen wirken, und ihre besondern Vota verbergen sich unter der allgemeinen Stimme. Drittens, wenn in einem großen Staat nur Eine Versammlung vorhanden wäre, so wäre sie zu zahlreich um gut zu agiren, oder man würde sich gezwungen sehen, dem Volke eine zur Begründung des öffentlichen Vertrauens unzureichende Zahl von Deputirten zu geben.

Von den fünf, gegen die Theilung des gesetzgebenden Körpers gemachten Einwendungen, ist die fünfte ohne Zweifel die wichtigste. Eine von beiden Versammlungen muß vorherrschend werden, und die Initiative in den Geschäften haben. Der andern bleibt dann in den meisten Fällen blos die Negative. Darum scheint es absurd genug, eine Versammlung von Senatoren oder Edlen zu bilden, einzig und allein damit es sich dem Willen der Volks-Deputirten entgegensetze. Doch bei dieser Art zu sehen, betrachtet man die Sache nur nach ihren Mißbräuchen, und entfernt sich auf doppelte Weise von der Wahrheit, indem man einer Versammlung, die den Namen einer repräsentativen führt, mehr traut als man sollte, und andererseits eine Versammlung von Edlen mehr fürchtet als recht ist. *)

*) Zu den Gründen, die ich schon angeführt habe, um zu zeigen, daß der in einer Versammlung vereinte Adel weniger zu fürchten ist, als man gewöhnlich denkt, kann noch ein anderer hinzugefügt werden, der aus dem Charakter desselben geschöpft ist.

Der Adel ist gewöhnlich indolent; er fürchtet die Geschäfte, wie die Prozesse, weil er wenig Uebung hat. In England selbst ist die Kammer der Pairs sehr geneigt, ihre Senatorial-Functionen zu vernachlässigen. Sie muß häufig recrutirt werden, um sie in Thätigkeit zu erhalten. Sie sind wie die Hindus, die sich von Menschen regieren lassen, die aus einem andern Himmelsstrich dorthin verpflanzt wurden.

Diejenigen, die mehr zu verlieren haben, sind folglich schüchterner Ihr Rang macht aufsichtiger auf sie. Sie können nicht in der Menge durchschlüpfen. Wenn sie sich volkswidrig zeigten, würde sie diese Impopularität überall verfolgen.

Dennoch ist nicht zu läugnen, wie auch die beiden Kammern zusammengesetzt seyn mögen, daß durch diese Theilung der Abschaffung der Mißbräuche große Hindernisse in den Weg gelegt werden. Ein solches System ist zum Erhalten geschickter, als zum Erschaffen; selbst dies aber zeigt, wie passend es für eine schon feststehende Constitution ist. Das Staatsschiff, durch diese beiden Anker gesichert, erhält eine Kraft des Widerstandes gegen die Stürme, die es durch kein anderes Mittel erlangen würde.

Wenn man aber die Theilung des gesetzgebenden Körpers bis auf drei oder vier Kammern erstreckte, würde man aus dieser Complication unheilbare Übel erwachsen sehen. Man vermehrt nicht blos auf diese Art Verzögerungen (délais), Rivalitäten, Hindernisse in jeder Art der Vervollkommnung, sondern man giebt zu gleicher Zeit der ausübenden Gewalt die Mittel in die Hand, durch einen größeren Einfluß auf eine Kammer alles ins Stocken zu bringen, oder die Macht einer dieser Versammlungen auf nichts zu reduciren, wenn die Zusammenstimmung der beiden andern alles entscheidet. Es entsteht hieraus eine ungleiche und betrügerische (frauduleuse) Verbindung, wo zwei von den Associirten sich blos zu verstehen brauchen, um dem Dritten nur ein Schattenbild von Macht zu lassen. So hatten Adel und Clerus in Dänemark die Communen in einem Zustand beinahe absoluter Nullität gelassen; eben so wurden durch eine Vereinigung der Communen und des Clerus gegen den Adel die Reichs-Stände (états) völlig vernichtet und die absolute Gewalt dem Könige übertragen. Sicilien hatte auch sein Parlament, wo die zwei ersten Stände beständig gegen den Dritten Stand verbunden, ihn auf eine blos nominale Existenz herabgesetzt hatten. Um auf die beiden Kammern zurückzukommen; wenn man fragte, was denn Gutes aus der Kammer der Lords entsprungen sey, so wäre es vielleicht nicht leicht, Beispiele von schlechten Gesetzen anzuführen, denen sie durch ihr Veto zuvorgekommen wäre; man könnte im Gegentheil gute Gesetze anführen, die sie verworfen hat, und daraus schließen, daß sie mehr schädlich als nützlich sey. Doch dieser Schluß wäre nicht richtig; denn wenn man die Wirkungen eines Instituts untersucht, muß man in Betracht ziehen, was es unbemerkt, durch die blose Macht zu verhindern, hervorbringt. Man versucht es nicht einmal zu fordern, wenn man im voraus einer Verweigerung gewiß ist. Man wagt keine Unternehmungen, ohne irgend eine Hoffnung des Gelingens. Eine Constitution wird haltbar (stable), weil eine Macht errichtet ist, die sie schützen soll. Wenn man keinen positiven Beweis für das Gute hätte, das die Kammer der Pairs bewirkt, so müßte man ihr doch zum Theil immer die Mäßigung der Kammer der Communen, in Gebrauch ihrer Macht, die Achtung für die unbestimmten Grenzen ihrer Autorität, und ihre beständige Befolgung der selbst vorgeschriebenen Regeln, zuschreiben.

Ich begnüge mich, hier nur einiger Neben-Vorzüge Erwähnung zu thun, die aus der Kammer der Pairs entspringen. Zum Beispiel, das Ansehen, das sie der Regierung in den Augen des Volkes giebt, die größere Kraft der Gesetze, wenn der Adel selbst an ihrer Sanction Theil genommen hat, der Wetteifer, den der Unterschied des Ranges in den verschiedenen Classen der Gesellschaft verbreitet, der Vortheil, dem Ehrgeitze eine bestimmte und sichere Laufbahn vorzuschreiben, wo eine gesetzmäsige Belohnung mehr werth ist, als alles, was man sich von dem glücklichen Erfolg der Demagogie versprechen kann, und der noch größere Vortheil, den Adel in sicheren Schranken zu halten, ihn nur in der älteren Linie erblich zu machen, und sein Interesse mit dem allgemeinen Interesse zu verbinden, durch eine beständige Verschmelzung dieser edlen Familien mit der Gesammtheit der Nation. Es giebt kein herzogliches Haus in England, das in seinem Schoose nicht eine Partei hätte, die durch ihr Interesse der Freiheit der Communen nicht mehr anhienge, als den Vorrechten der Pairs. Dieß ist das wahre Princip der Haltbarkeit. In dieser schönen politischen Anordnung fürchtet jeder, mehr zu verlieren, was er hat, als er begehrt, was ihm fehlt.

Fünftes Kapitel.

Zu vermeidende Nachtheile.

Die Tactik der deliberirenden Versammlungen, so wie jeder andere Zweig der Regierungs-Wissenschaft, soll sich auf das höchste Wohl der Gesellschaft beziehen: dies ist das allgemeine Ziel. Aber ihre besondere Aufgabe ist Vermeidung der Nachtheile, denen eine politische Versammlung bei Ausübung ihrer Functionen ausgesetzt ist. Jede Regel dieser Tactik hat ihren Rechtfertigungsgrund los in der Vermeidung eines Übels. Von der bestimmten Kenntniß der Übel müssen wir also zur Aufsuchung der Heilmittel ausgehen.

Diese Nachtheile können unter die zehen folgenden Rubriken geordnet werden:

1) Unthätigkeit;
2) Unnütze Beschlüsse;
3) Unentschlossenheit;
4) Zögerung;
5) Streit;
6) Überraschung (surprise) oder Übereilung (précipitation);
7) Hin- und Herschwanken in den Maasregeln;
8) Verfälschungen (faussetés);

9) Fehlerhafte Beschlüsse in der Form;
10) Fehlerhafte Beschlüsse nach dem Inhalt.

Wir wollen hier mit wenigen Worten diese verschiedenen Punkte entwickeln:

1) Unthätigkeit. Diese setzt Gegenstände voraus, die eine Entscheidung erfordern, und sie nicht erhalten, weil die Versammlung sich mit nichts beschäftiget.

Der Mangel an Thätigkeit kann aus mehreren Ursachen herstammen, wenn es z. B. an hinreichenden Beweggründen fehlt, die natürliche Indolenz zu überwinden, wenn nichts zum voraus geordnet ist, um die Arbeit zu beginnen; wenn die Versammlung verpflichtet ist, nur dann zu wirken, wenn ihr Anträge von der executiven Gewalt überreicht worden sind. Auch dann kann man unthätig bleiben, wie man das oft bei den ehemaligen französischen General-Staaten gesehen hat, wenn Präliminarien vorhanden sind, über die man nicht einig werden kann, Etiquette und Vorsitz-Streitigkeiten, Uneinigkeit über die Priorität der Gegenstände die verhandelt werden sollen rc.

2) Unnütze Beschlüsse. Diese sind nicht nur durch den Zeitverlust ein Übel, sondern auch dadurch, daß jeder unnütze Beschluß, indem er die Masse der Gesetze vermehrt, ihr Ganzes (ensemble) dunkler, schwerer zu verstehen und zu behalten macht.

3) Unentschlossenheit.*) Taugt die vorgeschlagene Maasregel nichts, so ist Unentschlossenheit nicht nur Zeitverlust, sondern läßt das Publikum in einer Art von Furcht, der Furcht, es möchte diese Maasregel zuletzt doch angenommen werden.

---

*) Ich verstehe darunter jenen Zustand von Unentschiedenheit, in dem man sich in Beziehung auf Fragen befindet, über die es gut wäre sich zu bestimmen.

Ist von einer guten Maasregel die Rede, so dauert das Übel fort, zu dessen Abschaffung sie bestimmt war, und der Genuß des Guten ist so lange aufgeschoben, als die Unentschlossenheit dauert.

4) Zögerung. Diese Rubrik kann mit der vorigen zusammengezogen werden, doch bisweilen weicht sie ab. Man kann sich über Unentschlossenheit zu beklagen haben, wo von Zögerung nicht die Rede ist, wie wenn man nach einer einzigen Sitzung auseinander geht, ohne daß etwas geschehen ist. Man kann sich über Zögerung zu beklagen haben, in Fällen, in denen man bis zur Entscheidung gelangt ist. In der Gesetzgebung correspondirt die Unentschlossenheit mit der Verweigerung der Justiz im Justizwesen. Die unnöthigen Verzögerungen in den Deliberationen stimmen mit den unnützen Fristen in dem Prozeß überein.

Unter die Rubrik der Verzögerungen kann man alle vage und unnütze Schritte ordnen, Präliminarien, die nicht auf einen Beschluß abzielen, falsch gesetzte, oder in schlechter Ordnung vorgetragene Fragen, persönliche Streitigkeiten (contestations), schöngeisterische Unterhaltungen, Belustigungen auf der Arena und im Theater.

5) Überraschung. Übereilung. Die Überraschungen bestehen darin, daß eine Entscheidung erhascht wird, entweder dadurch, daß man Vortheil aus der Abwesenheit einer grossen Anzahl Stimmen zieht, oder dadurch, daß man der Versammlung weder Zeit noch Mittel läßt, sich aufzuklären. Das Üble bei der Übereilung ist die Gefahr, daß unter ihr eine Überraschung verborgen liegen, und daß sie einem, übrigens heilsamen Beschluß einen verdächtigen Charakter geben kann.

6) Hin- und Herschwanken in den Maasregeln. Dieser Mangel könnte unter die Rubrik der Zögerung und der verlornen Zeit gebracht werden; aber

das daraus entspringende Übel ist noch weit bedeutender. Das Schwanken vermindert das Vertrauen auf die Weisheit der Versammlung, und auf die Dauer der genommenen Maasregeln.

7) Streitigkeiten (querelles). Die verlorne Zeit ist hier das kleinste Übel. Erbitterung, Persönlichkeiten in den politischen Versammlungen bringen die, dem Auffinden der Wahrheit entgegengesetzteste, Stimmung der Gemüther hervor, und haben eine nur zu grosse Tendenz, heftige Parteien zu bilden, die in Bürgerkrieg ausarten können. Die Geschichte Roms und Polens liefern zahlreiche Beispiele. Der Krieg ist nur eine Summe zerstörender Wirkungen, und das Übel eines Bürgerkriegs ist wenigstens dem Übel eines fremden Kriegs, doppelt genommen, gleich. Aber noch ehe es zu einem so schrecklichen Ende kommt, schiebt die Erbitterung in den Versammlungen den Gegenständen, mit denen sie sich beschäftigen sollte, ganz andere Gegenstände unter. Über tausend Nebendingen (incidents), die täglich wiederkommen, wird die Hauptsache vernachläßiget. Alle Theilnehmer sind in einem Zustande der Bewegung und des Leidens; ein übertriebenes Mißtrauen täuscht sie noch mehr als eine unmäßige Leichtgläubigkeit; und das sicherste Resultat ist Verlust an Ehre und Vertrauen einer und oft beider in den Streit verwickelter Parteien.

8) Verfälschungen. Ich bringe unter diesen allgemeinen Titel alle, der vollkommensten Wahrheit zuwiderlaufende Acte in dem Verfahren einer Staats-Versammlung. Aufrichtigkeit und Redlichkeit (bonne foi) muß die Seele derselben seyn. Diese Maxime mag nicht einmal von denen bestritten werden, die sie am wenigsten beobachten; doch je mehr man sich über politisches Interesse aufklären wird, desto besser wird man ihre Richtigkeit und Wichtigkeit fühlen.

9) In der Abfassung fehlerhafte Beschlüsse. Eine fehlerhafte Abfassung ist eine solche, die durch die Form, nicht durch den Inhalt, sündiget; die nicht ganz oder nicht klar ausspricht, was die Gesetzgeber im Sinne gehabt zu haben scheinen. Sie sündigt durch Übermaas (excès), wenn sie etwas überflüssiges enthält, durch Mangel aber, wenn sie nicht alles nothwendige ausdrückt. Sie ist dunkel, wenn sie ein verworrenes Gemisch von Ideen darbietet; zweideutig, wenn sie einen doppelten oder mehrfachen Sinn in sich schließt, so daß verschiedene Individuen entgegengesetzte Beschlüsse darin erblicken *).

10) Durch den Inhalt fehlerhafte Beschlüsse. Solche, die dem entgegengesetzt sind, was sie seyn sollten, um dem Wohl der Gesellschaft zu entsprechen.

Alle aufgezählte Mängel laufen durch mehr oder weniger gerade Linien in diesem zusammen.

Wenn eine Versammlung einen pflichtwidrigen oder schädlichen Beschluß faßt, so muß man voraussetzen, daß dieser Schluß ihren Willen falsch darstellt. Wenn in der That die Versammlung componirt ist, wie sie es seyn soll, so ist ihr Wille, die Beschlüsse dem allgemeinen Nutzen anzupassen, und entfernt sie sich davon, so geschieht dies aus einer oder der andern der hier folgenden Ursachen:

1) Abwesenheit. Der allgemeine Wille der Versammlung ist der Wille der Majorität, bei versammelter Totalität der Glieder. Doch je mehr Glieder bei der Abfassung desselben nicht gegenwärtig ge-

*) Ich weise die Leser auf das zurück, was über den Gesetz-Styl in dem Traité de législation. T. I. p. 341. gesagt worden ist.

wesen, desto zweifelhafter ist es, ob der als allgemein ausgegebene Wille, es auch wirklich sey.

2) Mangel an Freiheit. Wenn irgend ein Zwang auf die Stimmen einwirkt, so können sie dem inneren Willen der Stimmgeber nicht angemessen seyn.

3) Verführung. Wenn man anziehender Mittel sich bedient hat, um auf den Willen der Glieder einzuwirken: so kann der Wille, den sie aussprechen, mit dem Ausspruche ihres Gewissens in Streit stehen.

4) Irrthum. Wenn es ihnen an Mitteln gefehlt hat, sich aufzuklären; wenn man ihnen die Dinge falsch vorgestellt hat: so wird ihr Verstand getäuscht, und der ausgesprochene Wille ist nicht der, den sie bei besserer Kenntniß gezeigt hätten.

Dies sind also die Nachtheile, denen eine politische Versammlung vom Anbeginn ihrer Operationen bis zu den letzten Resultaten ausgesetzt seyn kann; und ihr Polizei-System wird der Vollkommenheit desto näher stehen, je geschickter es seyn wird, ihnen zuvorzukommen, oder sie zu mindern.

Jeder Artikel des Regulativs muß die Tendenz haben, einem oder mehreren dieser Mängel zuvorzukommen. Aber ausser dem Vortheil, der aus jeder besonders genommenen Regel entspringen muß, wird ein gutes System der Tactik auch noch einen allgemeinen Vortheil darbieten, der von seinem Ganzen abhängig ist. Je mehr es sich der Vollkommenheit nähert, desto mehr wird es allen Mitarbeitern den Gebrauch ihrer Intelligenz, und den Genuß ihrer Freiheit sichern. Dadurch werden sie alles seyn, was sie seyn können; anstatt durch die Zahl sich zu schwächen und zu hindern, werden sie sich wechselseitige Hülfe leisten, ohne Verwirrung zu Werke gehen, und in gemessenem Schritt sich einem bestimmten Ziele nähern. Jede Ursache zu Unordnung gereicht einem unzulässigen

Einflusse zum Nutzen, und führt von weitem Tyrannei oder Anarchie, Despotismus oder Demagogismus herbei. Sind die Formen fehlerhaft: so sieht sich die Versammlung in ihrer Thätigkeit gehemmt, die immer zu langsam oder zu schnell, schleppend in den Präliminarien, übereilt in den Resultaten wird. Ein Theil der Glieder muß sogar in einem Zustande von Nichtigkeit bleiben, und der Unabhängigkeit seiner Meinungen entsagen. Ist es dahin gekommen, so ist eigentlich von keinem politischen Körper mehr die Rede. Alle Deliberationen werden im Geheim von einer kleinen Anzahl von Individuen vorbereitet, die um so gefährlicher werden können, als sie, unter dem Namen einer Versammlung wirkend, keine Verantwortlichkeit zu fürchten haben.

Sechstes Kapitel.

Vom Präsidenten.

Ein einziger — permanenter — der Versammlung immer untergeordneter — keine andere Function, als die seiner Pflicht verrichtender — von ihr allein gewählter — von ihr allein entsetzbarer Präsident. . . . Ich will diese verschiedenen Punkte entwickeln und rechtfertigen.

Doch halte ich mich hier nicht mit dem Beweis auf, daß es eines Präsidenten bedarf, um die Versammlung in Thätigkeit zu versetzen, die Fragen zu stellen, die Stimmen zu sammeln, in ihrem Namen zu sprechen und Ordnung zu erhalten.

Es gehört zu dem Wesen einer jeden deliberirenden Versammlung, in jedem Augenblicke Kämpfe zu erregen. Die Regulative sind dazu da, ihnen zuvorzukommen; aber wenn jene anheben, bedarf es einer Person, die zur Anwendung des Regulativs autorisirt, und befugt ist, auf der Stelle den Schwierigkeiten ein Ende zu machen, die den Lauf der Geschäfte unterbrechen würden, wenn an die Versammlung selbst appellirt werden müßte.

Nur ein einziger solcher Präsident soll seyn. Wenn zwei da wären, würde es an einer Entscheidung fehlen, so oft eine Differenz in ihren Ansichten entstände. Im Falle mehr als zwei vorhanden wären, würden diese schon eine kleine Versammlung bilden, die ihre eigenen Debatten hätte, und die Geschäfte unnützerweise in die Länge zöge.

Dieser einzige Präsident soll permanent seyn, nicht nur um das Umständliche häufiger Wahlen zu vermeiden, sondern hauptsächlich zum Wohl seines Amtes. Ist er permanent, so wird er mehr Erfahrung besitzen, wird die Versammlung besser kennen, mit den Geschäften genauer bekannt seyn, und ein größeres Interesse haben, sie gut zu leiten, als ein Präsident auf kurze Zeit. Dieser, er mag seinem Posten gut oder schlecht vorstehen, muß ihn doch immer verlieren. Der permanente Präsident hingegen, der ihn nur dann verliert, wenn er ihn schlecht versieht, hat einen Beweggrund mehr, alle Pflichten desselben zu erfüllen.

Könnte man fürchten, daß er vermöge dieser Dauer einen zu großen Einfluß gewinnen möchte? Nein, denn je größer dieser Einfluß wäre, desto besser wäre es für das allgemeine Wohl, wenn ihm überdies die Kammerordnung (Reglement) jedes Mittel nimmt, eine pflichtwidrige Einwirkung auf die Ordnung der Motionen, und auf die Art, die Vota zu sammeln, zu gewinnen. Aber da man eine politische Versammlung nicht der Gefahr aussetzen muß, durch Krankheit, Tod, willkührliche oder nothwendige Abwesenheit ihres Präsidenten in Unthätigkeit zu verfallen, so müssen Substitute ernannt werden, um an seiner Stelle zu wirken, und sich auf den Fall der Noth bereit zu halten. Die Vernachlässigung einer so einfachen und wichtigen Vorsichts-Maasregel zeigt einen Grad von Unvorsicht an, dessen man Menschen kaum fähig halten würde, wenn man nicht ein frappantes Beispiel davon in einer der größten und der ältesten politischen Versammlungen sähe *).

Alle Functionen, die dem Amte des Präsidenten eigen sind, gehören ihm unter zwei Titeln (capacités) zu, als Richter zwischen den individuellen Gliedern, dann als Agenten der Versammlung: als Richter, wenn über einen Streit zu entscheiden ist, als Agenten, in den übrigen Geschäften seines Amtes **).

---

*) Sehr einsichtsvolle Mitglieder des brittischen Parlaments, die ich über diesen Punkt befragt habe, sind hierin nicht der Meinung des Herrn Benthams. Sie glauben, daß es sehr schwierig wäre, Substitute zu verstatten. Sehr zahlreiche und zu verschiedenen Zeiten wieder vorgenommene Geschäfte würden großer Unregelmäßigkeit in den Formen ausgesetzt seyn, wenn sie durch verschiedene Hände giengen. Doch die größte Gefahr wäre die einer Verschiedenheit in den Beschlüssen, woraus widersprechende Antecedenten entstehen würden. Ein einziger Richter erhält besser die Gleichförmigkeit der Regeln. Um den wahren Werth dieser Einwendung zu schätzen, muß man wissen, daß die Parlaments-Ordnungen nicht geschrieben sind, daß sie nur auf Tradition beruhen, und nur auf die Antecedenten oder vorgängigen Entscheidungen gegründet sind, welches sie der Veränderung aussetzt. Dieses Hinderniß fände nicht Statt bei einer Versammlung, die ein geschriebenes Regulativ besäße.

**) Zum Beispiel, um die Frage aufzustellen; das Resultat der Stimmen anzugeben: den Untergeordneten Befehle zu ertheilen; Individuen Danksagungen oder Vorstellungen zu machen 2c.

Alle seine Beschlüsse in diesen beiden Eigenschaften müssen dem Willen der Versammlung untergeordnet seyn, und zwar im selben Momente. Die Versammlung hat keinen andern Grund, dem Präsidenten zu gehorchen, als die Voraussetzung seiner Übereinstimmung mit dem allgemeinen Willen. Wenn die Entscheidung des Präsidenten ist, was sie seyn soll, so ist sie nichts als eine Entscheidung, die im Namen der Versammlung in weniger Zeit gegeben wird, als sie brauchen würde, sie selbst zu geben.

Oben sagte ich, daß der Präsident in der Versammlung keine anderen Functionen verrichten soll, als diejenigen, die seinem Amte eigen sind, das heißt, er soll nicht das Recht haben, Motionen zu machen, zu deliberiren und zu stimmen.

Diese Ausschließung ist ganz zu seinem Vortheil, wie zum Vortheil der Versammlung, bei der er präsidirt.

1) Man überläßt ihn so ganz seinen Amts-Functionen, und der Ausbildung der besondern Talente, die sie erfordern. Wenn man von ihm verlangte, die Rolle eines Mitglieds der Versammlung zu spielen, und als solches den Ruf und das Ansehen desselben zu behaupten, so würde er oft von seiner Hauptbeschäftigung abgelenkt werden, nach anderer Ehre geitzen, als der seines Amtes, ungerechnet noch die Gefahr, der er sich aussetzte, es ohne Erfolg zu thun, zu mißfallen, und sein persönliches Ansehen durch schlecht behauptete Ansprüche zu schwächen.

2) Diese Ausschließung stützt sich noch auf einen wichtigeren Grund: es kommt sehr viel darauf an, ihn vor Verführung zu bewahren, vor Verdacht zu schützen, und ihn nicht als Partei bei den Debatten zu zeigen, deren Richter er seyn soll; ihn im Besitz dieses ganzen Vertrauens zu lassen, welches allein sei-

nen Beschlüssen die Genehmigung aller Parteien zusichern kann.

Man wendet vielleicht ein, daß, da der Präsident nicht mehr als ein anderer neutral und unparteiisch bei Gegenständen bleiben kann, welche die ganze Nation interessiren, er überdies durch seine Pflicht selbst gezwungen ist, sich beständig damit zu beschäftigen, es wohl besser wäre, ihm eine Macht zu ertheilen, die ihn zwänge, sich zu erklären, seine wahre Denkweise an den Tag zu legen, und so der Versammlung ansichtig zu machen, als ihm unter einem falschen Schein der Unparteilichkeit ein Vertrauen zu schenken, das er nicht verdient.

Auf diese Einwendung giebt es mehr als eine Antwort. Erstens kann man nicht läugnen, daß seine besonderen Ansichten (sentiments), so lange sie nicht auf eine illegale Art Einfluß auf sein Verhalten haben, die Versammlung nicht interessiren, daß er sie nicht zeigen kann, ohne bei einer Partei zu verlieren, selbst ohne sich dem Verdacht der Parteilichkeit auszusetzen, der immer mehr oder weniger das Vertrauen mindert. Zweitens, wenn man ihm erlaubt, unparteiisch zu seyn, so wird ihm dies leichter werden, als jedem andern. Er betrachtet die Debatten unter einem anderen Gesichtspunkt, als die Streiter selbst. Seine Aufmerksamkeit, hauptsächlich auf die Aufrechthaltung der Formen und der Ordnung gerichtet, beschäftigt sich wenig mit dem Haupt-Gegenstand. Die Ideen, die während der Verhandlung seinen Geist beschäftigen, können von den Ideen der Mitagenten abweichen, wie z. B. die Gedanken eines Botanikers bei Erblickung eines Feldes von denen des Eigenthümers abweichen können. Gewohnheit erleichtert sehr solche Abstractionen; denn wenn dies nicht der Fall wäre, wie würde man menschliche Richter sehen, die ihre volle Aufmerksamkeit unparteiisch auf einen Punkt des Gesetzes richten, während unter ihren Augen eine Familie zitternd den Ausgang ihres Prozesses erwartet.

Hieraus folgt, daß in einer zahlreichen politischen Versammlung, wo man auf Leidenschaften und Erbitterung rechnen darf, derjenige, dessen Beruf ist, sie zu mäsigen, nie gezwungen seyn soll, sich unter die Paniere einer Partei zu begeben, sich Freunde und Feinde zu machen, von der Rolle des Kämpfers zur Rolle des Schiedsrichters überzugehen, und durch widersprechende Functionen die Ehrfurcht aufs Spiel zu setzen, die seinem öffentlichen Charakter gebührt. Es giebt Versammlungen, die dem Präsidenten ein Stimmrecht nur in dem Falle ertheilt haben, wenn die Stimmen gleich wären. Dieses Recht wäre der Unparteilichkeit noch viel mehr zuwider, als das Recht, in allen Fällen zu votiren, und findet keinen Rechtfertigungsgrund. Das einfachste und natürlichste, was hierbei zu thun wäre, ist, daß die Motion, welche die Majorität der Stimmen nicht erhalten hat, als verworfen angesehen würde. Bei Wahlen würde man noch besser thun, die Entscheidung dem Loos anheimzustellen, als dem Präsidenten eine überwiegende Stimme zu geben. Das Loos beleidiget niemand.

Über die Wahl des Präsidenten bleiben mir nur wenige Worte zu sagen übrig. Er muß von der Versammlung erwählt werden, ausschließlich von ihr bei absoluter Majorität und durch Kugelwahl (scrutin). Auch muß er von ihr allein destituirt werden können.

Dies alles beruht auf demselben Princip: Niemand soll diesen Platz einnehmen, als der, welcher das Vertrauen der Versammlung besitzt, und zwar es in einem höheren Grade besitzt, als alle anderen. Alles Gute, das er hervorbringen kann, steht in Verhältniß mit diesem Vertrauen.

Es reicht aber nicht hin, daß er einmal das Vertrauen besessen habe, er muß es immer besitzen. Hört dies auf, so hört auch der Nutzen des Amtes auf. Ohne das Recht, ihn abzusetzen, wäre das Wahl-Recht mehr als unnütz; denn der gehässigste von allen Feinden ist ein treuloser Freund. Wenn diese beiden Rechte getheilt wären, so würde das Absetzungsrecht dem Wahlrecht vorzuziehen seyn.

Diese Regeln passen vorzüglich für zahlreiche Versammlungen, für legislative Corporationen. Comités, Gesetzgebungs-Büreaux, Gerichtshöfe hätten nicht dieselben Gründe, dem Präsidenten das Recht, zu deliberiren, zu votiren und die Gleichheit der Stimmen aufzuheben, zu nehmen.

Eine temporäre Versammlung, die eines zufälligen Gegenstandes wegen vereinigt worden, hat nicht dieselben Beweggründe, ihren Präsidenten zu erwählen, wie eine gesetzgebende Versammlung. Die Gefahr der Wahl besteht darin, beträchtlich viel Zeit mit Streit zu verlieren, die den Gegenstand, um dessenwillen man versammelt ist, nur in das Weite hinausschieben. In den Grafschafts-Versammlungen in England ließ man den Sherif, einen vom König ernannten Beamten, präsidiren. Der Vortheil, einen Präsidenten zu erwählen, ist dem Vortheil der Ruhe und der Förderung der Geschäfte nachzusetzen.

Das Regulativ des Präsidiums, wie man es hier in Vorschlag bringt, scheint so einfach und passend, daß man glauben sollte, es sey von selbst allen Staats-Versammlungen in die Augen gefallen.

Wenn wir aber untersuchen wollten, was bei verschiedenen Nationen in Gebrauch war, so würden wir finden, daß diese Regeln beinahe überall verkannt worden sind. Das englische System, das noch am meisten damit übereinstimmt, weicht in einem Hauptpunkte davon ab. Es erlaubt dem Präsidenten, zu deliberiren und zu votiren. Alle Staatseinrichtungen (établissements) haben in Zeiten der Unwissenheit angefangen; die ersten Institute konnten blos mehr oder weniger mangelhafte Versuche seyn; und wenn die Erfahrung die Gebrechen fühlbar macht, so widersetzt sich der Geist der Gewohnheit (Routine) den Reformen, und verhindert noch überdies, der wahren Quelle des Übels nachzuspüren.

Siebentes Kapitel.

Von der pflichtmäsigen Initiative und von dem, allen gemeinen, Motions-Recht.

In jeder Versammlung muß einem Mitgliede die Initiative officiell übertragen, das heißt, es muß verpflichtet werden, die Operationen anzufangen und die Maasregeln vorzuschlagen: denn wenn kein besonderes Mitglied verbindlich gemacht wäre, einen Plan zu entwerfen, so könnte es wohl ganz daran fehlen, und man bliebe in Unthätigkeit.

Es bedarf nicht nur eines Planes bei jeder Gelegenheit, sondern auch einer Folge und Verbindung unter diesen Planen. Es ist nicht genug, für die erste Sitzung zu sorgen, sondern für die ganze Dauer der Sessionen muß gesorgt werden. Es muß ein allgemeiner Plan vorhanden seyn, der alle competenten Operationen in sich schließt, sie gehörig ordnet und sie zu ihrem Ziele leitet. Diese pflichtmäsige Initiative muß natürlicherweise demjenigen zustehen, der die Versammlung zusammenberufen hat, und am besten die Bedürfnisse des Staats kennt. Die allgemeine Vertheilung der Geschäfte steht der Staats-Administration zu. Die Minister proponiren, die Versammlung deliberirt und beschliesst. Aber das Recht der Initiative darf nicht ausschliesslich das Privilegium der ausübenden Gewalt seyn, sondern muss einem jeden Mitglied auf gleiche Art zukommen. Es beruht dies auf drei Hauptgründen:

1) Der Gewinn, die Weisheit der ganzen Versammlung zum allgemeinen Besten zu wenden. Es ist eben so wahrscheinlich, dass die beste Meinung (avis) von der einen Seite herrühren könne, als von der andern. Das Recht, zu proponiren, einschränken, hiesse Verzicht thun auf alles, was man von den Ausgeschlossenen zu erwarten berechtiget wäre; hiesse ein in jeder Hinsicht schädliches Monopol errichten, theils weil es den Wetteifer derer lähmt, die man auf eine blos negative Rolle reducirt, theils weil es die grössten Talente in Unthätigkeit erhalten kann. Die verständigsten und fähigsten Männer können, bei dieser ausschliessenden Regel, von Leuten gefesselt werden, denen sie an Geist und Kenntnissen weit überlegen sind.

2) Das Vermögen, Missbräuche aufzuheben. Wenn das Propositionsrecht nur der Staatsverwaltung zustände, so könnten die ihr vortheilhaften Missbräuche ewig bleiben; die Versammlung hätte kein directes Mittel, sie abzuschaffen. Es hiesse diess, der Regierung die bequemste Negative geben gegen alle missfällige Regeln; eine Negative, die weder Aufsehen noch Debatten erregte *).

*) In ältern Zeiten war das schottische Parlament, in der Geschäftsordnung, einem vom Könige ernannten Comite unterworfen. Die Lords des articles hatten allein die Initiative. Sie bereiteten alles vor, was der Versammlung vorgetragen werden sollte, und folglich hatten sie eine absolute Negative, die weit mächtiger war, als diejenige, die nach den Debatten statt gefunden hätte. S. Robertson schottische Geschichte. L. 1. Regierung Jakobs des V.

3) Die Gefahr des Verneinungs- oder Verwerfungsrechts, wenn es allein besteht. Die Versammlung, die durch eine solche Einrichtung blos auf das Recht, zu verwerfen, reducirt wäre, könnte in Versuchung kommen, es zu mißbrauchen, das heißt, gute Maasregeln zu verwerfen, entweder aus einem Gefühl von Stolz, um nicht als null zu erscheinen, einen Autoritätsact auszuüben, oder, um die Regierung zu zwingen, und es dahin zu bringen, einen Punkt zu verwilligen, um von derselben einen andern dafür zu erhalten; denn das Recht, abzuschlagen, kann in eine angreifende Waffe verwandelt werden; man kann ein positives Zwangsmittel daraus machen. Folglich könnte ein solches System, weit entfernt, Harmonie zu erzielen, nur Zwietracht erzeugen, und die Versammlung zu einem ränkevollen (artificieuse) Verfahren gegen die ausübende Gewalt zwingen.

Aber, möchte man einwenden, wenn die Leitung der Geschäfte den Dienern der executiven Gewalt anvertraut werden soll; wenn ihnen das Recht zusteht, die zum Wohl des Staates erforderlichen Maasregeln vorzuschlagen, wie könnte das mit dem Verlangen aller Glieder, zu proponiren, in Einklang gebracht werden? Denn dieses Recht, wenn es wirksam seyn soll, setzt voraus, daß die Versammlung die Befugniß habe, sich damit zu beschäftigen. Und beschäftigt sie sich damit, so ist der Plan der Minister der Unterbrechung durch unzusammenhängende Motionen ausgesetzt, und oft ganz über den Haufen geworfen. Es ist kein geordneter Gang mehr vorhanden, und es kann völlige Verwirrung in der Regierung daraus entstehen.

Auf diese Einwendung kann ich blos damit antworten, daß ich voraussetze, die Versammlung werde immer geneigt seyn, den Ministern die gewöhnliche Ausübung des Propositions-Rechtes zu überlassen. Sie wird dieses Privilegium allen ihren Gliedern ohne Unterschied, aber durch einen stillschweigenden Vertrag den Vorschlägen der Minister die Priorität zugestehen.

Hier ist das Verhalten des englischen Parlaments bemerkenswerth. Bei dem gewöhnlichen Gange der Dinge sind alle Augen auf den Minister gerichtet. Mag er einen Plan überreichen, oder für diesen Plan sprechen, so wird er mit einem nur ihm gewidmeten Grade von Aufmerksamkeit angehört. Durch eine allgemeine, obgleich stillschweigende Übereinkunft fangen die wichtigen Geschäfte nicht vor seiner Ankunft an. Er schlägt alle große Maasregeln vor. Seine Gegner beschränken sich darauf, ihn anzuklagen. Mit einem Wort, er ist der Director, der alles in Bewegung setzt, die Haupt-Person. Doch hat er von Rechtswegen nicht die geringste Präeminenz; keine Regel sichert seinen Motionen den Vorzug vor den andern zu; keine Regel ertheilt ihm die Priorität der Rede. Diese Einrichtung gilt nur kraft ihrer Convenienz und ihres Nutzens; sie ist das Resultat der Erfahrung und des Nachdenkens. So lange der Minister das Vertrauen der Majorität besitzt, ist er sicher, das Privilegium der Initiative beizubehalten: verliert er dieses Vertrauen, so kann er nicht mehr im Ministerio bleiben, und ist gezwungen, seinen Posten einem andern abzutreten.

Noch muß ich hier einen gewaltigen Volks-Irrthum bemerklich machen, Irrthum, sowohl durch das wenige Nachdenken, das er verräth, als durch die Anzahl derer, die ihn hegen. Er besteht in der Folgerung, daß eine Versammlung, wie die der Gemeinen, schon dadurch allein, daß sie gewöhnlich von Ministern geleitet wird, bestochen (corrompue) sey. Dieser vorgebliche Beweis der Bestechung und Unterjochung (asservissement) der Versammlung ist im Gegentheil der reelle Beweis ihrer Freiheit und Kraft. Warum leitet der Minister immer das Parlament? Weil, im Falle er es nicht könnte, er aufhörte, Minister zu seyn. Die Erhaltung seiner Stelle hängt von der Dauer seines Credits bei der legislativen Versammlung ab. Man nehme bei allen Mitgliedern der Versammlung die heldenmäsigste Unabhängigkeit an, und sage, wie alles in dieser Hinsicht besser gehen könnte, als es geht?

Bemerkung über die Gegenwart der Minister in der Versammlung *).

Herr Bentham besteht nicht auf der Nothwendigkeit der Gegenwart der Minister in der gesetzgebenden Versammlung, weil er sie als eine nach dem unveränderlichen Gebrauch des englischen Parlaments bestehende und nothwendige Regel ansieht, wo es noch Niemand in den Sinn gekommen ist, sie davon auszuschliessen.

Diese wahrhaft anarchische Idee hatte in Frankreich ein solches Übergewicht zur Zeit der Generalstaaten, daß die Minister, die sie zusammenriefen, nicht einmal daran dachten, darin Platz zu nehmen. Sie übernahmen die Initiative von keinem Geschäft, überliessen die Versammlung sich selbst, ohne vorbereiteten Plan, ohne vorbereitete Arbeit, hielten sich entfernt von allem, als wollten sie die königliche Autorität absichtlich dahin bringen, Befehle von dem Sieger zu empfangen. Es war dies schon eine virtuelle Thron-Entsagung (abdication).

Einsichtsvolle Männer, deren es eine grosse Menge in dieser Versammlung gab, obschon sie nicht die Majorität ausmachten, bemerkten gar bald die Gebrechen, die aus diesem Mangel an Verbindung zwischen der legisla-

*) Von Herrn Dumont.

tiven Versammlung und der executiven Gewalt hervorgiengen Beinahe jede Sitzung liefert Beweise dieses Fehlers. Ein Journal, das unter dem Namen des Grafen von Mirabeau (obgleich er keinen Theil an der Redaktion desselben genommen) herauskam, setzte die Nothwendigkeit, ihnen dadurch, daß den Ministern Sitz und consultative Stimme in der Versammlung verliehen würde, einen harmonischen Gang zu geben, in das hellste Licht. Das Citat dieser Stelle ist hier nicht am unrechten Orte (Courier de Provence N. 41.)

„En vain une politique étroite et soupçonneuse prétendoit-elle que l'indépendance du Corps Législatif souffriroit de cette réunion dont un Etat voisin offre l'exemple, et dont les bons effets sont prouvés par l'expérience. En vain l'opiniâtre et présomptueuse ignorance de quelques hommes rejette-t-elle toute induction tirée de la constitution de ce peuple que notre esclavage nous fit si long-temps envier, et que notre sottise méprise aujourd'hui. Jusqu'à ce que notre constitution ait subi l'épreuve du temps, les hommes sages admireront toujours dans cette Angleterre des résultats-pratiques supérieurs aux sublimes théories de nos Utopiens: ils ne cesseront de penser qu'une correspondance directe et journalière entre les Ministres et le Corps Législatif, telle qu'elle a lieu dans le Parlement Britannique, est non-seulement juste et utile, mais nécessaire et sans inconvénient.

„Elle est *juste.* Les Ministres sont citoyens comme les autres Français; et s'ils ont le voeu des Bailliages, on ne sauroit voir pourquoi l'entrée de l'Assemblée Nationale leur seroit fermée.

„Elle est *utile.* Le Corps Législatif s'occupe des mêmes objets que les Pouvoir Exécutif; toute la différence consiste en ce que l'un *veut* et que l'autre *agit.*

On ne sauroit attendre de la législature des résultats sages, adaptés aux criconstances, tant qu'elle ne s'aidera pas des lumières que l'expérience, l'habitude des affaires , et la connoissance des difficultés fournissent continuellement au Pouvoir Exécutif.

„ Cette correspondance paroîtra surtout *nécessaire*, si l'on fait attention à l'excessive diversité des objets qui entrent dans la législation, au caractère national, à l'impatiente ardeur qui nous dévore pour mettre en avant nos idées, pour opérer sous le nom d'améliorations des changements dans la partie qui nous est connue, sans trop nous soucier des rapports qu'elle peut avoir avec celle que nous ne connoissons pas, à l'effrayante activité que cette disposition recevra de la composition de l'Assemblée, et de son renouvellement biennal.

„Les *inconvénients* ne nous frappent point. De quelque manière qu'on les exprime, ils reviennent tous à ces deux mots: influence royale, influence ministérielle. . . . . Vains fantômes avec lesquels on effraie les esprits foibles, mais qui ne doivent point détourner des hommes raisonnables d'une mesure nécessaire. Sans doute l'influence, soit royale, soit ministérielle, est à craindre; mais c'est lorsqu'elle est indirecte, lorsqu'elle agit dans l'ombre, lorsqu'elle mine sourdement, et non quand elle se montre à découvert dans une Assemblée où chacun parle en liberté, où chacun discute, où le Ministre le plus éloquent et le plus adroit peut trouver son supérieur ou du moins son égal.

„ La voie des Comités, à laquelle l'Assemblée a été forcée de recourir pour correspondre avec les Ministres, est nécessairement vicieuse, outre qu'elle fournit à l'influence ministérielle des développements plus sûrs, des armes que rien ne peut combattre. Elle tend à tirer en longueur les arrangements les plus simples, et souvent les plus provisionnels. Elle ne pourvoit d'ailleurs qu'imparfaitement à l'instruction de l'Assemblée. — Que de choses qu'un Comité n'osera jamais demander au Ministre, et que ce Ministre n'oseroit pas refuser dans l'Assemblée, même sur la réclamation d'un seul Membre? Enfin, ces Comités ne sont jamais établis que pour des objets isolés, et il n'y a point de séance de l'Assemblée où la présence, sinon de tous les Ministres, au moins de quelqu'un d'eux, ne fût indispensable.

„Qu'on se figure une séance où les Ministres siègeroient à leur place comme tout autre Député, où ils donneroient leurs avis, fourniroient leurs éclaircissements; où ces avis, ces éclaircissements seroient débattus par eux et avec eux. Une telle séance ne seroit-elle pas tout à-la-fois plus utile à l'Assemblée, plus fructueuse pour la chose publique, que vingt séances où les Ministres n'auroient point assisté, et où, faute d'information nécessaire, l'Assemblée auroit pu commettre quelqu'une de ces erreurs qui discréditent toujours la législation aux yeux du peuple.

„Qu'on se figure enfin quelle révolution produiroit dans les esprits cette habitude que contracteroient les Ministres, de déposer leur morgue viziriale dans l'Assemblée de la Nation, d'y exposer non-seulement leurs principes politiques, mais leur vrai caractère, et jusqu'à leurs défauts; d'abjurer afin cette étiquette, ces réserves astucieuses qui si long-temps composèrent tout l'art ministériel, pour revêtir les formes candides, franches et loyales des Etats Républicains."

Die Minister, denen der Beisitz in den Versammlungen untersagt war, waren auf eine sonderbare und gefährliche Rolle reducirt. Sie empfingen Decrete, ja ganze

Stöße von Decreten, um sie dem König zur Sanction vorzulegen. Oft waren sie durch Umstände gezwungen, diese Sanction aufzuschieben, und der Versammlung Memoriale, Noten, Bemerkungen, Vorstellungen vorzulegen, in denen sie um Erklärungen und Modificationen in den Decreten baten. In einem solchen Conflict mußte die königl. Autorität compromittirt werden, oder die National-Versammlung das Geständniß eines Irrthums ablegen. Aber eine legislative Corporation läßt sich nicht gerne Unterricht ertheilen, und die Minister wurden oft vor die Barre geladen, und bekamen Verweise, weil sie es gewagt hatten, die erste Pflicht ihres Postens zu erfüllen.

Den 6. November 1789 (Courier de Provence N. 45.) machte Herr von Mirabeau eine besondere Motion, um den Ministern eine consultative Stimme zu verleihen, und ihre Gegenwart in der Versammlung zu erheischen. Seine Argumente waren mit den so eben gegebenen übereinstimmend und mit rednerischen, einschmeichelnden Wendungen geschmückt, die den Hochmuth derer kitzeln sollten, die er überzeugen wollte.

„Dira-t-on que l'Assemblée nationale n'ait nul besoin d'être informée par les Ministres? Mais où se réunissent d'abord les faits qui constituent l'expérience du Gouvernement? N'est-ce pas dans les mains des agens du Pouvoir exécutif? Peut-on dire que ceux-ci qui exécutent les lois, n'aient rien à faire observer à ceux qui les projettent et qui les déterminent? Les exécuteurs de toutes les transactions relatives à la chose publique, tant intérieures qu'extérieures, ne sont-ils pas comme un répertoire qu'un Représentant actif de la Nation doit sans cesse consulter? Et où se fera cette consultation avec plus d'avantage pour la Nation, si ce n'est en présence de l'Assemblée? Hors de l'Assemblée, le consultant n'est plus qu'un individu auquel le

Ministre peut répondre ce qu'il veut, et même ne faire aucune réponse. L'interrogera-t-on par décret de l'Assemblée? Mais alors on s'expose à des délais, à des lenteurs, à des tergiversations, à des réponses obscures, à la nécessité, enfin, de multiplier les décrets, les chocs, les mécontentements, pour arriver à des éclaircissements qui, n'étant pas donnés de bon gré, resteront toujours incertains. Tous ces inconvénients se dissipent par la présence des Ministres. Quand il s'agira de rendre compte de la perception et de l'emploi des revenus, peut-on mettre en comparaison un examen fait en l'absence du Ministre, avec un examen qui sera fait sous ses yeux? S'il est absent, chaque question qu'il paroîtra nécessaire de lui adresser, deviendra l'objet d'un débat; tandis que dans l'Assemblée, la question s'adresse à l'instant même au Ministre par le Membre qui la conçoit. Si le Ministre s'embarrasse dans ses réponses, s'il est coupable, il ne peut échapper à tant de regards fixés sur lui; et la crainte de cette redoutable inquisition prévient bien mieux les malversations, que toutes les précautions dont on pourroit entourer un Ministre qui n'a jamais à répondre dans l'Assemblée. Où les Ministres pourront-ils combattre avec moins de succès la liberté du peuple? Où proposeront-ils avec moins d'inconvénients leurs objections sur les actes de législation? Où leurs préjugés, leurs erreurs, leur ambition, seront-ils dévoilés avec plus d'énergie? Où contribueront-ils mieux à la stabilité des décrets? Où s'engageront-ils avec plus de solennité à leur exécution? N'est-ce pas dans l'Assemblée nationale?"

Die Einwendungen gründeten sich alle auf die Furcht vor dem ministeriellen Einfluß. Es schien, als ob diese Männer, die Urheber einer Revolution, alle in Zittern und Beben gerathen würden, wenn es darauf ankäme, in Gegenwart eines königlichen Ministers zu sprechen. Herr v. Noailles machte ein burlesques Gemälde des brittischen Parlaments, wo er den Kanzler des Exchequer mitten in der Truppe darstellt, die er angeworben, Ämter und Posten ertheilend, Rede und Schweigen gebietend, mit dem Auge den bezeichnend, der belohnt oder bestraft werden soll, und nach Willkühr alle Bewegungen seines erkauften Haufens leitend.

Eines der ausgezeichnetsten Mitglieder, M. de Clermont Tonnerre, machte den letzten Versuch, die Motion des Grafen von Mirabeau zu unterstützen.

„On oppose à l'admission des Ministres le nom de *liberté*: mais il ne faut pas regarder le Pouvoir exécutif comme l'ennemi de la liberté nationale. Je ne vois que des avantages à admettre les Ministres dans l'Assemblée, avec voix consultative (car la voix délibérative n'appartient qu'à ceux qui la tiennent de leurs commettants). Nous avons gémi long-temps sous des ministres ineptes, qui sont le fléau le plus humiliant pour une nation: mais des Ministres ineptes, appelés à soutenir l'épreuve et l'éclat des délibérations publiques, seront chassés dans quatre jours. Leurs palais sont les asyles de leur ignorance; ils ont là mille moyens d'en imposer et d'échapper aux regards des citoyens: ils sont entourés de flatteurs, de commis, de protégés qui se croient honorés d'un coup-d'oeil: mais au milieu de l'Assemblée nationale, ils verront des hommes; ils seront forcés de savoir et de faire eux-mêmes leur métier de ministres: s'ils ont des talents et des vertus, ils ne sont point à craindre; s'ils ont des talents et des vices, ils seront démasqués ici par des talents égaux. Quant aux brigues, à l'influence, aux traités secrets, tout ce trafic honteux est dangereux dans l'Assemblée et dans le silence du cabinet. Le mal qu'on ne voit pas est toujours le plus funeste. La présence des Ministres, loin d'ajouter à ce danger, le diminue."

Ein Deputirter aus Bretagne trug eine vollkommen entgegengesetzte Motion vor; und noch nicht zufrieden, daß Mirabeau's Motion verworfen wurde, verlangte er, daß kein Mitglied der Versammlung, so lange die gegenwärtige Session dauerte, sollte zum Ministerium gelangen können. Ein Gerücht hatte sich verbreitet, daß der König den Herrn v. Mirabeau in sein Conseil berufen wollte; und die Frage, die erst politisch war, wurde dann rein persönlich. In dem Courrier de Provence steht die Antwort des Deputirten von Aix an den Deputirten der Bretagne, ein Muster von Geist, Vernunft und beissendem Witz (sarcasme); doch die Leidenschaften waren entbrannt, und die Ausschließung wurde ausgesprochen.

Ich habe mir diese lange Ausschweifung erlaubt, weil ich es für nothwendig hielt, den Haupt-Fehler der National-Versammlung und der Constitution, die sie der französischen Nation gab, in das hellste Licht zu setzen — ich meine den Mangel an Übereinstimmung (concert) zwischen der executiven und legislativen Gewalt. Man kann nicht genug auf der Nothwendigkeit bestehen, die gewohnte (habituelle) Initiative der Operationen in die Hände der Minister zu legen. Diejenigen, die diese Nothwendigkeit nicht einsehen, verstehen nichts von der wahren Tactik einer Staats-Versammlung, und sind blose Handlanger der Anarchie.

Achtes Kapitel.

Von den verschiedenen Acten, die zu der Abfassung eines Decrets gehören.

Diejenigen, die nur einen oberflächlichen Blick auf eine Staats-Versammlung werfen, mögen sich einbilden, es gebe nichts einfacheres als eine Motion, eine Erörterung, ein Decret. Sind das Gegenstände einer Wissenschaft oder einer Kunst? Die gewöhnlichen Geschäfte des Lebens berufen uns alle zum Vorschlagen, Deliberiren, zum Entscheiden. Kaum giebt es bekanntere Begriffe als diese.

O ja! diese Operationen sind leicht zu begreifen, aber schwer zu beschreiben. Es verhält sich mit der Thätigkeit des Geistes, wie mit den Bewegungen des Körpers. Den Arm bewegen, ist die Sache eines Augenblicks: um aber diese Bewegung zu erklären, die Muskeln zu beschreiben, die sie bewirken: wie vieler anatomischer Kenntnisse bedarf es dazu nicht!

Wir wollen hier der Entstehung eines Dekrets folgen. Die Arbeit die ihm zur Basis dient, ist ein bloses Project, das durch ein Individuum vorgeschlagen worden ist. Übergiebt es der Versammlung dieses Project nach den vorgeschriebenen Formen, so macht es das, was man eine Motion nennt.

Bildung eines Decrets.

Ist einmal die erste Motion gemacht, so können alle folgende darauf sich beziehende Motionen nur zwei Gegenstände haben, sie verbessern (amender) oder unterdrücken (supprimer).

Hieraus erwachsen zwei secundäre Motionen:

Verbessernde Motionen.

Unterdrückende oder verwerfende Motionen.

Diejenigen, die den Vorschlag machen, die erste Motion zu modificiren, sehen diese Modificationen als Verbesserungen an.

Unter verwerfenden Motionen verstehe ich alle diejenigen, welche direct darauf hinzielen, daß die erste Motion verworfen werde, so z. B. wenn man die Priorität zu Gunsten einer andern Motion fordert, oder eine Verlegung auf unbestimmte Zeit 2c. verlangt.

Zur Hervorbringung eines Dekrets gehören nur drei, absolut nothwendige, Acte. 1) Eine Motion machen. 2) Votiren. 3) Das Resultat der Stimmen bekannt machen.

Doch ehe man zum Schluß gelangt, sind in dem gewöhnlichen Laufe der Dinge mehrere Stufen und intermediäre Acte zu berücksichtigen.

Sie folgen hier in ihrer chronologischen Ordnung:

1) Im Voraus die Motionen, Bills (projets de loi) und Verbesserungen promulgiren.
2) Die Motion machen, wodurch die Bill dargestellt wird.
3) Bei Gelegenheit (occasionellement) den Druck und die Bekanntmachung derselben verordnen.
4) Die Motion unterstützen.
5) Deliberiren.
6) Die Frage stellen (poser la question).
7) Summarisch votiren.
8) Das Resultat der summarischen Abstimmung bekannt machen.
9) Die Versammlung theilen, das heißt, die separate (distincte) Abstimmung fordern.
10) Die Stimmen regelmäßig sammeln.
11) Das Resultat bekannt machen.
12) Alle diese Verhandlungen zu Protocoll nehmen *).

---

*) **Decret** (décret), **Beschluß** (arrêté), **Resolution.** Diese drei Worte werden oft als Synonyma angewendet, um den definitiven Act einer Versammlung zu bezeichnen. Sie bieten zwar denselben intellectuellen Sinn, sind aber von verschiedenen physischen Typen abgeleitet.

Wenn man arrêté (wir haben kein deutsches Wort, das im physischen Sinne übersetzte) sagt, so hat man sich die

Neuntes Kapitel.

Promulgation der Motionen. Von den Bills, den Verbesserungen, der Ordnung der Arbeit.

Die Versammlung muß zum voraus unter den Augen die Übersicht der Gegenstände haben, mit welchen sie sich

---

Ideen als schwebend oder successiv vor dem Geiste vorübergehend gedacht: man wählt eine davon und bleibt dabei stehen (on s'y arrête). Decret bietet beinahe dieselbe Idee dar: man hat mehrere Gegenstände gesehen und betrachtet, und denjenigen erkannt (discerné), den man für den besten hält und bei dem man bleibt.

Sagt man Résolution, so hat man sich eine Frage, als einen zu lösenden Knoten, gedacht.

Dieß ist ein Beispiel, wie man die Grundwörter (termes fondamentaux) einer Wissenschaft durch die Etymologie erklären könnte. Man steigt zur Urform, zu dem ersten physischen Typus, zu dem Bild hinauf, das zum Muster gedient hat, um den intellectuellen Dingen Namen beizulegen. Diese Arbeit würde einen passenden Platz in der Abfassung eines Wörterbuches finden.

Die Franzosen bedienen sich sehr oft des Wortes Délibération, als synonym mit Décret. Der Beweis davon liegt in der constitutionellen Acte von 1795: Chaque Conseil pourra se former en comité général et secret mais seulement pour discuter et non pour délibérer. Dies ist ein grammatischer Widersinn. Wer deliberirt ist unentschlossen. So lange die Deliberation dauert, wird keine Entschließung gefaßt, kein gemeiner Act, kein Beschluß gemacht. Der Typus von Deliberation ist librare, abwägen.

Amendement (Verbesserung) kommt von dem lateinischen menda, Fehler. Amender heißt, einen Fehler hinwegnehmen.

Motion ist ein generischer Ausdruck, um alle der Versammlung gemachte Vorschläge auszudrücken. Das Wort war in Frankreich angenommen worden; aber die revolutionären Erinbeschäftigen soll, um unabhängig vom Zufall zu bleiben, und der Überraschung nicht ausgesetzt zu seyn. Sie muß allen denjenigen, die ihr Motionen vorlegen wollen, die Verbindlichkeit auflegen, sie sorgfältig vorzubereiten und bekannt zu machen. Eine Discussion, deren Gegenstand zum voraus bekannt ist, wird besser überdacht und kürzer werden; man wird über das Für und Wider nachgesonnen haben; jeder Kämpfer nimmt seinen Posten ein, nachdem er seine Kräfte gemessen.

Das Regulativ kann diesen Gegenstand durch eine einzige Maasregel in Erfüllung bringen. Der Secretär hat nämlich drei verschiedene Register, für die Motionen, die Bills und die Verbesserungen, zu eröffnen. Jedem Mitglied steht das Recht zu, eine Motion zur Registratur zu überreichen: und wenn dann alle Motionen in einem Journal abgedruckt worden sind, das sich blos mit ihnen beschäftiget, so kommen sie vor die Versammlung,

---

nerungen haben es verhaßt gemacht, und sind an der Verbannung desselben schuld. Eine Bedenklichkeit dieser Art hat mich nicht verhindern können, mich eines technischen Ausdrucks zu bedienen, der in England in Gebrauch ist, und weit besser ausdrückt, was man damit sagen will, als Proposition. Doch muß hier bemerkt werden, daß es eines besonderen Ausdruckes bedürfe, um die Gesetzes-Entwürfe zu bezeichnen. Die französische Sprache hat keinen. Man hatte es versucht, das englische Wort Bill einzuführen, es gelang aber nicht, obgleich es sehr geschickt war, technisch zu werden. Das Wort ist durch Contraction von dem alten lateinischen Worte libellula, dem Diminutive von liber (Buch), abgeleitet. Diese Unterscheidung wird nothwendig, weil die Gesetzes-Entwürfe, die ihrer Natur nach weit wichtiger sind, als die Motionen, größere Vorsicht erfordern, sowohl in der den Debatten vorgängigen Promulgation, als in den verschiedenen Graden der Erörterung, denen sie unterworfen werden müssen.

nach der Ordnung ihrer Registrirung, und mit dem Vorbehalt, wovon wir weiter unten sprechen werden.

Da das Journal der Motionen von Tag zu Tag ausgegeben wird, so müssen diejenigen, die Verbesserungen vorzuschlagen haben, angehalten werden, sie vorläufig dadurch bekannt zu machen, daß sie sie dem Secretär überreichen; der sie in sein Register einträgt, und sie in dem Journale der Verbesserungen ebenfalls abdrucken läßt.

In Ansehung der Bills gilt dasselbe; auch sie müssen in ein besonderes Register eingetragen werden, nach der Zeitfolge ihrer Überreichung, doch dürfen sie, woferne nicht eine ausdrückliche (expresse) Deliberation zur Verkürzung der Frist vorgenommen wird, nicht eher als drei Monate nach der Eintragung der Versammlung vorgelegt werden.

Dies muß die Basis der Anordnung der Geschäftstabelle, die man Tagesordnung (ordre du jour) nennt, seyn. Doch wäre diese unveränderliche Ordnung der Motionen und Bills, diese Einrichtung, die einzig und allein auf eine zufällige Priorität beim Registriren gegründet ist, den größten Mängeln und Hindernissen ausgesetzt: sie könnte die wahre Ordnung in Beziehung auf die Folge und Verbindung der Materien zerstören, und unverträglich mit der Freiheit der Versammlung seyn. Wenn eine Motion auf der Liste der andern vorangeht, so folgt ja daraus nicht, daß sie den Vorzug verdient Die ihrem Platze nach zuletzt steht, kann gerade die wichtigste seyn.

Man könnte nicht einmal alle Motionen der absoluten Clausel einer vorläufigen Registrirung unterwerfen. Unerwartete Zufälle fordern plötzliche Maasregeln; im Laufe einer Discussion nimmt ein Geschäft eine andere Gestalt an; eine Abänderung in einem Theil eines Projects macht eine andere in einem anderen Theile nothwendig.

Eine unerwartete Breche muß durch schnelle Vorkehrungen gedeckt werden.

Der Einfluß des Verzeichnisses der Motionen reducirt sich also auf Folgendes: sie wird dem gewöhnlichen Gange der Debatten zum Leitfaden dienen, die allgemeine Geschäftstabelle darbieten, keineswegs aber die Freiheit der Versammlung stören, der es immer zustehen muß, diese oder jene Motion zu beschleunigen, oder neue noch nicht eingetragene aufzunehmen.

Dasselbige gilt von den Bills; aber eine Bill verträgt bei weitem mehr Aufschub, als eine Motion, und drei Monate sind im Allgemeinen kein zu großer Zwischenraum zwischen der Registrirung einer Bill und der Überreichung derselben an die Versammlung. Wenn man Jahrhunderte lang ein Gesetz entbehren konnte, sollte da so viel auf drei Monate ankommen? Überdies, sobald von einem Gesetze die Rede ist, so findet sich die Totalität des Volkes mehr oder minder dabei interessirt: der Gegenstand desselben ist dauernd; es ist nothwendig, daß es dem Publico bekannt werde, und daß man Erkundigungen aus allen Theilen des Reichs habe einziehen können, man müßte denn behaupten wollen, daß durch eine miraculöse Concentrirung die Deputirten alle Urtheilskraft und alle Weisheit der ganzen Nation, oder wohl gar der ganzen Welt besitzen. Gesetze müssen auf Thatsachen beruhen, und weil die Facta nicht allgemein sind, kann man sie nur dann sammeln, wenn man den interessirten Parteien hinlängliche Zeit läßt, sie den Gesetzgebern mitzutheilen.

Doch weder für die Bills noch für die Motionen bedarf es einer unabänderlichen Regel: es muß Raum (latitude) für unvorhergesehene Fälle bleiben, besonders zu Gunsten der Staatsverwaltung, die beauftragt ist, bei dringenden Umständen Vorsorge zu tragen. Wenn man nach einem Aufruhr, oder den Tag vor einem feindlichen Einfall drei Monate brauchte, um eine Bill einzuführen, so könnte das Übel den höchsten Gipfel erreicht haben, ehe man nur an das Hülfsmittel gedacht hätte; dies hieße die Spritzen nach der Feuersbrunst gebrauchen.

Man wird einwenden, daß nach dem Plan, den ich hier vorschlage, jedes Mitglied das Recht haben würde, eine Bill einzuführen; anstatt daß im englischen Parlament man eine Bill nur mit Erlaubniß der Kammer einführen kann: ein sehr löblicher Gebrauch, um die Zeit nicht mit gefährlichen oder frivolen Gesetzes-Entwürfen zu verderben. Aber wenn ein Mitglied eine Motion zur Einführung einer Bill macht, muß die Kammer sich damit beschäftigen, und sie entweder annehmen oder verwerfen. Ich bringe nun in Vorschlag, daß sie dieselbe Gewalt, die sie jetzt über die Motion hat, auch über die Bill selbst in dem Momente der Überreichung ausübe, das heißt, daß die Versammlung entscheide, ob sie sich damit beschäftigen wolle oder nicht; in jedem Falle wird sie mit mehr Sach-Kenntniß entscheiden, weil die Bill vorher bekannt war.

Der Gebrauch bringt mit sich, daß die Bills vor den Debatten gedruckt werden; dies geschieht aber nur auf eine specielle Motion, die bisweilen nicht durchgeht, auch werden sie blos unter die Parlaments-Glieder vertheilt. Dies ist, man darf es wohl aussprechen, ein Grund-Gebrechen. Der Druck und öffentliche Verkauf derselben sollte gesetzmäßig seyn. Vor der Erfindung der Buchdruckerkunst, und so lange die Kunst zu lesen dreien Viertheilen der Volks-Deputirten unbekannt war, hatte man, um diesem Gebrechen abzuhelfen, dreimaliges Lesen der Bill in der Kammer verordnet. Heut zu Tage bestehen diese drei Ablesungen nur noch dem Namen nach, der Schreiber (clerc) begnügt sich, den Titel und die ersten Worte zu lesen. Daraus ging aber eine sehr wichtige Wirkung hervor: diese drei vorgeblichen Ablesungen haben drei verschiedene Grade, drei verschiedene Epochen vor der völligen Annahme einer Bill festgesetzt, und bei jeder derselben können nach Gefallen die Debatten von Neuem angehen.

Wenn nun die Motionen und Bills auf solche Art in einem besondern Journale abgedruckt und publicirt wären, sollte die Kammerordnung das nämliche für die Verbesserungen (amendements) einführen. Denn warum sollten sie nicht gedruckt und publicirt werden? Wenn ich im Sinne habe, eine Motion zu bestreiten, soll etwa meine Absicht seyn, die Versammlung damit zu überraschen, dem Verfasser derselben die Kenntniß meiner Einwendungen und die Muse, sich darauf vorzubereiten, zu entziehen und ihn unerwartet anzugreifen? Suche ich blos den besten Erfolg für meine Eigenliebe, dann führt mich freilich diese Art, Verbesserungen anzubringen, sicherer ans Ziel; will ich aber blos der Vernunft Gehör und Gelingen verschaffen, so muß ich sie vor den Debatten bekannt machen.

Wenn alle Verbesserungen vorläufig und miteinander publicirt werden, so erhält die Versammlung dadurch eine vollständige Übersicht des Gegenstandes der Discussion: eine Übersicht, die schon für sich selbst Widersprüche und Inconsequenzen, die sich gar leicht da einschleichen, wo die Gegenstände nach einander tractirt werden, aufhebt oder verhütet. Je mehr es möglich ist, sie zugleich darzustellen, desto geringerer Gefahr setzt man sich aus. Dies macht den großen Werth der synoptischen Tafeln. Auf ihnen sieht man die gegenseitige Abhängigkeit und Verbindung der Theile. Alles Unzusammenhängende fällt in die Augen. Doch muß die Regel sich nicht bis zur Ausschließung der Verbesserungen ex tempore erstrecken, denn neue Ideen können wie Funken aus den Debatten sprühen, und absurd wäre es, eine heilsame Verbesserung zu verwerfen, weil der Urheber derselben sie nicht voraus-gesehen. Doch kann und muß man die Erklärung von ihm fordern, daß er nicht in böser Absicht diese Verbesserung vorbehalten hat, und nicht Willens war, die Versammlung durch Übereilung zu gewinnen. Die Beschaffenheit der Verbesserung selbst kann zur Beurtheilung der Beweggründe führen.

Sobald ein Mitglied eine Motion, eine Bill oder eine Verbesserung in das Register hat eintragen lassen, darf es ohne Erlaubniß der Versammlung sie weder zurücknehmen noch fahren lassen. In dieser Hinsicht reicht auch ein bloßes Verbot nicht hin. Es bedarf eines strengen Gesetzes. Wenn an dem dazu bestimmten Tage der Verfasser einer solchen Acte nicht zugegen ist, um sie zu vertheidigen (er müßte denn einen legitimen Grund für seine Abwesenheit anführen können), so soll er von der Versammlung darüber streng getadelt, und sein Name in ein besonderes Buch eingetragen werden, betitelt: Verzeichniß derer, welche ihre Motionen wieder aufgegeben haben.

Dieses strenge Gesetz ist nothwendig:

1) um unbedachtsame Motionen zu verhüten, und der Verwirrung zuvorzukommen, die der falsche Schein einer großen Menge von Geschäften hervorbringen würde, die in dem Augenblicke verschwänden, in dem man sie vornehmen wollte.

2) Um zu verhüten, daß die Anzeige der Motionen das öffentliche Vertrauen verliere, wenn man sich daran gewöhnte, sie fallen zu sehen, weil der Urheber derselben sie fahren ließ.

3) Um dem Mißbrauch zuvorzukommen, den man von diesem Mittel machen könnte, dadurch, daß man Motionen anzeigte, die man nicht Willens wäre zu behaupten, entweder um ängstliche Unruhe und Besorgniß zu verbreiten, oder um sich Einfluß auf die öf-

fentlichen Fonds zu verschaffen, oder seine Gegner durch ein scheinbares Monopol der Geschäfte zu verhindern, ihre Motionen oder ihre Bills zu registriren. Das Übel, das auf solche Weise ein Individuum stiften könnte, wäre einer furchtbaren Ausdehnung fähig durch die Combination der verschiedenen Glieder einer Partei *).

---

*) Wenn es nothwendig ist, daß die Motionen vorbereitet werden, ehe man sie den Gesetzgebern, die den Kern der Nation bilden, überreicht, so ist diese Maasregel bei populären Versammlungen noch unerläßlicher, die sich in einem Tage bilden und auflösen, und die in der Kunst der Debatten wenig oder gar keine Uebung haben.

Solche Versammlungen haben oft in England statt, sowohl in den Städten als in den Grafschaften, um Petitionen oder Adressen dem Könige oder der gesetzgebenden Versammlung zu überreichen.

Wenn in diesen Volks-Versammlungen ein Individuum die zum voraus bereitete Arbeit vorschlägt, so bedienen sich seine Gegner nicht selten dieses Umstandes, um diese vorbereiteten Motionen in Mißcredit zu bringen; sie haben sogar einen Ausdruck, um sie lächerlich zu machen: man nennt sie Taschen-Motionen; das heißt, man beschuldigt den Verfasser derselben der geheimen Absicht, die Versammlung überraschen und täuschen zu wollen, indem er seine persönlichen und besonderen Ideen als einen öffentlichen Act durchsetzen wolle. Dieser Verdacht enthält ein Gemisch von Wahrheit und Irrthum, von Unachtsamkeit (inadvertence) und Nachdenken.

Das Unbedachtsame davon besteht darin, daß man nicht bedenkt, daß eine Motion, um der Act Aller zu werden, vorher der Act eines Individuums seyn mußte, und daß ein Schreiben dieser Art, wie jeder andere schriftliche Aufsatz, eben deßwegen besser seyn muß, weil es ein Werk der Zeit und des Nachdenkens ist.

Zehntes Kapitel.

Zum voraus niedergeschriebene Motion.

Die Verbindlichkeit die Motionen zu registriren, setzt die Verbindlichkeit voraus, sie ganz oder zum Theil vorläufig niederzuschreiben; es ist dies ein so wichtiger Punkt, daß es besser wäre, zu viel darüber zu sagen als zu wenig. Bei Aufstellung einer Regel müssen die Gründe angegeben werden, auf welche sie sich stützt. Besonders muß

Andererseits leitet sie ein richtiger Instinct darauf hin, dem Uebergewicht nicht zu trauen, das ein Individuum über eine Versammlung erhalten kann, indem es derselben eine Maasregel vorschlägt, die es mit Muße vorbereitet hat, und über welche nun plötzlich entschieden werden soll, ehe man Zeit gehabt, den Grund und die Folgen davon zu untersuchen.

Was erhellt daraus? Daß man in einer Volks-Versammlung nie eine vorbereitete Motion vorschlagen müsse? Keineswegs; wohl aber, daß vor dem Versammlungstage die Motionen hätten publicirt werden sollen.

Einige dieser Versammlungen haben Regulative, welche die Zusammenberufungen verbieten, wenn sie nicht von einer öffentlichen Angabe des Gegenstandes begleitet sind, der sie veranlaßte. Dieses Regulativ sollte allgemein seyn, und man sollte noch als nothwendige Bedingung hinzufügen, daß die Haupt-Motion in ihrer Totalität der Convocations-Acte beigefügt würde, daß ein hinreichender Zwischenraum statt fände, damit die Publication der rivalisirenden Propositionen vorgenommen werden könnte, und keine Motion in diesen Versammlungen vorgelegt würde, sie müßte denn dem Publikum schon zum voraus bekannt seyn. Dies sind aber Hindernisse, Steine des Anstosses, die man der Freiheit in den Weg legt, wird man sagen — doch mit Unrecht; es ist dies eine Brustwehr, an dem Rand eines Abgrundes errichtet; alles, was in den Handlungen eines freien Volkes Nachdenken und Folge nöthig macht, ist der sicherste Schirm seiner Rechte.

gezeigt werden, daß sie sich über alle incidente Motionen, die im Laufe der Debatten entspringen können, und über alle Verbesserungen ausdehnen muß.

Jede Motion die dazu bestimmt ist, einen Act der Versammlung hervorzubringen, muß vor der Überreichung schriftlich abgefaßt werden, und zwar mit denselben Worten, die den Beschluß bilden sollen. Zwei Hauptgründe sind es, die die vorläufige schriftliche Redaction der Motionen erfordern. 1) Es giebt kein anderes Mittel um den Inhalt einer Rede eine gewisse Zeitlang zu behalten (fixer). 2) Es giebt kein anderes Mittel sich zu überzeugen, daß die Motion in einen Beschluß verwandelt werden kann, ohne irgend eine Abänderung in den Ausdrücken.

In den meisten Staats-Versammlungen und namentlich in den Provinzial-Versammlungen in Frankreich, deren Resultate man uns mitgetheilt hat, wurde folgende Sitte beobachtet. Sobald eine Motion der Deliberation unterworfen worden war, sagte jeder sein Gutachten (avis) und das Amt des Secretärs bestand in dem Niederschreiben dieser verschiedenen Gutachten. Der große Fehler dieses Verfahrens bestand darin, daß es Debatten über jede besondere Redaction zur Folge hatte, denn der Urheber eines Gutachtens kann zwar genau wissen, was in seinem Geiste vorgeht, aber unwahrscheinlich ist es, daß ein anderer es mit eben derselben Genauigkeit zu wissen und auszusprechen vermag. Ehe derjenige, der das Gutachten ausspricht, und derjenige, der es niederschreibt, einig geworden sind, bleibt die Versammlung in Unthätigkeit; und ist die Motion endlich niedergeschrieben, so kann sie von neuem modificirt werden, und neue Discussionen werden nothwendig.

Deßwegen verlange man, daß jeder Urheber einer Motion sie zum voraus niederschreibe; aller jener Arbeit ist man dadurch überhoben, und noch überdies kommt man einer Menge unverdauter übereilter Motionen zuvor. Ist man gezwungen, eine Motion ihrem vollen Inhalt (teneur) nach zu Papier zu bringen: so verwendet man darauf einen ganz andern Grad von Aufmerksamkeit, als wenn sie mündlich vorgetragen würde. Man bestimmt den Gegenstand genauer; mag wägt sorgfältiger die Worte ab; man hat Zeit, zu Rath zu gehen (consulter) und nachzudenken. Wie oft verwirft man nicht seine ersten Ideen, wenn man sich in der glücklichen Nothwendigkeit befindet, sie einer solchen Prüfung zu unterziehen?

Die geschriebene Motion muß das durchaus identische Muster des Actes seyn, der durchgehen soll; das heißt, sie ist der Act selbst, ein Beschluß (arrêté) in terminis, ehe er die Sanction der Versammlung erhalten hat.

Diese Bedingung ist schlechterdings nothwendig, damit man immer vor Augen den wahren vollständigen Gegenstand habe, über den gestimmt werden soll.

Die Verbesserungen sind von dieser Regel nicht ausgenommen. Wird eine Verbesserung vorgeschlagen und angenommen, so nimmt diese verbesserte Motion die Stelle der ersteren ein. Der ganze Unterschied besteht darin, daß anstatt eines Urhebers oder Verfassers sie deren zwei oder drei hat.

In allen Künsten verirrt man sich lange auf beschwerlichen und verschlungenen Wegen, ehe man den besten ausfindig macht. Ist endlich die beste Procedur bekannt, so kommt sie einem so natürlich vor, daß man glauben möchte, sie müßte sich stracks dem Geiste dargeboten haben. Die Einfachheit des Mittels verbirgt uns gar oft das Verdienst der Erfindung, und doch ist eben sie das Siegel des Genies.

Im englischen Parlament war der alte Gebrauch recht zweckwidrig. Der Redner nahm die Meinung (sentiment) der Versammlung nach dem auf, was in dem Laufe der Deliberation gesprochen worden war. Daraus bildete er eine Frage, worüber er die Stimmen der Kammer sammelte. Seit langer Zeit hat diese Praxis aufgehört. Der Urheber einer Motion faßt sie schriftlich ab, übergiebt sie dem Redner, und ist sie unterstützt worden, so wird sie der Discussion unterworfen.

Eilftes Kapitel.

Von der Abfassung (redaction) der Motionen.

Wir wollen hier die Motionen als Aufsätze betrachten, die sich in Gesetze verwandeln, und der Prüfung der Versammlung unterworfen werden sollen. Sie müssen demnach so eingerichtet seyn, daß sie die tauglichste Form zu einer umständlichen Discussion und zu Verbesserungen darbieten.

Das Regulativ kann die Vollendung des Styles zwar nicht vorschreiben, aber doch gewissen Fehlern zuvorkommen, gewisse Bedingungen auflegen, weil es in der Macht eines Jeden steht, sich ihnen zu unterwerfen. Folgende 4 Punkte sind nothwendig:

1) Kürze in den Artikeln.
2) Einfachheit in den Sätzen (propositions).
3) Genauer Ausdruck des Willens.
4) Vollständige Darlegung aller Clauseln, die das Gesetz in sich schließen soll.

Werden diese Bedingungen befolgt, so wird eine Motion, wie auch immer ihr Umfang beschaffen sey, eine bieg- und bildsame Form behalten; es wird ein leichtes seyn, sie in allen ihren Theilen zu betrachten und zu verbessern.

1) Kürze in den Artikeln. Unter einem Artikel versteht man die Quantität der Materie, die man auf einmal zum Stimmen vorlegen will. Je länger die Artikel sind, desto schwerer ist es, das Ganze zu fassen und genau die Theile desselben zu übersehen. Aber ist Anempfehlung der Kürze hinreichend? Nein, diese Regel müßte Gesetzes-Kraft durch die Erklärung erhalten, daß kein Entwurf eines Beschlusses der z. B. mehr als hundert Worte enthielte, angenommen werden solle, er müßte denn in numerirte Paragraphen eingetheilt seyn, wovon keiner das obenerwähnte Maas überschreiten dürfte. Dieses Mittel, so sonderbar es auf den ersten Blick scheint, ist dennoch das einzige absolut wirksame *).

Die Paragraphen müssen numerirt werden. Es giebt kein bequemeres und kürzeres Mittel zum Allegiren und Zurückweisen. Den Parlaments-Acten fehlt es hierin sehr. Die Eintheilung in Sectionen und die Nummern, welche diese in den gangbaren Ausgaben (éditions courantes) anzeigen, sind nicht authentisch. In dem Original-Pergament, dem Text des Gesetzes, ist die ganze Acte ein einziges Stück, ohne Unterscheidung der Paragraphen, ohne Interpunktion, ohne Zahlen. Selbst das Wort Sektion findet sich nicht darin, noch irgend ein ähnliches. Und wie erfährt man denn da, wo ein Artikel aufhört und ein anderer anfängt? Durch beständige Wiederholung derselben Formel, derselben Anfangs-Clausel, und überdies wird durch oben genannte Autorität ge-

---

*) Die längsten Paragraphen im Code Napoleon enthalten nicht mehr als hundert Worte, und wenige sind so lang.

boten, oder einer andern Phrase von derselben Bedeutung. Es verhält sich dies umgekehrt wie die Algebra. In dieser steht ein Buchstabe anstatt einer Zeile von Worten. Hier stellt eine Reihe von Worten nur sehr unvollkommen eine Zahl vor. Ich sage sehr unvollkommen, denn diese Worte dienen zwar zur Theilung, zu Zurückweisungen können sie aber nichts nützen. Will man nun einen einzelnen Artikel einer Acte widerrufen oder zurücknehmen, so sieht man sich gezwungen, dies durch Umschreibungen zu thun, die Weitschweifigkeit und Dunkelheit nach sich ziehen, weil es unmöglich ist, den Artikel durch eine numerische Zurückweisung zu bezeichnen. Und dies ist zum Theil die Ursache, warum eine Parlaments-Acte, für einen jeden, der daraus nicht den Gegenstand eines langen Studiums gemacht hat, ein unverständliches Ding ist *).

Die ersten Parlaments-Acten sind aus einer Zeit, in der die Interpunktion noch nicht im Gebrauch und die arabischen Zahlen nicht bekannt waren. Überdies waren die Statuten in ihrer anfänglichen, einfachen und unvollkommnen Form so kurz und so gering an Zahl, daß der Mangel an Abtheilung keine merkliche Unbequemlichkeit war. Aus Nachlässigkeit und Gewohnheit sind die Dinge auf demselben Fuß geblieben; aber gewiß noch mehr durch ein geheimes Interesse der Juristen (gens de loi), die ihre Rechnung bei dieser Dunkelheit des legalen Textes finden, und die jeder Reform das Schreckbild der Innovation entgegenhalten. Jahrhunderte lang haben wir gelebt, ohne Punkte, Commata, Zahlen zu kennen, warum sie also heute einführen? Ein Argument, das ungefähr folgendem gleicht: Unsere Väter haben Eicheln gegessen, der Weizen ist also ein unnöthiger Luxus.

*) Man sehe Traité de législation. Tom. I. Chap. 33. Du style des lois.

2) Einfachheit in den Sätzen. Dieser Punkt ist der Hauptpunkt; die oben vorgeschriebene Regel der Kürze bezieht sich wesentlich auf diese.

Jeder Artikel muß auf einen reinen und einfachen Satz (proposition) reducirt werden: oder wenigstens, ein Artikel soll niemals zwei vollständige unabhängige Sätze solcher Art in sich schließen, daß dasselbe Individuum den einen billigen, den andern verwerfen könne.

Die Deutlichkeit wäre auf den höchstmöglichen Grad gebracht, wenn jeder Artikel einen vollständigen Sinn darbieten könnte, ohne sich auf einen andern zu beziehen. Aber in einem Aufsatz der mehrere Theile hat, ist diese Art von Vollkommenheit unmöglich. Der Begriff Methode selbst, schließt den Begriff Unabhängigkeit aus. In der Mathematik beweist man einen Satz durch Zurückweisung auf früher bewiesene Sätze; und in jener Reihe von Folgerungen und Schlüssen vermehren sich die Glieder der Kette, jemehr sie sich von dem ersten entfernen.

Im Falle man gezwungen ist, eine lange Kette von Ideen zusammenzureihen, muß man die Verständlichkeit durch einen kurzperiodischen (coupé) Styl erleichtern. So viele getrennte Phrasen, eben so viele Ruhepunkte für den Geist.

Unter den Conjunctionen giebt es welche, die es unglücklicherweise leicht machen, eine unbegrenzte Zahl von Phrasen in eine einzige einzuschließen: dies ist das wahre Gift des Gesetz-Styles, so im französischen z. B. d'autant que, considérant que, im englischen wherens, im lateinischen quando quidem, mit deren Hülfe man eine verwirrte Masse hervorbringt, indem man Gegenstände zusammenkettet, auf deren Trennung es hauptsächlich ankäme.

Wenn aber die Sätze nicht unabhängig von einander seyn können, so muß man wenigstens zu verhüten suchen, daß sie complex seyen.

Ein complexer Satz in der Gesetzgebung, ist derjenige, der zwei Sätze in sich faßt, wovon der eine gebilliget der andere gemißbilliget werden kann.

Zum Beispiel will ich hier eine, den Notabeln 1788 in Betreff der Composition der Generalstaaten vorgelegte, Frage geben. Soll man von den Wahlherren (électeurs) und von den Wahlfähigen (éligibles) gewisse Qualificationen fordern? Durch die Form dieser Phrase, werden zwei sehr verschiedene Sätze als ein einziger dargestellt.

Soll man Qualificationen von den Wahlherrn verlangen?

Soll man welche von den Wahlfähigen begehren?

Dies sind zwei so verschiedene Fragen, daß jede nach besondern Erwägungen entschieden werden muß, die vielleicht zur Verneinung auf die eine, und zur Bejahung auf die andere führen würden. Verbindet man sie aber auf solche Weise, so macht man dadurch den Geist irre, und bewegt ihn, sie für dermassen verkettet zu halten, daß Bejahung oder Verneinung über beide ausgesprochen werden müsse *).

Angenommen, ein als einzig gegebener Satz enthalte deren wirklich zwei, wovon jemand den einen billigt, den andern verwirft; — bleibt er nun ungetheilt: so mag die Entscheidung ausfallen, wie sie wolle, so geht die eine Hälfte immer gegen den Willen des Stimmen-

---

*) Dieser Sophismus stimmt mit dem überein, der in Aristoteles Logik mit den Worten bezeichnet ist: „Secundum plures interrogationes, ut un m" „Sind Honig und Galle süß?" Es ist dies ein Witz-Spiel, das gut ist, Kinder in Verlegenheit zu setzen; aber oft hat man sich desselben in der Gesetzgebung bedient, um Männer zu bethören.

den durch. Ist der Satz aber getheilt, dann ist man frei in seiner Wahl, dann stimmt man für den einen Satz, ohne für den andern zu stimmen, und eben so gegen den einen, ohne gegen den andern zu votiren. Was hier von einem Individuo gesagt wird, kann auch von einer ganzen Versammlung gelten.

Mit Hülfe dieser complexen Sätze könnte eine, von allem äusseren Zwange befreite, Versammlung, durch eine Art von innerem Zwang, diese Freiheit verlieren. Ein gutes Gesetz könnte ein Werkzeug werden, ein schlechtes durchzusetzen,

Es giebt Umstände, in denen man eine Versammlung zwingen kann, ihre wichtigsten Rechte aufzuopfern. Man schlägt ihr z. B, irgend ein Gesetz vor, das nicht blos zu ihrer oder des Staates Erhaltung behülflich, sondern unumgänglich nothwendig ist; und diesem Gesetz fügt man ein anderes bei, durch welches man ihr wesentliche Praerogative entzieht. Was kann sie thun? Sie muss sich darein fügen. Sie befindet sich in derselben Lage, wie jener Patriarch, der, vom Hunger gequält, sein Erstgeburtsrecht um ein Gericht Linsen verkaufte.

Dieser Machiavelism, wendet man vielleicht ein, ist eine leere Voraussetzung, eine blose Fiction. Keineswegs. Die Geschichte liefert hiervon zahlreiche Beispiele. In den alten Republiken gehörte die Initiative der Gesetze ausschliesslich dem Senate zu. Das Volk hatte keine andere Wahl, als alles anzunehmen oder alles zu verwerfen. Man liess ihm nicht das Recht, zu wählen. Die Oberhäupter des Volks zwangen es so, ein erwünschtes, ein nothwendiges Gesetz auf Kosten eines seinem Interesse zuwideren zu erkaufen.

3) Noch ein anderes Princip der Redaction. Die Nothwendigkeit, sich an eine reine, einfache Willenserklärung zu halten, ohne Gründe,

Meinungen und Gefühle (affections) einzumengen, die von diesem Willen verschieden sind.

Die Gründe für ein Gesetz angeben, ist eine ganz besondere Operation, die nie mit dem Gesetze selbst vermengt werden muß. Ist es nothwendig, das Volk zu belehren, so kann dies in einer Einleitung oder Vorrede geschehen, oder in einem Commentar, der den Gesetzes-Text begleitet; ein imperatives Gesetz soll hingegen rein den Willen des Gesetzgebers aussprechen und nichts weiter. Da es als Verhaltungsregel dient, so kann es nie zu einfach, zu klar, zu sehr über jede Einwendung erhaben seyn. Vermengt man Gründe und Meinungen damit, so verwandelt man in Feinde des Gesetzes alle diejenigen, die den Gründen und Meinungen nicht beipflichten wollen: anstatt an Kraft zu gewinnen, verliert es; man giebt vielmehr den Gegnern desselben Mittel in die Hände, es anzufeinden, und setzt es ihren Streitigkeiten aus.

Oft reicht ein einziges Beiwort hin, den simplen Willens-Ausdruck zu verändern (altérer). Diese Wirkung kann ein Wort hervorbringen, das Lob oder Tadel enthält, wenn in dieser Hinsicht ein neutrales nöthig gewesen wäre: Ketzer, z. B., anstatt Nicht-Katholisch, — Innovation anstatt Veränderung, — Wucher anstatt gesetzwidriges Interesse.

Diese leidenschaftlichen Ausdrücke haben alle den oben erwähnten Fehler; sie enthalten complexe Sätze, drücken nicht nur eine Thatsache aus, über die jedermann einverstanden seyn kann, sondern überdies noch eine Meinung, die von diesem angenommen, von jenem verworfen werden kann.

Hier ein Beispiel:

„Es ist beschlossen, daß kein **Ketzer** Sitz in dieser „Versammlung erhalten soll."

Erster Satz: „Es ist decretirt, daß kein Mann, der „nicht zu der Staats-Religion gehört, Sitz in der Ver„sammlung erhalten wird."

Zweiter Satz. „Diese Versammlung erklärt, daß „alle diejenigen, die sich zu einer andern Religion be„kennen, in ihren Augen die gehässige Benennung Ke„tzer verdienen."

Man sieht, daß dies zwei ganz verschiedene und einander fremde Sätze sind. Der eine spricht einen, auf eine Thatsache sich beziehenden Willen aus; der andere die Meinungen und Gefühle des Votirenden. Dasselbe Individuum kann den ersten Satz annehmen, den zweiten verwerfen.

Auf solche Weise in einem Satz zwei verschiedene Dinge verschmelzen, heißt sich einer Art von Verfälschung schuldig machen, und der Stimmenfreiheit schaden, ohne daß irgend etwas Gutes daraus entspränge.

Wenn man oft in das Gewebe des Gesetzes fremde Meinungen und Gründe einspinnt, so bringt man es in Gefahr, auch dann verworfen zu werden, wenn es sonst dem allgemeinen Willen der Versammlung entspräche.

Denn wirklich können die Votirenden, wenn sie auch über eine Maasregel einig sind, sehr verschiedener Meinung über die Gründe seyn, aus denen man sie annimmt; und mißfallen ihnen dann die angeführten Gründe, so müssen sie natürlicherweise sehr gerechte Abneigung fühlen, sich zu einer Meinung zu bekennen, die nicht die ihrige ist. Es heißt dies in der That eine falsche Erklärung verlangen; sie zum Lügen in einem Gesetze zwingen.

Nehmen wir z. B. folgenden Satz zum Muster:

„Sintemal es keinen Gott giebt, so sind hier„mit alle Strafgesetze, die sich auf die Natur der „Gottheit beziehen, aufgehoben."

Im Falle nun alle Mitglieder der Versammlung über die Abschaffung dieser Straf-Gesetze übereinstimmten, so fände sich vielleicht nicht ein einziger, den diese atheistische Erklärung nicht empörte, und lieber würden sie die ganze Maasregel verwerfen, als sie um diesen Preis erkaufen.

Es scheint, als sollte in einer freien Versammlung jeder Urheber einer Motion diese Regel beobachten, und geschähe es nur aus Klugheit, weil ein Accessorium dieser Art die Haupt-Motion in Gefahr setzen kann, verworfen zu werden. Aber der Parteigeist folgert nicht also. Je unangenehmer eine Clausel für die Gegner der Motion ist, desto mehr zeigt man seine Kraft, wenn man sie durchsetzt. Der Triumph der einen Partei wächst durch die Kränkung der andern.

Hier mag ein Beispiel von diesen kleinen Partei-Kriegen folgen; wir wählen es aus der vergangenen Zeit, obgleich es leicht wäre, es ganz in der Nähe zu finden. Man wird hier sehen, wie eine Motion, in diesem feindlichen Sinne bearbeitet, bald so, bald so in das Gegentheil verdreht wird, durch Einschieben von Beweggründen und Meinungen, die sie unter einer ganz neuen Gestalt zeigen *).

„Proponirt, daß oben genanntes Comité (um einigermassen dem Handel des Königreichs wieder aufzuhelfen) beauftragt werde, alle nöthigen Mittel zu suchen, die Auflagen auf die Seife und die Lichter abzuschaffen (welche für die Manufakturisten und die Armen überhaupt sehr drückend sind).“

Der Zweck der beiden Phrasen, die ich hier eingeschlossen habe, fällt in die Augen. Die Opposition wollte diese beiden Imposte gehässig machen, ohne zu beden-

*) Journale des Unterhauses. Vol. XXI. p. 235. 24. Februar 1728.

ken, daß ein solches Mittel auf alle Auflagen ohne Unterschied angewendet werden könnte.

Die beiden Clauseln wurden erstlich durch zwei sehr schickliche Verbesserungen (amendements) ausgeschlossen; doch dieser Triumph reichte nicht hin. Die ministerielle Partei, die die Motion durch eine scheinbare Verbesserung zum Fall bringen wollte, ließ folgende Clausel einschalten:

„Auflagen, die zur Sicherheit verschiedener Darle-
„hen verwilligt worden sind, und deren Ertrag den
„zur Tilgung der Staatsschulden bestimmten Amor-
„tisations-Fonds zugehört."

Es ist beinahe überflüssig, hinzuzufügen, daß auf solche Art entstellte Motionen, die weder ihren Anhängern noch ihren Gegnern mehr anstehen, einmüthig verworfen werden.

4) Der Gesetzes-Entwurf muß eine vollständige Anzeige (exposé) aller Clauseln enthalten, die das Gesetz in sich schließen soll.

Dies bezieht sich auf gewisse Bestimmungen, die mit andern Bestimmungen derselben Gattung verwechselt werden können: z. B. eine Menge mit einer andern Menge, eine Zahl mit einer andern Zahl, ein Zeitraum mit einem andern Zeitraum ꝛc. Das Gefängniß soll dauern (ein Jahr); — die Geldstrafe soll betragen (den zehnten Theil des Einkommens); — die Belohnung soll seyn (zwanzig Pfund Sterling) *).

In den Bill-Entwürfen, die man dem brittischen Parlamente überreicht, läßt man der Sitte gemäs diese Punkte weiß, zwischen zwei Klammern, so:

*) Der Verfasser nennt diese verwandelbaren Ausdrücke: Congenerische Competitionen.

das Gefängniß wird dauern (   );
die Geldstrafe bestehen aus (   ).

Diese Punkte, die man weiß läßt, gehören zu denjenigen, bei welchen viel Raum zur Wahl übrig ist. Der Verfasser der Bill findet keinen Bestimmungsgrund für einen Ansatz mehr, als für einen anderen. Die erste Discussion geht auf die Maasregel an sich, ohne Rücksicht auf den leeren weißen Platz, der dann nach vorhergegangener Motion eines Mitgliedes in einem Comité gefüllt wird.

Die Journale des Unterhauses liefern Beispiele von verschiedenen Fällen, wo es die Bills nicht annehmen wollte, weil der Verfasser die weißen Lücken ausgefüllt hatte, anstatt sie stehen zu lassen.

Man sagt, es geschehe dies der Freiheit wegen: so lange die erwähnte Bestimmung nicht festgesetzt sey, habe man mehr Raum zur Wahl

Die Beweiskraft dieser Behauptung fühle ich nicht. Freiheit existirt über diesen Punkt, wie über jeden andern Punkt der Motion. Jedem steht es zu, die größere Zahl vor der kleineren vorzuschlagen, eben so einen Ort für den andern, eine Menge für eine andere ꝛc.

Die Discussion kann im Gegentheil nur gewinnen, wenn sie eine in allen Punkten festgestellte Basis hat. Und endlich müßten die leeren Klammern doch gefüllt werden, es muß Jemand eine Bestimmung vorschlagen; und wer könnte dies besser thun, als der Urheber der Motion? Von wem ist genauere Kenntniß des Gegenstandes zu erwarten? Zwingt man ihn nicht, daran zu denken, so steht zu fürchten, daß man die Klammern mit unbedachtsamer Übereilung, als unwichtige Details ausfülle.

Diese Gewohnheit, leere Klammern zu lassen, verdankt ihr Daseyn vermuthlich klugen Redactoren. „Lasse „ich die Klammern leer, so verstösse ich mich gegen Nie-

„mand; biete ich hingegen eine specifische Bestimmung, „die nicht allen gleich wohl gefallen kann, so riskire ich „über diesen einzigen Punkt eine Menge von Stimmen „zu verlieren.“ Diese Folgerung ist nicht ungegründet; denn nichts ist gewöhnlicher in politischen Versammlungen, als der Mangel an Aufrichtigkeit (candeur), womit über das erste beste Detail hergefallen wird, dem leicht abzuhelfen wäre, um eine Grund-Einwendung (objection radicale) daraus herzunehmen *).

Zwölftes Kapitel.

Tafel zur Ausstellung der Motionen.

Es ist hier von einer sehr einfachen mechanischen Vorrichtung die Rede, deren Bestimmung es ist, auf einer synoptischen Tafel die Motionen, über welche deliberirt wird, der Versammlung vor Augen zu legen. Das blose Lesen einer Motion kann nur eine unvollkommene und flüchtige Kenntniß verschaffen. Es giebt kein anderes sicheres Mittel, sie dem Geiste der Zuhörer während der Dauer der Deliberation zu vergegenwärtigen, als sie unmittelbar vor die Augen zu rücken.

Ich begnüge mich, hier eine allgemeine Idee von dieser Tafel zu geben, weil ich für eine detaillirtere Beschreibung ein eigenes Kapitel aufbehalten habe.

Man denke sich über den Sitz des Präsidenten eine Gallerie, die nebeneinander zwei Rahmen von Gitterleinwand mit schwarzem Grund zeigt, die beweglich sind wie Flügelthüren, neun Fuß hoch und sechs Fuß breit; diese regelmäsig durchbrochene Leinwand dient dazu, Buchstaben

*) Ueber die andern Regeln, die auf die Redaction der Gesetze Bezug haben, s. in den Traités de législation des oben citirte Kapitel, du style des lois.

aufzunehmen, die groß genug sind, um in dem ganzen Saale deutlich gesehen werden zu können. Diese Buchstaben werden mit einem Haken befestigt, so daß sie sich nicht verrücken können. Sobald eine Motion der Gegenstand einer Debatte wird, wird sie den Setzern übergeben, die sie auf die Tafel übertragen und durch Zuschließen der Thüren, die Motion wie auf einem Anschlagzettel den Augen der Versammlung darbieten.

Der Nutzen dieser Erfindung, aus dem allgemeinsten Gesichtspunkt betrachtet, besteht darin, daß die Sache so geordnet wird, daß jeder nothwendig die Motion kennen muß, über die er votiren soll.

Es ist wohl wahr, daß das Wichtigere nicht der Wort-Inhalt, sondern der Sinn einer Motion ist, der Geist vielmehr als der Buchstabe; doch kann man sich des Geistes nur durch den Buchstaben versichern; ein Irrthum (méprise) über ein einziges Wort kann den Grund der Rede gänzlich verwandeln. Sobald die Worte dem Gedächtnisse nicht mehr gegenwärtig sind, setzt man sich der Gefahr aus, sich so zu irren, und es wäre thöricht dies zu thun, wenn man der Gefahr durch ein einfaches und untrügliches Mittel ausweichen kann.

In dem Laufe der Debatten kommt kein Moment vor, in dem nicht jedes Mitglied gezwungen wäre, die Motion zu kennen und nachzusehen, entweder um das Gehörte richtig anwenden, oder um thätigen Theil an der Deliberation nehmen zu können. Diese Kenntniß ist für jedes Glied von höchster Nothwendigkeit, mag es nun als Richter handeln, dadurch, daß es seine Stimme giebt, oder als Advocat, indem es dafür und dawider spricht.

Was erstlich die Zuhörer betrifft, so kann ihnen nichts angenehmer und nützlicher seyn, als diese Tafel der Motionen. Alles, was das Gedächtniß unterstützt, erleichtert das Verständniß; man ist weit weniger ungewiß über den Sinn, wenn man es nicht über die Worte ist.

Bei dem blosen Aussprechen oder Vorlesen einer Motion sind diejenigen, die zerstreut waren, die schnell vergessen, die zu spät gekommen sind, gezwungen, entweder mit dem Gegenstand der Debatten unbekannt zu bleiben, oder sich zu erkundigen und sich belehren zu lassen. Daher ungeregelte Bewegungen, gegenseitiges Unterbrechen, Verwirrung und Geräusch.

Für die Sprecher ist der Nutzen dieser Tafel noch größer. Ist von einer umfangreichen Motion die Rede, so bedarf es, um sich ihrer zu erinnern, einer Anstrengung des Gedächtnisses, die die Aufmerksamkeit in einem Momente theilt, wo man ihrer auf eine ganz andere Weise bedarf. Man muß sich nicht gezwungen sehen, Worte zu suchen, wenn man schon genug zu thun hat, Argumente aufzufinden: dieses Zaudern stört den Gang der Ideen.

Überdies ist eine solche Gedächtniß-Anstrengung oft unwirksam. Nichts ist gewöhnlicher als daß Redner und sehr geübte Redner, unwillkührlich über den bestimmten Ausdruck einer Motion sich irren. Wird man diese falsche Darstellung nicht gewahr, so folgt daraus ein falsches Urtheil; bemerkt man sie, so führen die Reclamationen Apologien und Streit herbei, und die Zeit geht mit Anklagen und Vertheidigungen verloren.

Die Tafel der Motionen trägt auf verschiedene Weise zur Vervollkommnung der Debatten bei. So eben haben wir bemerkt, daß sie den Redner gegen unwillkührliche Irrthümer schütze; eben so sehr nützt sie der Versammlung gegen willkührlich falsche Darstellungen, gegen hinterlistige feindliche Wendungen, durch die man seinen Gegnern Absichten und Gefühle zuschreibt, die sie nicht hegen. Der Mangel an Aufrichtigkeit hat einerlei Princip mit der Verläumdung gemein; man hofft, etwas müsse doch davon hangen bleiben. Was aber vorzüglich eine falsche Darstellung unterstützt, das ist die Schwierigkeit, sie von einem unwillkührlichen Irrthum zu unterscheiden. Diesem Übel zuvorkommen, heißt zugleich, dem andern vorbeugen.

Ein anderes Gebrechen der Debatten sind die Abschweifungen (digressions). Diese stammen oft von einer Geistesschwäche her, die, ohne es zu wollen, den Punkt auf den es ankommt, aus dem Gesichte verliert. Wenn aber der Redner seinen Gegenstand vergißt und abzuschweifen beginnt, dann bietet die Tafel der Motionen das sicherste Mittel, ihn darauf zurückzuführen. Wie hilft man dem Übel heut zu Tage ab? Ein Mitglied muß aufstehen, die Rede unterbrechen und den Redenden zur Ordnung rufen. Es ist dies eine Herausforderung, ein Vorwurf; die Eigenliebe wird beleidigt; der angegriffene Redner vertheidigt sich; es ist nicht mehr eine Debatte über die Motion, sondern ein Streit über die Competenz seiner Argumente. Das Unangenehme solcher Scenen macht, daß man viele dergleichen Digressionen duldet, weil die Erfahrung gelehrt hat, daß das Heilmittel schlimmer ist, als das Übel. Obgleich es Pflicht des Präsidenten ist, solchem Abspringen Einhalt zu thun, so handelt er doch der Klugheit gemäs, wenn er häufigen und unangenehmen Ermahmungen ausweicht, und sich nicht in Wortwechsel einläßt, die seine Würde oder seine Unparteilichkeit compromittiren könnten.

Denkt man sich aber die Tafel der Motionen über seinem Haupte hängend, so wird der Fall ganz anders. Ohne den Redner zu unterbrechen, kann er ihn blos durch eine Bewegung ermahnen, und dieses friedliche Zeichen ist nicht gefährlich, wie eine persönliche Apostrophe. Es ist ein beruhigendes nicht ein Reitzmittel, ein Wink, nicht eine Anschuldigung; nicht der Act eines Gegners, sondern der eines Richters. Der Redner wird nicht aufgerufen, einzuhalten, noch das mißliche Geständniß eines

Fehlers abzulegen; er darf nur auf den Gegenstand zurückkommen, während er in seiner Rede fortzufahren scheint, und er muß wohl wissen, daß das Zeichen des Präsidenten ein Aufruf (appel) an die Versammlung ist, deren Blicke auf ihn gerichtet sind.

Schließlich will ich noch bemerken, daß mir diese Tafel die Erlangung guter Verbesserungen sehr zu erleichtern scheint. Wenn ein einfaches Vorlesen auch hinreichend wäre, den Geist einer Motion richtig aufzufassen, so wäre es doch unzureichend, allen Ausdrücken die gehörige Aufmerksamkeit zu verleihen. Man hat z. B. Bemerkungen über den Styl zu machen, in diesem Falle traut man nicht seinem blosen Gedächtnisse; man will die Schrift vor Augen haben, sie zu verschiedenen Malen ansehen, das Microscop der Aufmerksamkeit auf alle Theile wenden, und es giebt kein anderes Mittel die Unvollkommenheiten der Details zu entdecken. Diese Gattung von Kritik ist ein besonderes Talent, worin man sieht, daß Männer sich hervorthun, denen auch der geringste Grad des Redner-Talents fehlt. Der vollkommene Grammatiker ist dem Gesetzgeber nützlicher als man meint.

Diese Tafel hätte noch einen Werth mehr, wenn sie auch nur der Versammlung die Dienste eines einzigen geschickten, aber durch Mangel an Gedächtniß muthlosen und durch diesen Nachtheil in Unthätigkeit erhaltenen, Mannes gewänne. Es ist bekannt, daß die zwei wichtigsten Geisteskräfte, Urtheilskraft und Erfindung, oft bei Individuen in hohem Grade vereint sind, die ein sehr schwaches Gedächtniß, hauptsächlich ein schwaches Wortgedächtniß, haben. Mit dem Talent verhält es sich wie mit der Tugend; je weniger Tugend und Talent der Dienst erfordert, desto weniger steht man in Gefahr, Mangel daran zu leiden.

Man könnte vielleicht einwenden, daß der Druck der Motionen vor den Debatten, beinahe denselben Zweck erfülle, und die Stelle der Tafeln vertreten könne. Aber wie viele zufällige und unvorhergesehene Motionen können nicht im Verlauf der Debatten vorkommen? Wie viele Verbesserungen, die man nicht Zeit hätte zu drucken! Überdies giebt ein Papier weder den Zuhörern noch dem Sprecher dieselbe Leichtigkeit als eine Tafel, die unbeweglich vor ihren Blicken steht. Man bückt sich nie um zu lesen, ohne sich im Sprechen und Zuhören zu stören, aber man überließ't, ohne sich zu unterbrechen, eine Zeile auf der Tafel. Ferner findet sich jener große Vortheil der Tafeln, die Gewalt, die sie dem Reglement gegen unnöthige Abschweifungen durch ein bloses ermahnendes Zeichen giebt, gar nicht bei der gedruckten Motion *).

*) Ich schlug diesen Plan Herrn Benthams mehrern Mitgliedern der Assemblée constituante vor, die ihn sehr sinnreich und selbst sehr nützlich fanden, ihn aber für unausführbar hielten, wegen der schnellen Folge der Motionen und Operationen der Versammlung. Mehrere Monate lang habe ich allen ihren Sitzungen mit dem größtem Fleiße beigewohnt, und habe nicht vergessen, wie oft es mir schwer wurde, den Gegenstand der Deliberation kennen zu lernen. Ich wendete mich an verschiedene Mitglieder, die nicht im Stande waren, mir Auskunft darüber zu geben. Selbst dann, wenn die Motion bekannt war, so war sie es doch nur im Allgemeinen, keineswegs aber im Detail und buchstäblichen Sinne und Ausdruck. Deßwegen stritt man sich beständig über Worte. Eine augenblickliche Entfernung, Zerstreuung, ein verspäteter Eintritt reichten hin, um einem den Gegenstand der Debatten ganz fremd zu machen. Dann suchte man sich durch Unterredungen zu unterrichten, die eine Gruppe von Personen beschäftigten, und kleine besondere Debatten bildeten. Eine Menge dergestalt vorgeschlagener Motionen schwebten mir, halb ungekannt, wie Schatten vorüber. Indolente Männer stützten sich darauf, um nicht, oder im Vertrauen auf andere, zu votiren, das heißt, da sie selbst kein Ur-

Beschreibung der Tafel der Motionen.

Der Plan, den ich hier angebe, kann als erster Versuch dienen; je leichter die Ausführung ist, desto minder wichtig sind die Details.

Rahmen. Diese können die Form einer Thüre mit zwei Flügeln haben. Die Leinewand muß dergestalt aufgespannt seyn, daß sie eine gleiche Oberfläche darbietet, die gegen die Mitte zu nicht einsinkt.

Größe der Buchstaben. Diese hängt von der Größe des Saales ab. Ein schwarzer Grund, vergoldete Buchstaben, eine große Lichtmasse auf der Tafel, mehr länglichte als viereckige Buchstaben.

Art sie zu befestigen. Die Buchstaben in Gestalt von Knöpfen (boutons) müssen einen Haken haben, vermittelst dessen das Anhängen sehr schnell geschieht. Die Gleichheit der Linien kann durch einen Faden in dem Gewebe des Tuches selbst bestimmt werden.

Einrichtung der Tafel. Die beiden Flügel drehen sich auf Angeln wie eine Thür. Die Setzer, so lange sie arbeiten, müssen von der Versammlung gesehen werden (des Wetteifers und des Fleißes wegen). Die beiden einander nahe gebrachten Blätter gewähren den Anblick zweier Seiten eines aufgeschlagenen Buches.

Verbesserungen. Diese können auf einer abgesonderten Tafel ausgestellt werden, die unmittelbar neben der andern angebracht wird, mit einem Rückweisungszeichen, welches das Auge auf den Theil der Motion

---

theil fällen konnten, überließen sie sich der Meinung ihrer Partei.

Diese Bemerkungen scheinen von geringer Bedeutung, aber die Summe dieser Kleinigkeiten bringt eine ansehnliche Wirkung hervor. Ein Strom besteht nur aus Wassertropfen, ein Berg nur aus Sandkörnern.

leitet, den man verbessern will; mit einem Wort, oben an die Tafel das bemerken muß, ob die Verbesserung unterdrückend (*suppressif*), hinzufügend (*additif*) oder unterschiebend (*substitutif*) sey.

Vervielfältigung der Tafeln. Man muß eine gewisse Anzahl von Tafeln haben, um alle zum voraus bekannte Motionen vorzubereiten, und sie schnell auf einander folgen zu lassen.

Inhalt der Tafel der Motionen.

Angenommen, jeder Rahmen sey neun Fuß hoch und sechs Fuß breit, und die Buchstaben einen und einen halben Zoll lang, und drei viertel Zoll breit, so fassen die beiden Blätter der Tafel über vier gewöhnliche Druckseiten in Octav. So habe ich es durch eine approximative Berechnung gefunden.

In einer Entfernung von 52 Fuß bemerkte ich in einer Kirche, daß die Tafel der zehn Gebote für ein gewöhnliches Auge vollkommen lesbar war. Die Buchstaben waren nur dreiviertel Zoll lang.

Setzung. Man kann die Arbeit der Setzer dadurch beschleunigen, daß man sich eines Princips bedient, das in England das logographische genennt wird, und darin besteht, daß man anstatt Buchstaben ganze Wörter anwendet.

Durch die Vervielfältigung der Tafeln könnte eine zu lange Composition theilweise der Versammlung vor Augen gebracht werden. Ein Gesetzes-Entwurf z. B., so lange er auch seyn möchte, wäre zum voraus bereitet und die Tafeln würden auf einander folgen, ohne die Arbeit zu verzögern.

Wenn aber auch dieses Mittel seine Grenzen hat, das heißt, wenn Fälle vorkommen, in denen die Umstände den Gebrauch desselben nicht verstatten, sowohl der

Zeit als des Raumes wegen, so sind doch diese Grenzen kein Argument gegen den Nutzen der Sache in allen Fällen, in denen man sich derselben bedienen kann. Dieser Nutzen ist so bedeutend, die Mängel des jetzigen Gebrauches so auf platter Hand liegend, daß man sich verwundern möchte, daß man nicht früher auf dieses Mittel verfallen ist! Doch in dieser Hinsicht darf man sich über nichts verwundern. Unter den Auspicien des gewohnten Schlendrians giebt die Barbarei der Cultur Gesetze: und Unerfahrenheit trägt den Sieg über die Erfahrung davon.

Dreizehntes Kapitel.

Von der Eröffnung der Debatten.

Soll man fordern, daß eine Motion unterstützt werde?

Im Unterhause wird eine Motion nur dann angenommen, wenn sie von einem andern, als ihrem Urheber, unterstützt wird, das heißt, von einem Zweiten, der seine Billigung hinzufügt.

Diese Verordnung soll dazu dienen, solchen Motionen zuvorzukommen, bei denen die Zeit fruchtlos verloren gegangen wäre. Ehe man die Versammlung damit beschäftiget, muß man einen Freund sondiren. Kann man keinen einzigen Billiger finden, ist's dann ein großes Übel, wenn die Motion aufgegeben wird? Welche Wahrscheinlichkeit bliebe dem Urheber, die Majorität zu überzeugen, wenn es ihm bei keinem einzigen Manne seiner Wahl gelungen ist?

Aber es hat auch dieses Mittel sehr wenig Wirksamkeit; gegen Partei-Motionen ist es nichtig, nichtig auch gegen einen Mann, der in der Versammlung einen gefälligen oder leicht zu überredenden Freund hat; null gegen zwei Thoren oder Gekken, die beschlossen haben, sich gegenseitig zu unterstützen.

Überdies ist es nur auf ursprüngliche Motionen anwendbar; nicht so auf die zufälligen, die während des Laufes der Debatten entstehen, auf Verbesserungen, über die man sich mit Niemand besprechen und verständigen kann.

Man könnte gegen diesen Gebrauch einwenden, daß er leicht diejenigen muthlos macht, die besonderer Aufmunterung bedürften, isolirte, auf ihre Unabhängigkeit eifersüchtige Personen, die sich mit keiner Partei verbinden wollen. Wenn ein Mann solcher Art, nach drei oder vier Versuchen, keinen Secundanten findet, so reicht dies hin, ihn abzuschrecken und muthlos zu machen; und man muß ja nicht folgern, daß eine Motion deßwegen absurd und frivol sey, weil sie als solche auf den ersten Blick verworfen worden ist. Wie viele von dem Unwerth einer Motion ganz verschiedene Beweggründe können nicht auf die Weigerung der Secundanten Einfluß haben! Der eine will sich nicht zeigen; ein anderer mag keine untergeordnete Rolle spielen; ein dritter sieht voraus, daß sie nicht gelingen: ein vierter, daß sie ihm Feinde machen wird. Noch andere können es aus Gründen abschlagen, die der Natur der Motion ganz fremd sind.

Und wäre es auch nichts anderes, als ein ganz kleiner Zwang (gêne); wenn er nicht nützlich ist, so ist er ein Übel.

Die Kammer der Pairs hat diese Regel nicht angenommen, und man hat nicht gesehen, daß irgend ein Übel daraus entsprungen wäre. Übrigens sind die Gründe für und wider sehr schwach.

Ist die Motion zugelassen worden, so muß sie vorgelesen werden, ehe man dem Urheber derselben zu sprechen erlaubt. Die Motion ist der Gegenstand, auf welchen die Rede sich beziehen muß. Ist dieser Gegenstand unbekannt, so muß nothwendig die Rede einen großen Theil ihres Effectes verlieren. Die Kraft oder Schwäche der Argumente kann nur dann beurtheilt werden, wenn man im Geiste klar den Gegenstand gegenwärtig hat, auf den sie sich beziehen.

Es giebt keine wirksamere Regel als diese, um unnützen Reden zuvorzukommen. Wenn ein Mitglied, das keine Motion zu machen hat, sprechen will, so ist es vom ersten Augenblicke an gezwungen, einen Rechtfertigungsgrund anzuführen, und hat es keinen, so wird es zum Schweigen gebracht.

In dem Unterhause gilt die Regel, daß nur über eine zugelassene Motion oder zur Einführung derselben gesprochen werden darf; da aber nicht gefordert wird, daß man den Anfang mit der Überreichung derselben mache, so bekommt man bisweilen lange Reden, ohne irgend eine darauf folgende Motion zu hören. Es ist dies ein Beispiel von jenen Gesetzen, von welchen man mit so vielem Lobe spricht, von jenen Gesetzen, die so gut, so vortheilbringend wären, wenn man sie nur beobachten wollte.

Nach der englischen Praxis ist es Sitte, der Versammlung, mehr oder weniger lange vorher, (je nachdem die Sache mehr oder minder wichtig scheint) den Gegenstand einer Motion anzuzeigen. Doch begnügt man sich mit einer allgemeinen Anzeige; man giebt sie weder vollständig noch schriftlich. Ist das nicht ein Fehler? Ohne Zweifel müssen dieselben Gründe, die eine vorläufige Anzeige der Motion fordern, auch den Wunsch erregen, daß sie ganz gegeben werden. Ist es nicht lächerlich, zu einer Versammlung von Gesetzgebern zu sagen: „Errathet, muthmaset, bildet Euch ein, was an der Motion seyn wird, wovon ich Euch blos den Titel vorlege,“ — und ihre Neugierde in Athem zu halten, als käme es darauf an, ein dramatisches Interesse zu erregen, oder sie durch Überraschung mit sich fortzureissen?

Da die Worte der Motionen nicht vorläufig bekannt sind, so ist es unmöglich, Verbesserungen in Bereitschaft zu halten: und alles wird in dieser Hinsicht mit Übereilung betrieben. Da sie ohne Plan vorgelegt werden, so werden sie auch planlos bestritten; oft bieten sie nichts als vage, unzusammenhängende Ideen, rohe. unverdaute Produkte dar. Das größte Übel aber, das daraus entspringt, ist dasjenige, das man weder sehen, noch seiner ganzen Größe nach bestimmen kann, das negative Übel, der Mangel am Besseren, das heißt, das Nicht-Erscheinen nützlicher Verbesserungen, die hätten vorgeschlagen werden können, wenn man Muße zum Nachdenken, durch eine vorläufige Kenntniß der ganzen Motion, gehabt hätte. Wir haben einen Schritt gethan, — die Motion ist abgelesen: dem Urheber derselben muß verstattet werden, zuerst das Wort zu führen; es ist nicht anzunehmen, daß irgend ein anderer die Beweggründe zu derselben vortheilhafter darstellen könnte, als er selbst

Einleuchtend ist es, daß Niemand gegen eine Motion gehört werden soll, ehe Jemand dafür gesprochen habe. Findet sich kein Argument zu ihrem Besten, so ist Bestreitung derselben verlorne Mühe. Die Argumente für müssen zuerst erscheinen, damit die Opponenten einen fixen Angriffspunkt haben, und sich nicht in leeren Muthmassungen verlieren.

Auch müßte man sich über ein Wort verstehen, das das Ende der Rede anzeigte, dixi! Dieses End-Wort würde dem rauhen Wesen, der unschicklichen Ungeduld vorbeugen, die sich in einer Versammlung zeigt, wo diejenigen, die sprechen wollen, alle zufälligen Pausen des Redners ausspähen, und nicht warten, bis er zu Ende geredet hat, um ihm das Wort zu entreissen.

Wenn der Redner stehend spricht, deutet er durch sein Niedersetzen das Ende seiner Rede an, und dieses Zeichen trifft die Augen sicherer, als das Wort das Ohr berührt. Jene Regel ist folglich nothwendiger in einer Versammlung, wo man sitzend, als in einer andern, in der man stehend spricht: aber sie ist nützlich für alle, als ein Mittel, den Redner gegen die Furcht vor Unterbrechung zu schützen, und die Debatte auf geziemende Art durchzuführen.

Derjenige, der in einer grossen Versammlung das Wort führt, muss aufrecht stehend sprechen. In dieser Stellung hat das Organ mehr Kraft, die Stimme ist freier; der Redner übt eine grössere Gewalt über die Versammlung aus, er wird den Eindruck besser gewahr, den er hervorbringt; aber man kann dies nicht zu einer absoluten Regel machen, weil die Grenzen zwischen einer grossen und kleinen Versammlung nicht genau zu bestimmen sind. Überdies giebt es kränkliche Personen, die Kraft genug haben um zu sprechen, aber nicht genug um in einer ermüdenden Stellung auszuhalten. Ein verwundeter Offizier darf des Rechtes nicht beraubt werden, für sein Vaterland zu sprechen. Lord Chatham war schwach und matt, und lag beinahe auf seinem Armsessel hingestreckt, als er die letzten Töne seiner Beredsamkeit hören liess.

Vierzehntes Kapitel.

Von den freien und von den stricten Debatten.

Es sind zweierlei Debatten möglich, die eine ohne Replik, die andere mit Replik. In der ersten, die ich strict nenne, ist es jedem Mitglied, (mit einer Ausnahme, von der ich bald sprechen werde) erlaubt, nur einmal zu reden. In der letzteren, die ich frei nenne, hat jedes Mitglied die Erlaubniß, so oft zu sprechen als er es für gut findet.

Die erste Art kann in großen Versammlungen, wo viele auf das Wort Anspruch machen, nothwendig seyn. Nach dem Grundsatze der Gleichheit, muß jedem Mitgliede das Recht, Gehör zu finden, zugesichert werden, und es wäre eine Art von Ungerechtigkeit, einem zu erlauben, zum zweiten Male zu sprechen, während ein anderer noch gar nicht zum Wort gekommen ist. Ist also Überfluß an Rednern vorhanden, das heißt, sind deren mehr als man mit Bequemlichkeit nach dem expeditiven Gang der Geschäfte hören kann, so ist die Ausschließung der Replik ein nothwendiges Gesetz.

Doch hat die freie Methode große Vorzüge. Wenn zwei Redner, Mann gegen Mann, ringen, so kommt mehr Folge in die Discussion, die Argumente erscheinen gedrängter als unter mehreren. Jede Replik verbreitet Licht, und stärkt den erhaltenen Eindruck. Der Streit wird lebendiger, wärmer und interessanter. Jedermann leiht ihm sein Ohr. Man bemüht sich, die Argumente der Gegner zu begreifen (saisir) oder voraus zu sehen. Nichts geht verloren, nichts schreitet rückwärts; jeder Schritt führt näher zum Schluß. Dieses Interesse wird jedesmal geschwächt oder getäuscht, wenn jemand dazwischen spricht, den Faden der Debatte abbricht, und ganz verschiedene Ideen einschiebt. Auch ist das natürliche Gefühl, der Instinct der Menschen, ganz zu Gunsten dieser Art zu kämpfen, wenn zwei Redner wechselsweise für und wider sprechen.

Im britischen Parlament hat man beide Methoden in einer doppelten Art der Procedur vereinigt: erstens, wenn die Versammlung als Kammer- zweitens, wenn sie als General-Comité vereinigt ist. In der Kammer bleibt man fest bei der Regel, das Wort nur einmal zu verleihen. In dem General-Comité gilt die Sitte, die Freiheit der Repliken zuzulassen, und die Discussion bleibt häufig genug bei einer kleinen Anzahl von Individuen, die dem Gegenstand besondere Aufmerksamkeit gewidmet haben. Doch ist dies vielmehr eine Indulgenz, als eine Regel, und muß es seyn: denn es giebt halsstarrige Schwätzer, die nie ein Ende machen würden; auch haben die Repliken den Fehler, daß sie Personalitäten nach sich ziehen, durch welche eine Debatte gern in bittern, unfruchtbaren Wortwechsel ausartet.

Gestattet man die Replik, so setzt man die Debatten einer, mit der schnellen Beseitigung der Geschäfte unvereinbaren, Dauer aus. Dies ist die stärkste Einwendung, aber erstlich kommen die Fälle, wo rasche Entschließungen nothwendig sind, in einer gesetzgebenden Versammlung nicht häufig vor, und selbst in diesem Falle ist sie immer Herr über ihre eigenen Regeln; immer frei, den Umständen gemäs zu handeln.

Und kann man zweitens eine Zeit, die zu einer Discussion redlich angewendet worden, so lange sie auch dauern möge, als verloren ansehen? Ist denn schleunige Beendigung der Hauptzweck? Soll man sich augenblicklicher Langweile entziehen, um sich dauernder Reue auszusetzen? Nicht Übermaas soll man in einer Untersuchung fürchten: die schlechten Gesetze sind blos die Resultate der Unaufmerksamkeit und Übereilung. Die allgemeine Regel muß seyn, nichts zu verwerfen, was die Versammlung aufklären kann; und wie kann man zum voraus wissen, daß ein Individuum, das zu sprechen verlangt, nichts nützliches zu sagen habe?

Endlich scheint es mir noch zweifelhaft, ob wirklich durch die Zulässigkeit der Replik die Discussionen in die Länge gezogen werden. Sobald die Frage in das gehörige Licht gestellt ist, oder beide Parteien erkennen, daß ihre Opposition keine Vereinigung zuläßt (est irrémédiable), ist auch die Debatte an ihrem natürlichen Ende, und ungeduldig sieht ein jeder dem Schluß derselben entgegen. Die Freiheit der Repliken strebt dahin, die Discussion auf diesen Punkt zu führen. Zwei Gegner, die sich auf eine Frage einlassen, auf die sie sich vorbereitet haben, antworten sich gegenseitig mit mehr Präcision und gehen gerade auf das Ziel los, ohne die Zeit mit Formen, Vorreden, Apologien zu verlieren, wie es jeder neue Redner thut, um seinen Argumenten die Form und die Verzierungen einer Rede zu geben.

Und schließlich, hat die freie Methode nicht zur nothwendigen Folge irgend ein Individuum des Wortes zu berauben: sie verspätet nur den Moment, in dem es jeder erhalten soll. Es ist eine simple Verlegung der Zeit, die der Gleichheit nichts benimmt.

Nach dieser Auseinandersetzung der Gründe für und wider, kann jede Versammlung beurtheilen, ob nach den Umständen die eine oder die andere dieser Formen zulässig sey. Aber, selbst im Falle die Replik nicht erlaubt wird, muß man zu Gunsten des Urhebers der Motion immer eine Ausnahme machen; derjenige, der die Debatte eröffnet, muß das Recht haben, zuletzt zu sprechen. Natürlich anzunehmen ist es, daß er mehr als irgend einer die Stärke und Schwäche seiner Sache kennt; und wenn er das Recht zu repliciren nicht hätte, so könnten Einwendungen, auf die er allein zu antworten fähig wäre, der Versammlung imponiren. In dem brittischen Parlament zieht diese letzte Antwort gewöhnlich am meisten die Aufmerksamkeit aller Zuhörer auf sich. Hier concentritt der Redner alle seine Kraft und führt seine Sache auf den Hauptpunkt zurück, der das Urtheil bestimmen soll. Videndum est ubi sit rei summa, nam fere accidit, ut in causis multa dicantur, de paucis judicetur *).

*) Quint. V. 14.

Funfzehntes Kapitel.

Einheit in dem Gegenstande der Debatten.

Die Einheit der Debatten muß auf das strengste beobachtet werden, das heißt, wenn eine Motion zugelassen worden ist, darf keine andere vorgebracht werden, bis man über die erste entschieden hat.

In dieser Ausschliessung sind weder die auf die Motion sich beziehenden Verbesserungen begriffen, noch die verwerfenden Motionen (motions suppressives), noch diejenigen, die ein Ordnungsgesetz anrufen, in dem Augenblicke, da es verletzt wird.

Diese Einheit in den Debatten ist die Regel aller Regeln, die eigentliche Regel, wodurch die Freiheit der Versammlung aufrecht erhalten wird, wodurch alle Seelenkräfte nach einem gemeinschaftlichen Ziele zu streben gezwungen werden, und wodurch allein der Hauptzweck der Debatten, der Ausdruck des allgemeinen Willens, zu erlangen ist.

Es scheint anfänglich unnöthig, eine Verordnung zu machen, um diese Einheit vorzuschreiben; aber allen denjenigen, die politischen Versammlungen eine Zeitlang mit offenen Sinnen beigewohnt haben, mußte das ununterbrochene Bestreben, sich von diesem Principe zu entfernen, auffällen. Je mehr sich in den Debatten die Köpfe erhitzen, desto mehr läßt sich ein Redner unmerklich zu neuen Ideen fortreissen; im Anfang ist es nur ein Schritt, den er aus dem Wege thut; aber dieser erste Schritt führt einen zweiten und dritten herbei, und endlich steht er, in eine neue Laufbahn versetzt, weit von dem Gegenstande der Discussion entfernt. Die auf ihn folgen, greifen ihn an, oder vertheidigen ihn — das Interesse ändert sich. Über den zweiten Antrag wird der erste vergessen; dann kommt noch ein dritter hinzu — die Verwirrung wächst; man ermüdet sich, ohne dem Ziele näher zu kommen, und je weiter man geht, desto weiter verirrt man sich. Diese Divergenz in den Ideen findet beinahe immer in den besonderen Unterredungen statt; aber in einem Privat-Cirkel, der nur Unterhaltung zum Zweck hat, wird dieser Zweck durch Berührung mannigfaltiger Gegenstände besser erreicht, als durch Untersuchung eines einzigen. In einer politischen Versammlung schadet diese Unordnung ausserordentlich, weil sie unnützerweise die Kräfte derselben erschöpft, und sie verhindert, zu einem Resultate zu gelangen.

Diese Verwirrung ist nur zu gut ohne Absicht möglich, theils aus Unfähigkeit unerfahrner Opponenten, theils wegen der Hitze des Streites, die auf tausend Arten die Hauptfrage den Augen entrückt. Aber hinterlistige, gewandte Menschen bedienen sich oft dieses Mittels, einen Antrag, den sie nicht offen anzugreifen gewagt hätten, indirekt zu hintertreiben. Ihre Hülfsmittel bestehen darin, ihn durch andere Anträge zu verdrängen, durch Überraschung Motionen durchzusetzen, die Versammlung durch ihre Unentschlossenheit zu ermüden, und sie auf unbekannten Wegen irre zu leiten.

Diese Regel der Einheit waltet in dem englischen Parlament. Dort ist immer eine Motion herrschend, die gesetzmäsig jede andere Motion ausschließt. Ihr Schicksal muß entschieden seyn, bevor eine andere an ihre Stelle tritt.

Sechzehntes Kapitel.

Absonderung der Debatten von dem Votum.

Debattiren und stimmen sind zwei verschiedene Operationen. Letztere muß erst dann beginnen, wenn erstere geendiget ist.

Diese Regel beruht auf zwei Gründen:

1) Aus Mangel an Sachkenntniß, irrigen Entscheidungen zuvorzukommen.

Für oder wider eine Motion stimmen, heißt aburtheilen, und das Amt des Richters ausüben; dafür oder dawider sprechen, heißt prozessiren (plaider), die Function des Advokaten übernehmen. Vor geendigter Deliberation stimmen, heißt richten, ehe noch die Beweisgründe alle gesammelt sind, ohne alle Dokumente zu haben, die im Laufe einer Debatte vorkommen können. Und hätte man nur noch einen einzigen Redner zu hören: unmöglich kann man vorher entscheiden, ob er nicht irgend ein neues Argument liefern wird, das diejenigen, die vorher abgestimmt, auf andere Meinung gebracht hätte.

2) Dem wirklichen Willen der Versammlung entgegengesetzten Entscheidungen zuvorzukommen.

Man denke sich eine Liste von Mitgliedern, die in einer bestimmten Ordnung sprechen, und die eines nach dem anderen abstimmen. Der erste votirt für die Motion; alle auf ihn folgende stimmen in demselben Sinne. Der letzte von allen aber votirt im entgegengesetzten Sinne, und stützt sich auf Thatsachen oder Argumente, die allen früher Stimmenden entgangen waren, die aber alle und jede überzeugen. Was ist die Folge davon? Man faßt einen Beschluß, der dem Schein nach alle Stimmen, minus eine hat, und doch in der That dem allgemeinen Willen der Versammlung widerspricht.

Die Engländer sind so sehr daran gewöhnt, diese beiden Operationen zu trennen, daß sie mit Mühe begreifen würden, wie man von dieser Regel abgegangen ist. Aber in den ehemaligen General-Staaten, Parlamenten und Provinzial-Versammlungen war sie völlig unbekannt. In der Versammlung der General-Staaten von 1789 geschahen die ersten Operationen durch einen persönlichen Aufruf (appel) aller Mitglieder, die berufen waren, zu gleicher Zeit zu debattiren und zu votiren.

Daraus entsprangen zwei offenbare Ungereimtheiten:

1) Die Wahrscheinlichkeit (chance), die ein Individuum für sich haben konnte, seiner Meinung Anhänger zu verschaffen, war der Stärke seiner Argumente weniger angemessen, als dem Rang, den er auf der Liste der Opinenten einnahm. Der tiers état bestand aus 600 Mitgliedern. Derjenige, der am ersten das Wort nahm, konnte Einfluß auf 599 ausüben; sein Nachfolger nur auf 598, und sofort bis zu dem letzten, der niemand mehr sah, auf den seine Beredsamkeit hätte einwirken können, als auf sein eigenes Ich.

2) Die Wahrscheinlichkeit, die ein Individuum für sich hatte, eine erleuchtete Meinung zu bilden, stand in umgekehrtem Verhältniß mit der Wahrscheinlichkeit, seiner Meinung Anhänger zu verschaffen. Derjenige, der auf die ganze Versammlung Einfluß haben konnte, war ausser Stand, die Einsichten der andern zu benutzen. Derjenige, der Vortheil aus den Beobachtungen der ganzen Versammlung ziehen konnte, war unfähig, sie einem andern nützlich zu machen.

Diese Absurditäten waren zu auffallend, um nicht bemerkt zu werden. Auch hatte man in verschiedenen politischen Corporationen, wo diese unsinnige und lächerliche

Methode im Gang war, dem Übel dadurch abzuhelfen gesucht, daß man das Abstimmen zweimal herumgehen ließ (deux tours d'avis); so, daß wenn man bei dem erstenmale eine andere und bessere Meinung als seine eigene gehört hatte, man beim zweitenmale die seinige aufgeben, und sich zur andern bekennen konnte. Man konnte es wohl, aber wollte man auch? Unglücklicherweise fällt es dem menschlichen Dünkel nicht leicht, öffentlich einen Irrthum zu bekennen; und überdies kann die Furcht schon, überzeugt zu werden, dem Erfolge der besten Argumente schaden; man hört sie mit Vorurtheil an, und ist zu gleicher Zeit Richter und Partei.

Da diese beiden Operationen, Debattiren und Votiren, vermengt waren, so fand sich auch dieselbe Verwirrung in der Sprache, die sie ausdrücken sollte. Avis, opinion, vote, délibération kommen in allen Protocollen als Synonyma vor; man weiß nicht woran man ist, es ist ein beständiges Chaos.

Die ersten Ansichten sind undeutlich und verwirrt. Im Anfange sieht man die Gegenstände blos im Ganzen. Erst nach langer Erfahrung und langem Nachdenken gelingt es, die verschiedenen Arten zu unterscheiden und ihnen besondere Namen beizulegen. In Europa sind Hund und Pferd zwei verschiedene Thiere; in Otaheite war das erste Pferd ein großer Hund.

Die gesellschaftlichen Gespräche waren das erste Muster geordneter Debatten, obgleich man aber in der geselligen vertrauten Rede oft über einen Punkt deliberirt, um zu einem Schluß zu gelangen, so ist es doch weder gewöhnlich noch nothwendig, diese beiden Acte streng zu scheiden: deßwegen sind sie in den politischen Versammlungen so lange verwechselt worden. Es gehörte Zeit dazu, um zu bestimmten Begriffen über die verschiedenen Acte zu kommen, die zur Bildung eines Decrets gehören, so auch zur Unterscheidung der ursprünglichen, der verbessernden

Motionen, der Debatten oder der Deliberation und endlich der Stimmen.

Siebenzehntes Kapitel.

Nachtheile einer bestimmten Ordnung in der Wortführung.

Nach dem Urheber der Motion soll kein Mitglied das Recht haben, vor dem andern zu sprechen. Wer zuerst um das Wort bittet, soll auch zuerst gehört werden. Unter verschiedenen Competitoren soll der Präsident (oder das Loos) die Priorität entscheiden.

Eine bestimmte Prioritäts-Ordnung, wie sie auch beschaffen seyn möge, ist eine der schädlichsten Regeln, die man in einer politischen Versammlung festsetzen kann. Scheinbare Ordnung, reelle Unordnung. Scheinbare Gleichheit, reelle Ungleichheit. Doch dies muß besonders abgehandelt werden.

1) Die bestimmte Ordnung ist der Entwickelung der individuellen Intelligenz nachtheilig.

Derjenige, an den, seinem Sitz nach, das Wort zuletzt kommt, hat nichts anderes zu erwarten, als seine Argümente anticipirt zu sehen, und wird in den gewöhnlichen Fällen nicht dasselbe Bestreben, dieselbe Lust empfinden, einen schwierigen Gegenstand einzustudiren. Je mehr man ihn der Wahrscheinlichkeit und Möglichkeit beraubt, sich auszuzeichnen und nützlich zu werden, desto mehr schwächt man die Beweggründe seines Fleißes und seiner Anstrengung. Dieses Hinderniß kann einer sehr überlegenen Geschicklichkeit weichen, im Allgemeinen aber macht nichts so muthlos, als vor einer ermüdeten und eingenommenen Gesellschaft sprechen zu müssen.

2) Diese Sitte zieht durch lange unnütze Reden grossen Zeitverlust nach sich. Die ersten, die auf der Liste stehen, und deßwegen am meisten in die Augen fallen und zum Sprechen aufgefordert werden, glauben sich verpflichtet, dieser Aufforderung zu folgen, und halten Reden, nicht um etwas zu sagen, sondern um nicht zu schweigen. So können durch einen doppelten Irrthum die Geschicktesten zum Schweigen gebracht, und die Unfähigsten gezwungen werden, wohl oder übel das Wort zu führen oder zu mißbrauchen.

3) Diese bestimmte Ordnung ist überdies den Debatten nachtheilig, weil sie Männer von verschiedenem Talente verhindert, sich die Hand zu bieten, und die Rollen auf die der Versammlung vortheilhafteste Art zu vertheilen.

Der eine ist geschickter, einen Gegenstand auseinander zu setzen; es gelingt ihm trefflich, eine grosse Reihe von Thatsachen in einer klaren und bestimmten Ordnung darzustellen.

Ein anderer, der minder fähig ist, das Ganze aufufassen, besitzt in hohem Grad, die Kunst, dies oder jenes Argument geltend zu machen.

Ein dritter, dem es an Erfindungs-Vermögen fehlt, ist vielleicht mit jener Geistes-Gegenwart begabt, die blitzschnell die Blöse des Gegners entdeckt; er wird dann in der Replik ein grosses Übergewicht haben.

Ein vierter endlich, der bei Eröffnung einer Debatte nichts vermag, zeigt sich beim Zusammenfassen der Argumente und zur Beschleunigung des Beschlusses vortrefflich.

Man lasse nur das Wort frei, so wird jeder seine Rolle von selbst finden, ohne daß man daran denkt. Aber die bestimmte Ordnung widerspricht der natürlichen, weiset dem Menschen seine Rolle an und verweiset das Talent.

4) Diese bestimmte Ordnung strebt auch noch auf eine andere Weise, die wahre Ordnung der Debatten zu zerstören. Was diese eigentlich constituirt, das ist die Alternative zwischen denen, die die Motion vertheidigen und denjenigen, die sie angreifen. Ich behaupte nicht, daß diese Alternative in allen Fällen absolut nothwendig sey, aber es ist der natürlichste Gang, der zunächst an das Ziel führt.

Führt jemand ein falsches Factum an, ein sophistisches Argument, so muß die Widerlegung unmittelbar darauf folgen. Hat eine Rede merkliche Wirkung zu Gunsten einer Partei hervorgebracht, so muß die andere sie in demselben Augenblicke zu bekämpfen suchen. Ohne dies ist keine Gleichheit möglich, und nichts macht die Richter fähiger, mit Sach-Kenntniß zu entscheiden, als dieser contradictorische Prozeß, wo man beständig Vorurtheilen Vorurtheile, Thatsachen andere Thatsachen und Argumente anderen Argumenten entgegensetzt. Diese Berührung der Ideen schlägt Funken und führt zur Evidenz.

In der National-Versammlung ließen alle diejenigen, die über eine Motion sprechen wollten, sich vorläufig einschreiben, und diese Liste bestimmte die Ordnung in der Rede. Was war die Folge davon? Eine Menge von Rednern sprachen nach einander, immer in demselben Sinne, hielten zum voraus bereitete Reden, und ermüdeten die Versammlung durch ewige Wiederholungen. Es war weder Correspondenz noch Analogie unter dem, was sie sagten. Nie waren Angriff und Vertheidigung in ihrer natürlichen Ordnung. Eine Beschuldigung, die in der ersten Rede vorkam, wurde in der letzten widerlegt. Es war ein widersinniges Debattiren, und das Langweilige dieser isolirten Reden, die alle von einander unabhängig herdeclamirt wurden, erzeugten eine Ungeduld, eine Müdigkeit, die zur Übereilung in den wichtigsten Beschlüssen führte.

5) Wenn die Ordnung der Rede nach Rang und Würde bestimmt wird, kommt noch ein anderer Nachtheil hinzu, Unterstützung nämlich eines gesetzwidrigen (indue) Einflusses. Wenn in allen Versammlungen es Menschen giebt, die, ihrem eigenen Willen entsagend, sich von einem fremden leiten lassen, so ist dies ein Übel, dem man nicht zuvorkommen kann; doch muß man wenigstens nichts zu seiner Verschlimmerung beitragen, und dies geschieht, wenn man eine Ordnung der Rede einführt, der zu Folge die Untergebenen gezwungen sind, die Meinung ihrer Gönner zu kennen, ehe sie die ihrige aussprechen. Die freie Anordnung läßt der Rechtschaffenheit noch eine Thüre offen. Mancher, der sich die ausgesprochene Meinung eines mächtigen Mannes zu bestreiten nicht unterstünde, würde frei zu seyn wagen, wenn er als damit unbekannt angesehen würde.

6) Endlich, was die Rechte der Individuen betrifft, so ist diese fixe Ordnung eine wahre Ungleichheit, in einem Falle, wo Gleichheit Gerechtigkeit ist. So groß auch der Vortheil seyn möge, vor oder nach einem Individuum zu sprechen, so ist doch kein Grund vorhanden, das Wort dem einen vorzugsweise vor dem andern zu geben.

Auch sehe ich keine andere Einwendung gegen diesen Plan, als die Gefahr des Streites zwischen den Concurrenten, die um das Wort anhalten. Entscheidet der Präsident, so kann er sich parteiisch zeigen; appellirt man an die Kammer — welcher Zeitverlust! Überdies werden die nicht begünstigten Mitglieder am öftesten abgewiesen (éconduits) werden. Selbst die Majorität kann dieses Recht mißbrauchen, um eine Partei von der Wortführung zu entfernen.

Auf diese Einwendung antworte ich mit dem Beispiele des brittischen Parlaments. Dort ist keine Prioritäts-Ordnung eingeführt. Man verlangt das Wort, indem man sich von seinem Sitze erhebt, in demselben Augenblick, in dem der Sprecher sich niederläßt. Im Zweifelsfalle zwischen mehreren Postulanten entscheidet der Präsident provisorisch; denn in letzter Instanz steht die Entscheidung der Kammer zu.

In der That wird die Regel, die dem Erstaufstehenden das Wort ertheilt, oft verletzt. Der Präsident findet Mittel, die schlechten Redner nicht gewahr zu werden, und so lange seine Parteilichkeit mit der der Versammlung harmonirt, kommen keine Reclamationen vor. Aber die ausgezeichneten Redner, von welcher Partei sie auch seyn mögen, können versichert seyn, daß man sie anhören wird. Ohne diese Verletzung der Regel würde man nie zum Zweck kommen. Was schadet es auch, wenn man, so viel als möglich, faden, nichts sagenden Reden sein Ohr versagt? Zeichen der Verdrießlichkeit, der Ungeduld, Geräusch, Privat-Gespräche und andere Mittel, muthlos zu machen, sind bisweilen nothwendig, um lästige und halsstarrige Redner abzuschrecken. Besser aber ist es noch, ihnen durch die willkührliche Gewalt zuvorzukommen, die der Präsident unter der Autorität der Versammlung ausübt.

Was die Ausschließung einer Partei betrifft, so ist diese in England nie vorgekommen, und kann in einer solchen Versammlung nicht statt finden, weil dazu ein zu schamloses Einverstandniß gehörte, das die Öffentlichkeit der Verhandlungen unmöglich macht. Eine hinreissende, verständige Rede wird von allen, selbst von denen mit Vergnügen angehört, gegen die sie gerichtet ist. Eine läppische Rede mißfällt jedem, besonders aber denjenigen, denen sie dienen soll, weil sie sie in Mißcredit bringt. In dieser Hinsicht kann man wohl sagen:

Rien n'est plus dangereux qu'un ignorant ami.

So liefert die Natur der Sache dem Präsidenten Gründe, die diese willkührliche Macht nach dem allgemeinen Nutzen der Versammlung reguliren.

Achtzehntes Kapitel.

Von den drei Debatten über die Gesetzes-Entwürfe *).

Alle Gesetzes-Entwürfe im brittischen Parlament werden dreien Debatten unterworfen, die an verschiedenen Tagen und oft nach beträchtlichen Zwischenräumen vorgenommen werden. Man nennt dies die drei Vorlesungen der Bill. Die Bill kann nach der ersten, der zweiten oder der dritten Ablesung verworfen werden, angenommen aber erst nach Endigung der drei Vorlesungen.

Dies ist aber noch nicht alles. Zwischen der ersten und zweiten, oder zwischen der zweiten und dritten Vorlesung wird die Bill in einem Comité der ganzen Kammer erörtert.

Der General-Comité (von dem weiter unten gehandelt wird) läßt freiere Discussions-Formen zu, als die, denen man sich in den regulirten Debatten unterzieht. Man entscheidet nicht auf eine definitive Art. Man ernennt einen Präsidenten auf den Fall. Man erlaubt den Rednern, über denselben Gegenstand verschiedenemale das Wort zu nehmen. So wird nun die Sache von Personen erörtert, die genau mit derselben bekannt sind.

Die erste der drei Vorlesungen beschränkt sich beinahe blos auf die Einführung der Bill und auf allgemeine Bemerkungen. Die zweite ist das wahre Feld der Debatten. Die dritte ist beinahe nur der Form halber da.

---

*) Ich habe hier gesucht, das Stillschweigen des Autors zu ersetzen. Er spielt sehr oft auf diese wiederholten Deliberationen an, und handelt nicht besonders davon.

Note des Hrn. Dumont.

Der Nutzen der wiederholten Debatten besteht darin: 1) Die Deliberationen zur Reife zu bringen, dadurch, daß an verschiedenen Tagen mehreren Personen, die sich mit den Belehrungen bereicherten, die aus den Discussionen entsprangen, die Gelegenheit zu sprechen gegeben wird; 2) das Publikum in den Stand zu setzen, seine Meinung zu äussern, und es den Gliedern möglich zu machen, bei unterrichteten Personen ausser dem Parlament sich Raths zu erholen; 3) den Wirkungen der Beredsamkeit eines Sprechers zuvorzukommen, der die Zustimmung durch einen schnellen und starken Eindruck hätte gewinnen können; 4) die Minorität der Versammlung, das heißt, die schwächere Partei, dadurch zu schützen, daß man ihr vergönnt, ihre Meinungen zu verschiedenen Zeiten zu wiederholen; 5) die bei einer der vorhergehenden Debatten abwesenden Mitglieder zu erwecken und in Thätigkeit zu setzen, wenn sie gewahr werden, daß ihre Gegenwart auf das Schicksal einer Bill Einfluß gewinnen kann.

Jedermann weiß aus Erfahrung, daß die gewichtigsten, von beiden Seiten angeführten Gründe, wenn man sie zum erstenmale hört, nicht nach ihrem wahren Werth geschätzt werden können. Entweder machen sie zu viel Eindruck, oder zu wenig: zu viel, wenn sie mit allem verführerischen Reitz des Ansehens und der Beredsamkeit auseinandergesetzt werden; zu wenig, wenn sie heftige Leidenschaften, Interesse oder Vorurtheile angreifen. Durch einen Zwischenraum von einigen Tagen beruhigen sich die Gemüther; die öffentliche Meinung hat Zeit, ihre Wirkung hervorzubringen; was blos aus der Beredsamkeit entsprang, hat seinen Effect verloren, hingegen hat die Vernunft den ihrigen verdoppelt. Oft wird man zur zweiten Debatte ganz andere Ansichten als zur ersten mitbringen; und beide Parteien treten mit neuen, durch-

Nachdenken und Communication mit dem Publico gereiften, Ideen zusammen.

Auf das Vorhandenseyn von Parteien darf man gewiß rechnen. Kann nun eine einzige Berathschlagung über die Annahme eines Gesetzes entscheiden, so muß es einer jeden Partei erstaunlich daran gelegen seyn, alle Mittel in Bewegung zu setzen, um an diesem Tage den Sieg davon zu tragen. Große Erhitzung, und vielleicht große Erbitterung zeigen sich dann nothwendig in den Debatten. Weiß man hingegen, daß der erste Sieg nicht hinreicht, daß zum zweiten, ja zum drittenmale gegen den Gegner gekämpft werden muß, dann spart man seine Kräfte, man mäßigt sie, um nicht seiner Sache zu schaden; man wagt es nicht, einen gesetzwidrigen Vortheil bei der ersten Gelegenheit zu erhaschen, weil man dadurch dem Gegner Waffen in die Hände geben würde, und die Minoritäts-Partei, die ihre Niederlage allmählig herannahen sieht, resignirt sich desto leichter, wenn sie alle Mittel gehabt hat, sich zu vertheidigen.

Ausser den drei nothwendigen Vorlesungen finden sich im brittischen Parlament noch andere Gelegenheiten, während der Progressen der Bill (ein technischer Ausdruck, der die verschiedenen Grade, durch die eine Bill von ihrer Einführung bis zum Beschluß gehen muß, anzeigt); die Debatte zu erneuern. Sie muß, wie schon gesagt, einem Ausschuß der Kammer (commitment, und wenn die Operation wiederholt wird, recommitment) vorgelegt, dann auf ein Pergament als authentischer Text übergetragen werden (engrossment). Von da kommt sie an die Kammer der Pairs, und dann von neuem an das Unterhaus. Jede dieser Operationen wird nach vorhergehender Motion eines Mitglieds vorgenommen, und jede solche Motion kann zu neuen Debatten Gelegenheit geben. Die Opposition bedient sich sehr selten dieser verschiedenen Mittel, um den Gang der

Bill aufzuhalten; doch verspart man sie auf besondere Fälle, wenn Aufschub wichtige Resultate bewirken könnte.

Gegen diesen Plan wendet man ein, daß er die Sache sehr in die Länge ziehe, und daß gebieterische Umstände vorkommen, wo es sehr wichtig wird, daß ein Gesetz schnell durchgehe. Darauf antworte ich, daß die drei Vorlesungen der Bill an Einem Tage in beiden Kammern vorgenommen werden können. Ein solches Beispiel kam 1797, wenn ich nicht irre, bei dem Aufruhr der Flotte du Nore vor; um aber zu solchen ausserordentlichen Mitteln seine Zuflucht zu nehmen, muß die Noth offenbar dringend seyn, und sich über jede Opposition erheben.

Sollten diejenigen, welche diesen Formen ihre Langsamkeit zum Vorwurf machen, nicht bemerken, daß ihre Einwendung das Nachdenken, das Einziehen von Erkundigungen trifft, welche oft nur eine Frucht der Zeit und des Studiums sind? Wiederholungen werden vorkommen. Aber eine Überzeugung aus Gründen entsteht niemals plötzlich. Das beste Argument muß zu verschiedenen Zeiten, und unter mehreren Gesichtspunkten dargestellt werden. Nur so schmiegt es sich der Verschiedenheit der Fassungskräfte an und setzt sich in dem Gedächtnisse fest*). Menschen, die man mit Einem Worte überzeugt, verliert man eben so leicht wieder, als man sie gewinnt. Man lasse nur die Debatten mit Halsstarrigkeit führen, so wird Ausdauer in dem Benehmen (conduite) daraus entspringen. Mit Schrecken muß man sich in Frankreich

*) Ein erfahrnes Mitglied des Unterhauses sagte: a truth in the House of Commons requires a great deal of soaking. Dieses Wort stellt die Fortschritte der Wahrheit unter dem Bilde eines Stoffes dar, der lange in der Farbe liegen muß, um sich damit anzusaugen.

der fürchterlichen Urgenz-Decrete erinnern, der Decrete zum Abschluß der Discussionen, das heißt, zur Unterjochung der Minorität und Unterdrückung der Argumente, die man am meisten fürchtete. Je mehr ein Volk fühlt, daß es leicht in Bewegung zu setzen und fortzureissen ist, desto mehr muß es sich unter den Schutz der Formen begeben, die die Nothwendigkeit des Nachdenkens auflegen, und den Überraschungen zuvorkommen.

Diese Einwendung des in die Länge Ziehens kann ich noch directer widerlegen. Die drei Debatten führen nothwendigerweise Zwischenräume herbei, doch verlängern sie nicht die Erörterung im Ganzen. Im Gegentheil, diese drei Debatten haben verschiedene Gegenstände und theilen die Berathschlagung auf eine sehr schickliche Art. In der ersten begnügt man sich, die Zulässigkeit (convenance) oder Unzulässigkeit eines Gesetz-Entwurfes unter einem allgemeineren Gesichtspunkt zu betrachten.

Wird er verworfen, so ist die Zeit erspart worden, weil man sich mit der besondern Kritik der verschiedenen Artikel nicht abgegeben hat. Und in der That, wozu alle Clauseln desselben einzeln untersuchen und Verbesserungen vorschlagen! Das hieße ja, die Flecken aus einem Kleide waschen, das man vielleicht ins Feuer werfen muß. Ist der Gesetzes-Entwurf aber als an sich, und in seinem Princip zulässig, angenommen: so wird er sogleich der zweiten Debatte unterworfen; hier zieht man jede Clausel des Gesetzes, eine nach der andern, in Betracht; hier schlägt man dann Abänderungen vor, und übergiebt es, in der Zeit zwischen den beiden Sitzungen, einem besondern Ausschuß, der beauftragt ist, alle Verbesserungen des Einzelnen abzufassen, eine Arbeit, wozu eine zahlreiche Versammlung nicht geeignet ist. Die Vota, die man bei dieser zweiten Debatte sammelt, haben noch nichts Entscheidendes. Sie dienen blos dazu, die Discussion über jeden Artikel zu endigen, und den Willen der Versammlung im voraus anzudeuten.

Nach einem Zwischenraum, der hinlänglich ist, den Geist in Ruhe zu versetzen, und kaltblütig den verbesserten Gesetzesentwurf wieder durchzusehen, gelangt man zur dritten Debatte mit einer tiefen Kenntniß des Gesetzes, und prüft es in seinen allgemeinen und besondern Verhältnissen. Diejenigen, welche Verbesserungen vorgeschlagen haben, bringen sie nach erhaltener Zustimmung der Majorität wieder vor; im Gegentheile aber nicht. Je geübter eine Versammlung seyn wird, desto mehr wird die Materie in den beiden ersten Debatten beleuchtet werden, und die dritte wird im Allgemeinen sehr schnell vor sich gehen. Die erste, über die Zulässigkeit oder Unzulässigkeit des Gesetzes, kann sehr lange dauern, ist aber gewöhnlich fast null.

Neunzehntes Kapitel.

Unzulässigkeit geschriebener Reden.

Die Nichtannahme geschriebener Reden wird in dem brittischen Parlament streng beobachtet. In allen berathschlagenden Versammlungen muß dies eben so seyn.

„Das Hauptgebrechen dieser geschriebenen Reden besteht darin, daß weder Folge noch Verbindung, noch irgend eine gegenseitige Beziehung unter ihnen zu finden ist.

„Jeder fühlt, daß eine Staats-Versammlung nicht eine Versammlung von Academikern ist; daß der größte Vorzug eines National-Senats und öffentlicher Verhandlungen gerade in der Geistes-Thätigkeit, der Kraft des Gefühls, dem Überfluß von Ideen besteht (moyens), die das Schauspiel einer großen Versammlung erleuchteter Männer erzeugt, die sich anregen, sich begeistern, sich ohne Schonung angreifen und, von der ganzen Kraft ihrer Gegner gedrängt, in ihrer Vertheidigung Kräfte entwickeln, die ihnen selbst unbekannt waren. Die Aufmerksamkeit verhält sich wie ein Spiegel, der in einem Brennpunkt alle Strahlen vereinigend, Feuer und Licht verbreitet. Aber die Aufmerksamkeit erhält sich nur durch die Verbindung der Reden und das dramatische Interesse, das daraus entspringt. Nichts geht dann ungeprüft durch; jede Wahrheit trifft, jeder Irrthum fordert zur Widerlegung auf; ein glückliches Wort, ein passender Ausdruck überwiegt eine ganze Rede, und da in diesen Debatten die Waffen blos von gewandten Händen geführt werden können, erspart sich die Versammlung Langeweile und gewinnt Zeit. Der einzige Nutzen, den die Methode, die Reden abzulesen, gewährt, besteht darin, daß der Mittelmäsigkeit auf Kosten des Publikums einiger Trost durch Befriedigung ihrer Eigenliebe gegeben wird.

„Könnte man wohl einwenden, daß ausgearbeitete Reden gewöhnlich reifer und tiefer sind; daß auf solche Art die Versammlung weniger der Unannehmlichkeit ausgesetzt ist, gefährliche und unüberlegte Meinungen zu hören? Gerade das Gegentheil. Es bedarf einer viel längeren Vorbereitung, eines viel gründlicheren Nachdenkens, um aus dem Stegreif zu sprechen, als mit Muße zu schreiben. Seines Gegenstandes Meister seyn, ihn unter allen Gestalten studiren, alle Einwendungen voraus sehen, allem und jedem die Stirne bieten, sind lauter für den Redner nothwendige Bedingungen; aber welcher mittelmäsige Mensch vermöchte nicht, über einen bekannten Gegenstand einige oberflächliche Seiten niederzuschreiben? Man schreibt, um das Denken zu erleichtern, dem Gedächtnisse zu Hülfe zu kommen und sich die Mühe zu ersparen, eine grosse Reihe von Ideen fest zu halten. Man schreibt, um dem Papier anzuvertrauen, was man aus seinem Kopfe wegräumen will. Auch weiß man nicht, was man niedergeschrieben hat, aber, was man sagen will, das muß man wissen. Man befrage nur alle die, die in den politischen Versammlungen Beweise von ihrer Gabe zu sprechen, gegeben haben, warum sie über schwierige und complicirte Gegenstände lieber geschriebene Abhandlungen ablesen, so werden sie sich alle auf die Kürze der Zeit, die voreiligen Fragen, die große Zahl und Verschiedenheit der Materien berufen: dadurch aber auch bestätigen, daß diese Methode an sich mangelhaft ist. Niemals wird sie Kraftmänner in einer Versammlung bilden; sie frohnt der Trägheit der Denkkraft, und gleich der Angewöhnung, sich tragen zu lassen, macht sie schläfrig und indolent.

„Wie überall, so auch in England, ist das Rednertalent unter eine kleine Anzahl von Männern vertheilt; aber man duldet nicht die Lese-Methode, welche die Reden vervielfältigt, ohne die Ideen zu vermehren; sieht man, daß die Britten deswegen weniger stark an Gründen in ihren Discussionen sind? Haben ihre politischen Athleten weniger Kraft? Liefert die Oppositions-Partei nicht in demselben Augenblicke einen Redner, da der Vertheidiger einer Motion zu sprechen aufhört, einen Redner, der durch entgegengesetzte Gründe den Eindruck zu verlöschen sucht, den die erste gemacht hatte *)?“

Diejenigen, denen die Rednergabe versagt ist, können Data und Beweisgründe den gewöhnlichen Sprechern liefern. Es ist dies das beste Mittel, sie geltend zu machen. Solche Mittheilungen der Ideen finden im brittischen Parlamente beständig statt **).

---

*) Diese Stelle ist aus dem Courrier de Provence N. LXV. entlehnt.

**) Auch in der Assemblée nationale hatten sie statt. Oft habe ich Herrn v. Mirabeau gesehen, wie er auf dem Wege

Zwanzigstes Kapitel.

Andere sich auf die Debatten beziehende Regeln.

Die Regeln, die hier angegeben werden, sind nicht so wichtig, als die vorhergehenden; aber sie zielen alle darauf hin, Fehlern vorzubeugen und die Debatten zu

---

nach dem Rednerstuhl, oder auf dem Stuhle selbst, Noten empfieng, die er, ohne sich zu unterbrechen, mit dem Auge durchlief, und bisweilen mit der größten Kunst in seine Rede verwebte. Ein witziger Mann verglich ihn mit jenen Gauklern, die ein Band in Stücke schneiden, diese einen Augenblick kauen und das Band dann aus dem Munde unverletzt herausziehen.

Herr Benjamin Constant, in seinen Principes de politique (Chap. VII. de la Discussion), hat diesen Gegenstand eben so vernünftig als geistreich abgehandelt. Ich kann mich des Vergnügens nicht erwehren, hier einige Stellen anzuführen.

„Quand les Orateurs se bornent à lire ce qu'ils ont écrit dans le silence de leur cabinet, ils ne discutent plus, ils amplifient: ils n'écoutent point, car ce qu'ils entendroient ne doit rien changer à ce qu'ils vont dire; ils attendent que celui qu'ils doivent remplacer ait fini. Ils n'examinent pas l'opinion qu'il défend, ils comptent le temps qu'il emploie et qui leur paroît un retard. Alors il n'y a plus de discussion; chacun reproduit des objections déjà réfutées, chacun laisse de côté tout ce qu'il n'a pas prévu, tout ce qui dérangeroit son plaidoyer terminé d'avance. Les Orateurs se succèdent sans se rencontrer: s'ils se réfutent, c'est par hazard; ils ressemblent à deux armées qui défileroient en sens opposé, l'une à côté de l'autre, s'apercevant à peine, évitant même de se regarder, de peur de sortir de la route irrévocablement tracée....“

„Voulez-vous que nos Assemblées représentatives soient raisonnables? imposez aux hommes qui veulent y briller la nécessité d'avoir du talent. Le grand nombre se réfugiera dans la raison, comme pis-aller; mais si vous oubefördern. Erstere gehören der Nothwendigkeit, diese der Klugheit an.

1) Die Rede wird an den Präsidenten, nicht aber an die Versammlung im Allgemeinen, gerichtet.

Diese in dem Unterhause ununterbrochen beobachtete Regel ist einer zahlreichen Versammlung sehr angemessen, um den Sprechern einen fixen Punkt, und allen Reden ein gemeinschaftliches Centrum zu geben.

Natürlich ist es, daß jeder sich an den richte, der durch sein Amt das Recht hat, zu urtheilen, ob man sich von der Frage entfernt, und ob man auf irgend einen, vom Reglement verbotenen, unregelmäßigen Weg geräth.

---

vrez à ce grand nombre une carrière oú chacun puisse faire quelques pas, personne ne voudra se refuser cet avantage. Chacun se donnera son jour d'éloquence et son heure de célébrité. Chacun pouvant faire un discours écrit ou le commander, prétendra marquer son existence législative, et les Assemblées deviendront des Académies, avec cette différence que les harangues académiques y décideront du sort et des propriétés, et même de la vie des citoyens."

„Je me refuse à citer d'incroyables preuves de ce désir de faire effet aux époques les plus déplorables de notre révolution. J'ai vu des Représentants chercher des sujets de discours, pour que leur nom ne fût pas étranger aux grands mouvements qui avoient en lieu; le sujet trouvé, le discours écrit, le résultat leur étoient indifférent. En bannissant les discours écrits, nous créerons dans nos Assemblées ce qui leur a toujours manqué, cette majorité silencieuse qui, disciplinée, pour ainsi dire, par la supériorité des hommes de talent, est réduite à les écouter, faute de pouvoir parler à leur place; qui s'éclaire, parce qu'elle est condamnée à être modeste, et qui devient raisonnable en se taisant."

Wird die Rede an das Haupt der Versammlung gerichtet, so erhält sie einen ernsteren, gemäsigteren Charakter, als wenn man sich an die ganze Versammlung wendete. Selbst ein leidenschaftlicher Mensch, der sich an eine unparteiische Magistrats-Person, an einen geehrten Vorgesetzten wendet, muß die Nothwendigkeit fühlen, seine Ausdrücke abzuwägen, und Bewegungen des Unwillens und des Zornes zu unterdrücken.

Wenn diese Glieder direct miteinander sprächen, würde die Discussion leichter in Personalität ausarten.

Es giebt in einer politischen Versammlung keine nützlichere Sitte, als die, den Präsidenten mit Hochachtung (déférence) und Ehrfurcht zu betrachten; man erwirbt sie leicht, wenn man ihn als den Mittelpunkt der Deliberation, als die personificirte Versammlung ansieht.

2) Bei der Bezeichnung der Mitglieder, denen man antwortet, sind die Eigennamen (noms propres) zu vermeiden.

Diese, in dem Unterhause streng beobachtete Regel zwingt bei der Bezeichnung einer Person, seine Zuflucht zu verschiedenen Wendungen oder Umschreibungen zu nehmen. „Das ehrwürdige Mitglied zur rechten oder linken, der Edelmann mit dem blauen Bande, der edle Lord, mein gelehrter Freund (wenn von einem Rechtsgelehrten die Rede ist) rc. Die meisten dieser Ausdrücke sind höflich, ohne fad zu seyn. Die Eigennamen ziehen oft einen Schwarm complimentirender Epitheta nach sich, wovon sich in Ciceros Reden, die er im römischen Senat gehalten, verschiedene Beispiele finden. Der wahre Fehler ist aber der, daß in den Debatten die Erwähnung des Namens die Eigenliebe unmittelbarer anspricht, als irgend eine andere Beziehung. Es beleidigt z. B. weniger, wenn man sagt: „das ehrwürdige Mitglied, das am vorletzten sprach, ist in einen groben Irrthum verfallen“, als wenn man eine solche Person beim Namen nennt. Man abstrahirt da gleichsam von dem Individuo, und bringt nur den politischen Charakter desselben in Erwägung. Diese Regel genirt, und wenn die Streiter erhitzt sind, unterwerfen sie sich ihr mit Mühe. Dies allein beweiset schon die Nothwendigkeit derselben.

3) Niemals sind böse Motive vorauszusetzen.

Auch dies ist eine absolute Regel des brittischen Parlaments. Mit voller Freiheit kann man einen früher Stimmenden seine Unwissenheit, seine Fehlgriffe, seine falschen Darstellungen einer Thatsache vorwerfen; man hüte sich aber, ein Wort vorzubringen, das Zweifel an rechtlichen Motiven verriethe. Man greife mit Kraft die schädlichen Folgen seiner Meinung oder der Maasregeln an, die er unterstützt; man zeige, daß sie furchtbar werden, Anarchie oder Tyrannei nach sich ziehen können; aber niemals nehme man an, daß er diese Folgen vorhergesehen und gewollt habe.

Streng genommen, gründet sich diese Regel auf die Gerechtigkeit; denn wenn es uns schon schwer fällt, immer unsere eigenen wahren und geheimsten Motive zu kennen: so gehört wahrlich viel Kühnheit dazu, das Innere eines andern enthüllen zu wollen; und unsere eigene Erfahrung soll uns lehren, wie leicht man in dieser Hinsicht irrt. Die Mäßigung, die diese Regel auflegt, ist allen nützlich; sie begünstigt die Freiheit der Meinungen, und ist eine Schutzwehr für alle. In einer politischen Debatte, wie im Kriege, soll man sich keines der Mittel erlauben, das man nicht gegen sich selbst angewendet sehen möchte.

Diese Maxime ist aber besonders der Klugheit angemessen. Irrt sich der Gegner: so kann er, schont man ihn, eine vorgetragene Wahrheit anhören und annehmen; klagt man aber seine Motive an, so beleidigt man ihn, fordert ihn heraus; er kann nicht Ruhe genug behalten, um mit Aufmerksamkeit zuzuhören. Er nimmt Partei. Das Feuer theilt sich einem nach dem andern mit. Seine Freunde nehmen sich seiner an: und daraus entspringt denn oft eine Erbitterung, die noch nach den Debatten fortdauert und in die politische Opposition alles Herbe des persönlichen Hasses übertragen kann. Es ist nicht hinreichend, Personalitäten zu verbieten, man müßte auch bittere und heftige Ausdrücke verbannen; sie mehr als Folgen der Ungewandtheit, denn als Ausbrüche der Leidenschaft verwerfen.

Alle diejenigen, die politischen Versammlungen beigewohnt haben, wissen, daß schonungslose Ausdrücke die Quelle der tumultuarischsten Auftritte und der halsstarrigsten Verirrungen (écarts) werden können *).

4) Auf keine Weise soll des Wunsches des Staats-Oberhauptes (prince) und der

---

*) Der ausgezeichneteste Redner Englands, Fox, der seine Gegner mit einer so dringenden Logik angriff, hatte die Kunst, alles zu vermeiden, was sie hätte beleidigen können, zur höchsten Vollkommenheit gebracht. In den lebhaftesten Momenten, wenn er von dem Strome seiner Ideen gleichsam fortgerissen wurde, blieb er immer seiner Zunge Meister und beobachtete immer die gewissenhafteste Höflichkeit. Es ist zwar wahr, daß diese glückliche Eigenschaft bei ihm noch weniger ein Geheimniß der Redekunst, als eine Wirkung seines wohlwollenden, in seiner Ueberlegenheit bescheidenen und in seiner Kraft großmüthigen Charakters war. Dennoch sprach nie jemand muthiger und ohne weniger Ceremonien: les mots alloient, wie Montaigne sagt, où alloit la pensée.

executiven Gewalt überhaupt erwähnt werden.

Dieser Wunsch an sich genommen, beweiset nicht das mindeste in Beziehung auf die Zulässigkeit oder Nicht-Zulässigkeit einer Maasregel; er kann gar keine guten, blos schlimme Wirkungen hervorbringen.

Die Zulässigkeit dieses Mittels wäre mit der Freiheit der Versammlung unverträglich, nicht nur in diesem besondern Falle, sondern in allen; denn kann man sich einmal darauf berufen, so kann man es immer; und legt man einer Rücksicht dieser Art den geringsten Werth bei, so reducirt sich die Gewalt der Versammlung auf nichts; seinem eigenen Willen substituirt man einen fremden.

Wenn der von einer Partei angeführte Wunsch des Staats-Oberhauptes von der andern bestritten oder verworfen wird, so folgt daraus, daß das Haupt der executiven Gewalt, der persönliche Gegenstand der Debatten und daß sein Ansehen compromittirt werden würde; und daraus möchte die schlimmste Uneinigkeit entspringen, eine solche, die zum Bürgerkrieg führen könnte.

Diese Regel gilt seit langer Zeit in den Debatten des Parlaments. Die Rede des Königs, bei Eröffnung der Sitzungen, enthält blos allgemeines Anempfehlen, und wird überdies nur als ein Act der Minister betrachtet. Sie wird frei discutirt, ohne Erwähnung des Monarchen, und die Opposition greift sie an, wie jede andere ministerielle Maasregel.

5) Kein Document zur Rechtfertigung oder zum Beweis soll angeführt werden, es müßte denn zuvor, auf eine in dieser Absicht gemachte Motion, der Versammlung überreicht worden seyn.

Omnis demonstratio ex praecognitis et praeconcessis.

Diese Regel beruht auf zwei offenbaren Gründen: 1) Sich der Authenticität des Documents, das man zur Basis eines Beschlusses annimmt, zu versichern; 2) jedes Mitglied in den Stand zu setzen, es zu kennen, und zu wissen, welchen Gebrauch man davon machen will.

In Frankreich sah man durch Vernachlässigung dieser Vorsichts-Maasregel die ersten Staats-Versammlungen in Irrthümer verfallen, die man in England nie, auch den geringsten Beamten nicht, hätte vorwerfen können. Das Parlament zu Paris, in seinen berühmten Vorstellungen vom 16. bis 24. Julius 1787, führte unter den Königen, die die General-Staaten zusammenberufen hatten, Karl V. und Heinrich IV. an; beides ist falsch *).

Wie oft hat nicht die National-Versammlung Decrete auf Hörensagen ergehen lassen, über das, was man öffentliche Notorität nannte, nicht bedenkend, daß es nichts trügerischers giebt, als Volks-Gerüchte, und daß je notorischer ein Factum, desto leichter die Beweise davon zu sammeln wären! So sandte die legislative Versammlung einen der königl. Minister, Hrn. v. Lessart, an die Haute Cour nationale, über Anklagungspunkte, die nichts als vage und declamatorische Anschuldigungen enthielten, ohne irgend ein Factum zu constatiren, und ohne den Angeklagten zu hören **).

---

*) Dieses Factum ist aus der Histoire du Gouvernement François, p. 147, gezogen.

**) Jedes Volk hat seine Schwachheiten, seine endemischen Unvollkommenheiten; und je mehr Gewalt sie erlangt haben, desto wichtiger ist es, sie kennen zu lernen, um sich davor zu hüten. Von allen Fehlern, die man den französischen Schriftstellern vorwerfen kann, ist der Mangel an Genauigkeit (exactitude) der bedeutendste und unwidersprechlichste. Wenn die englische Nation einen entschiedenen Vorzug vor

6) Nicht zu dulden, daß eine Motion, die verworfen worden ist, in derselben Session oder bevor ein Zeitraum (von drei Monaten) verlaufen sey, von neuem gemacht werde.

Der Zweck dieser Regel ist, die Halsstarrigkeit derjenigen Parteien zu zügeln, die nicht müde werden, schon gegen sie entschiedene Punkte wieder aufs neue vorzubringen, es mag dies nun in der Absicht geschehen, den

---

ihrer Nebenbuhlerin hat, so muß man denselben in einer diesem Fehler entgegengesetzten Eigenschaft suchen.

Ein historisches Werk ohne Autoritäten würde in England ohngefähr wie eine Vertheidigungs-Rede ohne Beweis, oder wie ein Roman aufgenommen werden. In Frankreich aber glaubten sich die meisten Historiker der Mühe überhoben, auf die Original-Stücke zurückzuweisen. Die erste Bedingung, die sie ihren Lesern auflegen, ist die, ihnen auf ihr Wort zu glauben. Wenn der Schriftsteller die Originaldocumente unter den Augen gehabt hat, warum wollte er sie nicht citiren? Ist es schwerer, darauf zurückzuweisen, als Auszüge daraus zu machen? Wie kann man sich auf sein Urtheil verlassen, wenn er nicht gefühlt hat, daß das Zutrauen, das er verlangte, von jener Genauigkeit abhängt? Und wenn es Nachlässigkeit und Leichtsinn ist, muß man nicht annehmen, daß derjenige, der sich nicht die Mühe geben will, seine Beweisgründe anzugeben, sicherlich unfähig war, sich gehörig anzustrengen, um sich dieselben zu verschaffen?

In Frankreich gilt eine gewisse sprichwörtliche Maxime, in der es heißt, daß man auf den Geist sehen müsse, ohne sich an das Wort zu halten, — als wenn der Sinn nicht von dem Ausdrucke abhienge; als wenn richtige, bestimmte Ideen nicht auch richtige Ausdrücke erzeugten. Dieser Vorwand dient schwachen und trägen Köpfen, die für tüchtige Köpfe gehalten werden möchten, zur Ausflucht, denn es giebt keinen Fehler, dem es nicht gelungen wäre, eine Maske zu finden.

Eifer ihrer Anhänger zu unterhalten, oder die Operationen der Versammlung zu stören.

Diese Regel kann, strenge genommen, nur auf identische Motionen angewendet werden. Eine Partei läßt sich durch das Verbot, eine Motion von neuem vorzubringen, nicht fesseln. Sieht sie die Möglichkeit des Gelingens voraus, so unterläßt sie nie, sie unter einer neuen Form darzustellen.

In jedem Falle ist es gut, diesen Artikel dem Regulativ beizufügen; wenigstens wird dann in den gewöhnlichen Fällen eine verworfene Motion nicht zweimal in derselben Session vorkommen.

Eine Regel, die erlaubte, die Motionen definitiv und ein für allemal zu verwerfen, wäre das größte Vergehen gegen die Freiheit. Es hieße das, sich selbst oder seine Nachfolger in Fesseln legen wollen.

Ein und zwanzigstes Kapitel.

Von den Verbesserungen.

Auf den ersten Blick sollte man glauben, es sey unmöglich, die Verbesserungen (Amendemens) zu classificiren, weil sie alle Modificationen umfassen, die der menschliche Geist über eine gegebene Motion ersinnen kann. Doch mit Hülfe der Analyse sehen wir, wie diese Schwierigkeit verschwindet.

Alle Verbesserungen beziehen sich nothwendig auf die Wahl der Ausdrücke, oder auf die Art, wie sie verbunden sind.

Die Verbesserungen in Hinsicht der Ausdrücke können nur einen der drei folgenden Punkte zum Gegenstand haben: unterdrücken, hinzufügen, oder unterschieben (substituer). Letztere Operation geschieht durch die Verbindung der beiden ersten.

Die Verbesserungen, die sich auf die Verknüpfung der Ideen beziehen, können blos zum Zweck haben, sie zu trennen, zu vereinigen, oder zu versetzen (transposer).

Scheint der Original-Antrag zu complicirt: so fordre ich, daß er getrennt werde, um die Versammlung in den Stand zu setzen, einen Theil ohne den andern zu verwerfen.

Scheint es passender, zwei im Original-Entwurf getrennte Anträge zugleich darzustellen: so fordre ich die Vereinigung derselben.

Die Verbesserung, welche in der Versetzung der Worte und Phrasen besteht, kann völlige Veränderung des Entwurfs hervorbringen. Das Wort nur, z. B., so oder anders gestellt, kann eine absolut verschiedene Bedeutung haben.

So wären denn die Verbesserungen auf sechs Arten reducirt, und fähig, klare und bestimmte Namen anzunehmen:

Unterdrückende hinzufügende unterschiebende trennende vereinigende versetzende	Verbesserungen.

Diese Kunstausdrücke scheinen nothwendig, um die Verwirrung solcher Ideen zu verhüten, die nur durch sehr zarte Nuancen von einander abweichen. Dinge, die nicht classificirt sind, und keine besondere Benennung haben, werden immer schlecht erkannt, und man kann sie nur durch Umschreibungen bezeichnen, die gewöhnlich dunkel sind. Bestimmte Namen sind dem Verständniß, dem Gedächtniß und der Mittheilung der Ideen sehr behülflich. Die stärkste Einwendung, die man gegen neue Worte machen kann, ist die Schwierigkeit sie zu verstehen; solche aber, die von den gangbarsten Ausdrücken abgeleitet werden, sind vollkommen verständlich.

Häufig kommt es vor, daß mehrere Verbesserungen einer Motion vorgeschlagen werden, ja sogar solche, die sich auf eine vorhergehende Verbesserung beziehen; dies nennt man Unter-Verbesserung (sous-amendement). In welcher Ordnung müssen sie nun erörtert werden? Positive Regeln sind in dieser Hinsicht sehr schwer zu geben; jeder Stimmführer behauptet die Wichtigkeit der seinigen und verlangt die Priorität. Wenn es jedesmal zu einer Entscheidung einer Debatte bedarf, so verliert sich die Hauptfrage aus dem Gesicht, und die Aufmerksamkeit der Versammlung erschöpft sich mit Nebendingen.

Man könnte diesen Streit seltener machen und abkürzen, wenn man als allgemeingeltendes Princip festsetzte: daß die Verbesserungen, die die Verknüpfung betreffen, immer zuerst in Erwägung gebracht werden sollten. Ihr Zweck ist ja die zu verhandelnden Gegenstände in die schicklichste Ordnung zu bringen. Diese Ordnung, wenn sie einmal gefunden ist, trägt am meisten zu einer guten Erörterung bei. In dieser Classe der Verbesserungen sollten die Theilenden die Priorität haben. Die complexen Fragen veranlassen die verworrensten und hartnäckigsten Debatten. Bei den Verbesserungen, die Wahl der Ausdrücke betreffend, könnte man auch als allgemeines Princip annehmen, daß die unterdrückenden, vor den beiden andern derselben Art, geprüft werden sollen. Ein einziger weggelassener oder unterdrückter Ausdruck, kann die stärksten Einwendungen vernichten, und was weggelassen wird, ist dann kein Gegenstand der Debatten mehr; die hinzufügenden und unterschiebenden Verbesserungen hingegen können fruchtbare Unter-Verbesserungen derselben Art an die Hand geben.

Der wahre Werth dieser Bemerkungen kann nur von denen gefaßt und geschätzt werden, denen es nicht an Erfahrung in politischen Versammlungen mangelt. Sie allein wissen, welche Verwirrung die vervielfältigten Modificationen erzeugen, und was für ein Glück es wäre, wo nicht absolute Regeln, doch einen Faden zu finden, um sich aus diesem Labyrinthe herauszuwickeln.

Über diesen Gegenstand bleiben noch viele Schwierigkeiten. Im Falle mehrere hinzufügende Verbesserungen concurriren, in welcher Ordnung sind sie den Stimmen zu unterwerfen? Darf nur eine zu gleicher Zeit, oder müssen sie alle übergeben werden? Übergiebt man blos eine, und entscheidet der Priorität nach, so behalten die übrigen nicht denselben Vortheil (chance). Hätte man zwischen verschiedenen Candidaten zu wählen, so würde man sie nicht gleich behandeln, wenn man sie einen nach dem andern dem Votiren unterwürfe. Der erste hätte im Allgemeinen einen großen Vorzug; und wird er gewählt, so werden die übrigen verworfen, ohne irgend eine Möglichkeit des Gelingens für sich gehabt zu haben. Man müßte also über rivalisirende Verbesserungen nach der Wahl-Weise (mode électif) votiren lassen. Das einzige Gebrechen, das ich bei dieser Art finde, ist die Länge der Procedur. Doch müßte man in sehr wichtigen Fällen immer darauf zurückkommen. In den gewöhnlichen Fällen hingegen, sollte man dem Präsidenten das Recht verleihen, über die Verbesserungen in der Ordnung, die ihm die passendste scheint, abstimmen zu lassen, jedoch so, daß im Falle einer Reclamation, der Versammlung die Entscheidung zustände.

Kaum ist es nöthig zu bemerken, daß die Verbesserungen nichts als Berührungen und Versuche sind, die alle mögliche Veränderungen zulassen müssen. Geht die Verbesserung durch, so folgt daraus nicht, daß der verbesserte Artikel deswegen angenommen werde. Die auf solche Art modificirte Motion wird debattirt, und kann verworfen werden. Was unterdrückt worden war, kann wieder angenommen, was hinzugefügt worden, wieder weggelassen werden. Man setzt und versetzt Worte, wie bei den Stylverbesserungen, ohne dadurch über den Grund der Abfassung etwas zu entscheiden, die auch nach dieser Arbeit zur Nullität verurtheilt werden kann.

Eine Regel, die absolut gelten muß, ist die, keine hinterlistigen Verbesserungen zuzulassen (amendemens insidieux).

Ich nenne hinterlistig eine vorgebliche Verbesserung, welche, anstatt die Motion zu vervollkommnen, sie als lächerlich und absurd darstellt, und nicht angenommen werden kann, ohne eben dadurch sie zum Falle zu bringen.

Das Lächerliche (le ridicule) ist ein sehr glückliches Mittel eine Absurdität herauszuheben, die nicht verdient ernstlich angegriffen zu werden; aber ein Epigramm unter der Form einer Verbesserung, ist ein Spiel, das weder dem Ernst noch der Aufrichtigkeit (bonne foi) einer politischen Versammlung angemessen ist. Eine Abänderung vorschlagen, heißt die Motion verbessern wollen, damit sie dann angenommen werde. Eine Veränderung, die die Motion lächerlich macht, vorschlagen, wäre eine Art von Betrug und Beleidigung, ähnlich jener besondern Art von Impertinenz, die man in Gesellschaften persillage nennt.

Überdies sind solche tückische Abänderungen durchaus unnütz. Sie können blos in dem Falle durchgehen, wenn die Majorität der Versammlung schon geneigt ist, die Motion selbst zu verwerfen. Folglich geht man auf Umwegen nach einem Ziele, das man direct erreichen kann. Es werden zwei Operationen, anstatt einer, erfordert. Erst nimmt man die Abänderung an, welche die Motion absurd macht, und dann verwirft man die so abgeänderte Motion.

Wir wollen dies auf das berühmte Decret des Unterhauses von 1782 anwenden, das einer Art von Revolution in der Regierung zum Grunde diente.

„Es wird decretirt, daß der Einfluß der Krone gewachsen ist, daß er immer mehr zunimmt und vermindert werden muß."

Angenommen, einer der Gegner der Motion hätte die Annahme derselben nur mit Einschiebung zweier Worte vorgeschlagen, „der nothwendige Einfluß..."

Dies wäre ein Beispiel von einer arglistigen Verbesserung; weil die Einschiebung dieses Wortes die Motion widersprechend und sogar sträflich macht, und nach Annahme der Abänderung die Motion verworfen werden muß.

Noch ein anderes Beispiel. Auf eine Motion, die zum Zweck hatte, Abschriften aller von den Lords der Admiralität an einen Marine-Offizier geschriebenen Briefe zu erhalten, wurde eine Verbesserung durch Hinzufügung folgender Worte vorgeschlagen: „welche Briefe Befehle enthalten, oder auf Befehle sich beziehen können, „die noch nicht ausgeführt sind, aber noch existiren." Als diese Veränderung vorgenommen war, wurde die ursprüngliche Motion einstimmig verworfen.

Diese Art zu procediren vereinigt die zwei Gebrechen, deren ich erwähnt habe, — Beleidigung und Spott im Zweck, List und Winkelzüge (tergiversation) in den Mitteln; in jeder Hinsicht das Gegentheil der bekannten Regel: fortiter in re; suaviter in modo.

Zwei und zwanzigstes Kapitel.

Von den dilatorischen oder verlegenden Motionen.

Wenn eine Motion gemacht und ihr Urheber angehört worden ist, soll es jedem Mitgliede von diesem Momente an und bis an das Ende der Debatte, wenn er nur keine

Rede unterbricht, zustehen, eine dilatorische Motion vorzuschlagen, und diese tritt dann an die Stelle der ersten.

Es giebt dreierlei dilatorische Motionen:
Unbestimmte Vertagung [sine die].
Vertagung auf einen bestimmten Zeitpunkt [in diem].
Vertagung auf einen relativen Zeitpunkt [postquam].

Diese letztere Motion findet statt, wenn vorgeschlagen wird, die Sache bis nach einer künftigen Begebenheit zu vertagen, z. B. bis nach der Erörterung einer andern Motion, oder einer schon in die Register eingetragenen Bill, oder nach Überreichung eines Berichts, der von einem Ausschuß der Versammlung gefertigt werden soll, — oder nach einer Mittheilung des Königs, — oder nach erwarteten Petitionen.

Alle diese Motionen müssen erlaubt seyn, um der Versammlung die Ausübung ihres Willens zu erhalten, der nicht vollkommen frei wäre, wenn eine Modification desselben ausgeschlossen wäre.

Die relative Vertagung (postquam) ist nothwendig, um sie vor der Gefahr zu schützen, zu einem unpassenden Schluß aus Mangel an hinreichenden Documenten fortzuschreiten.

Die bestimmte Vertagung (in diem) kann denselben Zweck haben, nämlich neue Documente über eine nicht hinreichend instruirte Frage beizuschaffen, oder einer Verhandlung Einhalt zu thun, die einen zu lebhaften und leidenschaftlichen Charakter annimmt.

Es giebt zweierlei Arten von Übereilung. Die eine ist eine Folge der Unwissenheit, wenn man urtheilt, ohne alle Nachrichten eingezogen zu haben, die der Gegenstand erfordert. Die andere entspringt aus Leidenschaftlichkeit, wenn es einem an der nöthigen Ruhe fehlt, die Frage unter allen Gesichtspunkten zu betrachten.

Was jedem Menschen, einzeln genommen, widerfahren kann, kann auch einer Versammlung geschehen. Ein Mensch kann fühlen, daß bei den gegenwärtigen Umständen er nicht genug Herr über seine Leidenschaft ist, um einen klugen Entschluß zu fassen, aber er kann es hinlänglich seyn, um sich zu gar nichts zu entschliessen.

Quos ego — sed motos praestat componere fluctus —

„Ich würde dich prügeln, sagte ein Philosoph zu „seinem Sklaven, wenn ich nicht in Zorn wäre."

Dieses Vermögen, zu zweifeln und unsere Handlungen aufzuschieben, ist eines der schönsten Attribute des Menschen. Die beiden Arten von Vertagung zeigen keinen Zweifel über den Werth der Motion an; aber eine unbestimmte Vertagung fordern, heißt die Debatte, durch Verwerfung der Motion selbst, abbrechen; nun ist es ganz natürlich, daß die Anhänger der ersten Motion sich der Vertagung entgegensetzen, und alle Gründe anführen, die sie zu Gunsten derselben geltend gemacht hätten. In diesem Falle wäre die Debatte weniger direct, und deßhalb nicht kürzer. Doch kann es auch geschehen, daß sie selbst die unbestimmte Vertagung unterstützen, wenn sie aus der Wendung, die die Verhandlung nimmt, schließen, daß sie schwerlich einen glücklichen Ausgang zu hoffen haben, und daß sie ihren Zweck mit mehr Glück in irgend einem künftigen Zeitpunkt verfolgen können. Wenn die unbestimmte Vertagung durchgeht, so ist es wahrscheinlich, daß die Original-Motion verworfen worden wäre. Die schnelle Beendung der Debatte ist also eine Zeit-Ersparniß.

Drei und zwanzigstes Kapitel.

Von der Abstimmung.

Ich komme hier auf einen sehr schweren und sehr wichtigen Punkt. Die Freiheit einer Versammlung besteht in dem Ausdruck ihres Willens. Es muß folglich so zu Werke gegangen werden, daß jeder sein Votum seinem wirklichen Interesse gemäs geben könne, und daß man bei dem Resultat überzeugt sey, den allgemeinen Willen erhalten zu haben.

Das Verfahren bei der Abstimmung unterliegt mehreren, aus verschiedenen Quellen entspringenden Unterscheidungen:

1) Das Votum über die Fragen; das Votum über die Personen. Ersteres findet statt, wenn die Rede von der Annahme oder Verwerfung einer Motion ist; letztere bei der Wahl einer Person zu einem Amte. Zwischen diesen beiden Fällen findet sich keine reelle Verschiedenheit. Über eine Wahl votiren heißt, über eine Frage stimmen, ob nämlich dies oder jenes Individuum gewählt werden solle; über eine Motion stimmen heißt, über eine Wahl votiren, ob nämlich ein Project gewählt oder verworfen werden solle.

2) Das einfache und das zusammengesetzte Votum. Einfach ist es, wenn man die Frage dahin reducirt hat, daß nur ja oder nein zu sagen bleibt. Dieser Antrag soll angenommen werden oder nicht. Jene Person soll gewählt werden oder nicht.

Das Votum ist zusammengesetzt, wenn mehrere Operationen vorzunehmen sind, wenn zwischen mehreren Anträgen zu entscheiden, oder eine Person unter mehreren Candidaten zu wählen, oder zu verschiedenen Stellen zu ernennen ist. Was die Motionen betrifft, so muß die Frage auf die einfache Form reducirt werden, wo dann blos auf der einen Seite für ja, auf der andern für nein zu stimmen ist.

Bei den Wahlen ist die zusammengesetzte Weise öfters nothwendig. Es soll z. B. aus einer Versammlung von 1200 ein Ausschuß von 24 Personen gewählt werden, so sind 1200 Personen für jede Stelle wählbar, und 24 Stellen, für deren jede aus 1200 zu wählen ist.

3) Es mag nun Motionen oder Wahlen betreffen, so können die Stimmen heimlich oder öffentlich gegeben werden. Die geheime Art nennt man Scrutin oder Kugelwahl (balotte).

4) Das Mittel, dessen man sich bedient, um die Entscheidung herbeizuführen, kann vom menschlichen Willen abhängig oder unabhängig seyn. Daraus entsteht ein neuer Unterschied. Wahl durch Willkühr (élection par choix). Wahl durch Loos.

5) Endlich ist die regelmäsige Abstimmung von der summarischen zu unterscheiden. Bei der regelmäsigen zählt man alle Stimmen und kennt genau die Zahl der Stimmen für und wider. Bei dem summarischen Verfahren stellt der Präsident die Frage und verlangt, daß die Versammlung ihren Willen durch ja oder nein, stehend oder sitzend, oder durch Erhebung der Hand ausdrücke. Der Präsident urtheilt dann, welche Partei die stärkere ist, und seine Entscheidung ist gültig, wenn nicht dagegen reclamirt wird.

Vier und zwanzigstes Kapitel.

Von der öffentlichen oder geheimen Abstimmung.

Im Allgemeinen ist es besser, daß die Stimmen öffentlich als heimlich gegeben werden.

Die Publicität ist das einzige Mittel, die Votirenden dem Gerichte der öffentlichen Beurtheilung zu unterwerfen, und sie durch die Ehre in den Grenzen ihrer Pflicht zu halten *).

*) S. oben Drittes Kapitel. Von der Publicität.

Dies setzt voraus, daß die öffentliche Meinung mit dem öffentlichen Wohl harmonire. Im Allgemeinen ist diese Voraussetzung gegründet. Das Urtheil, das das Publikum fällt, stimmt immer mit seinem scheinbaren Interesse überein; und bei dem gewöhnlichen Laufe der Dinge sieht es sein Interesse in seiner wahren Gestalt. Gegen Veruntreuung und Unterschleif erklärt es sich immer, ehrt immer die Redlichkeit die Treue und Festigkeit bei den Staats-Verwaltern und Richtern. Doch kann das Urtheil des Publikums falsch seyn, weil alle Mitglieder dieses Tribunals Menschen sind. Wenn es politische Maasregeln giebt, über welche die klügsten und weisesten nicht einig werden können, was mag denn von dem Volke gelten, das nicht aus Weisen besteht? Wenn es in der Moral und in der Gesetzgebung Irrthümer giebt, wodurch die besten Köpfe verführt werden, wie mag es der Menge ergehen, über welche die Vorurtheile eine so große Gewalt ausüben?

Man könnte folglich behaupten, daß in Fällen, in denen die öffentliche Meinung sich irrig zeigte, es zu wünschen wäre, daß die Gesetzgeber heimlich votirten, um sie einem ungerechten Tadel zu entziehen und sie in ihrer Abstimmung freier zu machen. Dieses Argument ist aber nur scheinbar; denn worauf beruht es? Auf der anmassenden Einbildung, daß die Meinung einer kleinen Zahl, den vereinigten Meinungen einer größern weit vorzuziehen sey. Dies kann bisweilen der Fall seyn; aber ein weiser und bescheidener Mann wird sich immer hüten, über seines Gleichen sich eine solche Überlegenheit anmassen und mit seiner Meinung gegen das allgemeine Urtheil siegen zu wollen. Er unterwirft lieber seine eigene der Volks-Meinung, und würde einen Sieg nicht wollen, den er durch geheime Abstimmung, deren Gefahren er kennt, erlangt hätte.

Daraus folgt denn, daß wenn auch das Publikum irren kann, man doch so handeln muß, als sey es untrüglich; und daß man unter dem Vorwande, daß es fehlen könne, nie eine Regel aufstellen darf, welche die Geschäftsträger des Publikums dem Einflusse desselben entziehen könnte.

Aber steht denn nicht zu fürchten, daß diese Öffentlichkeit die Menschen zu schwach machen, das heißt, verleiten werde, ihr wahres Gefühl dem allgemeinen Urtheil zu opfern? Nein; diese Regiminalordnung strebt im Gegentheil, in die Länge, dem Charakter mehr Kraft und Würde zu verleihen. Die Erfahrung lehrt schnell, was für ein Unterschied zwischen dem Urtheil sey, das aus einem besondern Umstand entspringt, und einem solchen, das das Produkt eines reifen Nachdenkens ist; wie verschieden das Geschrei einer Menge, das sich wie ein leeres Getöse verliert, von dem erleuchteten Urtheil der Weisen sey, das vorübergehende Irrthümer überlebt. Durch die Aufrichtigkeit in dem Ausspruche seines Urtheils gewinnt man sogar die Hochachtung derer, denen man widerstrebt, und Seelenmuth wird in freien Staaten nicht weniger geschätzt als militärische Tapferkeit.

In einer richtigen Kenntniß der öffentlichen Meinung schöpft man die Kraft, ihr zu widerstehen, wenn man sie für ungegründet hält. Man appellirt an sie selbst, wie von dem schlecht unterrichteten an den besser unterrichteten Philippus. Aber nicht immer nach der Volks-Meinung entscheidet der aufgeklärte und tugendhafte Mann, sondern bei Berücksichtigung des allgemeinen Nutzens nimmt er an, daß die öffentliche Meinung dieselbe Richtung nehmen werde; und wirklich giebt es keine stärkere moralische Wahrscheinlichkeit, als diese, in einem Lande, in dem die Verhandlungen frei sind.

Dies sind die Grundsätze, von denen man bei Feststellung der allgemeinen Regel über die Öffentlichkeit der Abstimmungen ausgehen muß.

Doch kann diese Regel sehr zahlreichen Ausnahmen unterworfen seyn.

Die Fälle, in denen die Öffentlichkeit gefährlich wird, sind die, wo sie die Votirenden dem Einflusse verführender (séducteurs) Motive aussetzt, die stärker wirken, als das schützende Motiv, das sie erzeugt.

Um beurtheilen zu können, ob ein Motiv in die Classe der verführenden oder der schützenden Motive gehöre, muß man untersuchen, ob in dem vorliegenden Falle es dahin strebt, mehr Gutes oder mehr Schlimmes zu bewirken, — ob es die größere oder die geringere Zahl zu begünstigen scheint.

Soll z. B. ein Edelmann zwischen seinem persönlichen Interesse und dem Interesse einer adelichen Corporation entscheiden: so heißt sein Motiv, wenn es ihn bewegt, dieses allgemeine Interesse dem seinigen vorzuziehen, ein schützendes Motiv, wie es auch beschaffen seyn möge. Soll derselbe Edelmann zwischen dem Interesse der adelichen Corporation und dem der ganzen Masse der Staatsbürger entscheiden: so legt dasselbe Motiv seine schützende Eigenschaft ab, und muß als ein verführendes angesehen werden.

So wird also der *esprit de corps*, der ein gesellschaftliches Princip ist, wenn daraus Aufopferung des individuellen Interesse an das Interesse dieser Privatgesellschaft hervorgeht, der Staats-Gesellschaft zuwider (antisocial), wenn er Aufopferung des Interesse der großen bürgerlichen Gesellschaft nach sich zieht.

Dasselbe gilt von der Freundschaft. Wenn irgend ein Motiv mich veranlaßt, meinem Freund auf Kosten meines eigenen Interesse zu dienen, so ist es social und schützend. Veranlaßt es mich aber, ihm auf Kosten des allgemeinen Wohls nützlich zu seyn, so wird es staatswidrig (anti-social) und verführend.

Diesen Beobachtungen zu Folge muß der allgemeinen Regel der Publicität eine beschränkende Clausel beigefügt werden: die Abstimmung soll heimlich geschehen, in allen denjenigen Fällen, in denen mehr von dem Einfluß des Privat-Willens zu fürchten, als von der Einwirkung der öffentlichen Meinung zu hoffen ist.

Und welches sind diese Fälle? Um diese Frage zu beantworten, müssen zwei Arten von Interesse unterschieden werden, deren eines ein factisches (factice), das andere ein natürliches ist.

Das Interesse ist rein factisch, im Falle der Votirende, als Folge seines Votums, nur durch das Bekanntwerden desselben gewinnen oder verlieren kann.

Natürlich ist es, wenn der Votirende als Folge seines Votums verlieren oder gewinnen kann, auch dann, wenn es unbekannt bliebe.

Zum Beispiel, das Interesse, das aus einem Contract hervorgeht, durch den ich mich verbindlich mache, meine Stimme einem Fremden zu verkaufen, ist ein factisches Interesse.

Dasjenige hingegen, das mich bewegt, zu votiren, um meinem Vater oder meinem Sohn einen einträglichen Posten zu verschaffen, ist ein natürliches prästabilirtes Interesse.

Das Geheimniß in der Abstimmung zerstört den Einfluß des factischen Interesse; gegen den Einfluß des natürlichen vermag es aber nichts.

Wenn die Regel des Geheimstimmens gilt, kann der Käufer keine hinlängliche Versicherung haben, daß der Vertrag von dem Verkäufer treulich gehalten werden wird.

Dieser kann unredlich genug seyn, um eine Betrügerei zu begehen, und nicht unredlich genug zu einer Verrätherei (trahison). Das geringere Verbrechen ist immer wahrscheinlicher, als das größere.

Die geheime Abstimmung hat also eine nützliche Tendenz in denjenigen Umständen, in welchen die Öffentlichkeit den Votirenden dem Einfluß eines, dem öffentlichen Interesse entgegengesetzten, Privat-Interesse aussetzen würde. Im Allgemeinen wird sie also bei den Wahlen zulässig seyn. Werden aber die Stimmen laut gegeben: so weiß jedermann, in welchem Grade Freundschaft, Hoffnung, Furcht den Stimmen ihre Freiheit rauben.

Es wäre ein großes Übel, wenn bei den Wahlen, hauptsächlich bei den Volkswahlen, das Geheimhalten allen Einfluß vernichtete. Diese Idee einer absoluten Unabhängigkeit in den Stimmen wäre absurd. Diejenigen, denen ihre Lage nicht erlaubt, politischen Einfluß zu erhalten, müssen nothwendig von besser unterrichteten Männern geleitet werden. Glücklicherweise aber vermindert die geheime Wahl nicht den Einfluß des Geistes auf den Geist, sondern nur den Einfluß eines Willens auf den andern. Ceteris paribus, hat der Mann, der eine Würde begleitet, in den Wahl-Versammlungen mehr Einfluß, als ein unbekannter (obscur) Bürger; der Mann, der sich durch Dienste ausgezeichnet, mehr als der, der sich über den gewöhnlichen Schlag nicht erhoben hat. Der reiche Eigenthümer, der durch Anwendung seines Vermögens die Blicke der Menge auf sich zieht, wird leichter zum Muster genommen werden, als ein in engem Kreise lebender Mann. Wenn alles im Gleichgewicht ist, reichen diese Vorzüge des Reichthums und des Ranges hin, um die Wagschale niederzuziehen; hat sich aber einer der Candidaten der öffentlichen Verachtung ausgesetzt, er andere hingegen, aus der Dunkelheit hervortretend, sich die allgemeine Gunst erworben, so verfliegt der Zauder, und sind die Stimmen frei, so siegt das Verdienst über den Reichthum.

Überdies ist noch zu bemerken, daß die geheime Weise, diejenigen, die Lust hätten, ihre Denkungsart bekannt zu machen, daran nicht verhindert. Ein erzwungenes und allgemeines Geheimniß in den Wahlen wäre eine sehr schlechte Maasregel. Dieses sklavische Stillschweigen stände im Widerspruch mit einem Acte der Freiheit. Jeder Candidat muß seine Freunde, seine Vertheidiger haben, um seine Ansprüche bei der Versammlung geltend zu machen, um falsche Anschuldigungen zu vernichten, mit einem Wort, um die Gerechtigkeitsliebe der Richter aufzuklären; denn zu einer Wahl schreiten, heißt den Candidaten den Prozeß machen, in der Absicht (aux fins), eine Belohnung zu gewähren; die vorgängige laute Verhandlung ausschließen, heißt die Sache dieser Candidaten und des Publikums entscheiden, ohne den Interessenten das Recht zu ertheilen, sich Gehör zu verschaffen *).

In der That bringen diese öffentlichen Debatten diese Partei-Äusserungen (manifestations de parti) bisweilen bei den Volks-Wahlen eine tumultuarische Gährung hervor; dies ist aber ein kleines Übel in Vergleichung

*) Dies hängt von den Umständen ab. Die Genfer Bürger erwählten ihre Magistrate in einer Kirche, ohne daß Jemand das Recht hatte, eine Rede zu halten. Aber in einem so kleinen Staate, wo die öffentlichen Männer beständig Allen unter den Augen waren, wäre eine öffentliche Discussion eher gefährlich, als nützlich gewesen.

Seit Genf seine Unabhängigkeit wieder erlangt hat, ist die Magistrats-Wahl einem repräsentativen Rath übertragen. Aus demselben Grunde hat man keine Discussion über das Verdienst der Candidaten erlaubt Englands Beispiel scheint hierin auf Familien-Regierungen nicht anwendbar.

mit dem, das aus der Einschränkung und dem Zwang (gêne) in der Äusserung der öffentlichen Willens-Meinung entspringt. Denn diese Freiheit ist es, durch die sich das Volk für die Geschäfte (choses) und Personen interessirt; festere Bande bilden sich zwischen den Wählenden und den Gewählten; und selbst in England, wo solche Epochen selten vorkommen, hat die Furcht vor dieser Art von Volksgerichten (assises populaires) einen auffallenden Einfluß auf alle diejenigen, die sich der politischen Laufbahn widmen.

Vermischt mit dieser Art von Publicität scheint mir die geheime Abstimmung am schicklichsten für die Wahlen, das heißt, am meisten geeignet, die Bestechlichkeit zu verhindern, und die Unabhängigkeit der Wählenden zu befestigen und zu sichern. Ich sehe in der Politik keinen andern Fall, in dem man sie als allgemeine Regel empfehlen könnte. Doch muß hier bemerkt werden, daß eine Nation sich in besondern Umständen befinden kann, welche dieselbe Regel auch in andern Fällen erheischen. So konnte, z. B., zur Zeit, da man das geheime Abstimmen in der römischen Republik einführte, diese Veränderung gut und passend seyn. Cicero urtheilte anders hierüber.

Doch schließt die Annahme einer dieser Methoden die andere nicht aus. Es kommen Fälle vor, wo es vortheilhaft wäre, sie zu combiniren, indem man sie über dieselbe Frage aufeinander folgen ließe. Die Resultate der beiden Operationen, sie mögen nun dieselben, oder verschieden seyn, würden immer die belehrendsten Fingerzeige geben.

Davon findet sich ein recht sonderbares Beispiel vor der Auflösung Polens, als es seinen letzten edelmüthigen Versuch wagte, um sich dem herrschenden Einflusse Rußlands zu entziehen.

Der permanente Rath, in dessen Händen die ausübende Macht lag, übte die höchste Gewalt in den Zwischenzeiten der Reichstage aus. Dieser in Furcht gejagte und bestochene Rath war blos ein Werkzeug in Rußlands Händen. Es sollte eine Armee zusammengezogen werden, um das Territorium respectiren zu lassen. Man schlug vor, dieses Heer den Befehlen einer vom Rath unabhängigen Commission zu unterwerfen. Am 16. Oktober 1788 wurde über diesen Antrag votirt. Bei der öffentlichen Einsammlung der Stimmen fand sich für die negative Partei eine Majorität von 80 gegen 60. Auf dem geheimen Wege reducirte sich diese Majorität auf 7 *).

Am dritten November wurde dieselbe Motion nochmals vorgebracht. Auf öffentlichem Wege erhielt man für die Unabhängigkeit der Commission 114 gegen 149; die geheime Votation aber brachte die Majorität auf die andere Seite; 140 für die Unabhängigkeit, 112 darwider. So hatte also auf 262 Stimmen der Wechsel der Methode eine Differenz von 53 hervorgebracht **).

Schlägt man den geheimen Weg ein, so kann dies nur in Fällen geschehen, wo ein verborgener Einfluß vermuthet wird, und auch da ist es gut, wenn die öffentliche Abstimmung vorangeht. Die Publicität muß die gewöhnliche Regel seyn, und der geheime Weg nur als Appellation zugelassen werden. Sich auf die heimliche Stimmensammlung berufen, heißt von dem scheinbaren Willen der Versammlung an ihren wahren appelliren.

Aber widersinnig wäre es, den entgegengesetzten Weg einzuschlagen, das heißt, von der geheimen Methode auf die öffentliche überzugehen. Der natürlichen Ordnung gemäs geht man vom wirklich oder scheinbar Falschen zur

---

*) Courrier de l'Europe du 22. Nov. 1788.

**) Gazette de Leide, 5. Dec. 1788.

Aufspürung der Wahrheit über. Und hat man einmal den wahren Willen erhalten, wozu will man noch einen andern fordern, der der wahre nicht seyn kann, wenn er von dem ersten abweicht?

Beide Methoden, wenn sie ihre volle Wirkung hervorbringen sollen, müssen auf den höchst möglichen Grad gebracht werden. Auf dem geheimen Wege kann das Geheimniß nicht geheim genug, auf dem öffentlichen Wege die Publicität nicht öffentlich genug seyn. Der größte Mißbrauch wäre eine halbe Publicität, wie in den Fällen, wo die Stimmen der Versammlung bekannt wären, und vor dem Publico geheim gehalten würden. Auf diese Art wären die Individuen in ihren Votis jedem verführenden Einfluß ausgesetzt, und dem größten schützenden Einflusse entzogen. Diese Regel müßte man einführen, im Falle man die Redlichkeit bestrafen und die Prävarication belohnen wollte.

In solchen Staats-Verfassungen, wo öffentliche Versammlungen neben einem mächtigen Monarchen bestehen, dessen Einfluß man fürchtet, hat man wohl annehmen können, daß der geheime Weg als Regel gelten müsse, um die Mitglieder dem factischen Interesse, das der Monarch durch Strafen und Belohnungen bewirken kann, zu entziehen.

Wenn der Monarch auf die Versammlung durch Gewalt, Einkerkerung, Absetzung wirken kann, dann existirt die Sicherheit nicht, und die Freiheit nur dem Namen nach. Die schüchtern und furchtsam gemachten Mitglieder finden dann in dem geheimen Abstimmen eine Zuflucht gegen die öffentliche Meinung.

Was die Wege der Verführung betrifft, so kann man die öffentlichen durch Gesetze abschneiden, wodurch diejenigen von der Versammlung ausgeschlossen werden, die diese oder jene Stelle bekleiden, zu der sie von dem Fürsten gewählt worden sind.

Die heimlichen Gnadenbezeugungen, die man im Allgemeinen Bestechung (corruption) nennt, können in einer zahlreichen Versammlung nie so gefährlich werden, als das antiseptische Mittel der Publicität wirksam ist. Die Anzahl derer, die man durch solche Mittel abhängig machen kann, wird nie beträchtlich seyn; die meisten werden durch Scham, und noch mehr durch die Furcht vor der Destitution (in einer amoviblen Versammlung) abgehalten werden.

Ertheilt der Fürst dauernde (perpetuelles) Gnadenbezeugungen: so erkauft er oft nichts als Undank. Ertheilt er periodische Gunstbezeugungen: so sind diese heimlichen Unterhandlungen zu schimpflich und gefährlich, um häufig zu seyn. Verbindet eine Art von Ehre zur Haltung eines geheimen Kaufs: so heißt eine andere Art von Ehre ihn brechen, wenigstens in dem Falle, in dem man ihn nicht halten könnte, ohne offenbar gegen die öffentliche Meinung anzustossen.

Fünf und zwanzigstes Kapitel.

Von der summarischen und von der separaten Abstimmung.

Jede zahlreiche und zu einer großen Menge von Operationen berufene politische Versammlung mußte, von dem Bedürfniß, Zeit zu ersparen, gedrungen, bald darauf kommen, die Stimmen durch einen summarischen Modus zu sammeln, und sich zu begnügen, sie beiläufig zu kennen, in Fällen, wo das Resultat offenbar ist, und wo es nicht darauf ankommt, mit der respectiven Zahl derselben genau bekannt zu werden. Die meisten Motionen, die Bezug auf die gewöhnlichen Geschäfte haben, sind von dieser Art.

Besser ist es, die Stimmen durch ein sichtbares Zeichen, als durch Acclamation zu sammeln, besonders wenn die Versammlung zahlreich ist. Das Auge urtheilt mit mehr Sicherheit, als das Ohr. Aufgehobene Hände, oder aufrecht stehende Personen, sind immer deutlich zu unterscheiden; die Stimmen hingegen vermengen sich leichter. Scheint das Verhältniß zweifelhaft: so kann die Operation durch Sitzen und Stehen ohne Bedenken wiederholt und verlängert werden. Wiederholte und verlängerte Acclamationen wären aber eben so lächerlich als unbequem. Überdies ist die Stimme ein trüglicher Zeuge. Die Lungenkraft, oder die Hitze der Partei, kann der kleinen Zahl ein Ansehen von Majorität geben, oder wenigstens das Resultat oft zweifelhaft und die einzelne Abstimmung nothwendig machen.

Noch aus einem andern Grunde muß die Acclamation verhütet werden. Sie hat eine ansteckende Eigenschaft, die leicht die Gemüther entflammt und Streit erzeugt. In Geschäften, welche die Parteien sehr interessiren, ist dies eine Art von Kriegsgeschrei. Der Modus durch Setzen und Aufstehen setzt die Votirenden allen Blicken aus. Bei der Acclamation verbergen sie sich in der Menge. Man kann sich derselben bedienen, um alle Opposition zu ersticken, die Freiheit zu unterdrücken und der Unwahrheit den Sieg zu verleihen.

In der That, wenn gesagt wird, daß eine Sache mit Acclamation durchgegangen ist, so will man zu verstehen geben, daß sie einstimmig durchgieng; wenn aber diese Einstimmigkeit reel ist, so würde man gewinnen, wenn man sie der Probe der separaten Abstimmung unterwerfen wollte.

Die Stimmen müssen nicht nach einander, sondern immer, so viel als möglich, zu gleicher Zeit gesammelt werden.

Hier ist von den Fällen die Rede, wo die Stimmen öffentlich gesammelt werden. Diese Art, zu gleicher Zeit die Stimmen zu sammeln, ist nicht nur als summarisch empfehlungswürdig; sie ist es auch, in sofern sie der Freiheit der Abstimmung günstiger ist, und den Einfluß der Autorität und der Parteien zu vermindern strebt, wenigstens in solchen Fällen, in denen keine vorläufige Übereinkunft vorangieng.

Die separate oder regelmäsige Votation ist die, wobei alle Stimmen gesammelt und gezählt werden. Diese Operation heißt die Versammlung theilen.

Sie kann auf verschiedene Arten vorgenommen werden, durch Listen, auf welche jedes Mitglied sein Votum schreibt, oder durch Kugeln, oder durch eine bloße Orts-Veränderung der Votirenden. Die Wahl hängt von den Umständen oder von der Art der Versammlungen ab. Die Vorsichts-Maasregeln müssen gegen möglichen Betrug gerichtet werden, theils auf Seiten der Votirenden, damit sie nicht mehr Stimmen abgeben, theils auf Seiten der Zähler (vérificateurs), damit sie die Vota nicht verfälschen können.

Die separate Abstimmung ist aus zwei Gründen nothwendig: 1) um eine vorgängige Pluralitäts-Erklärung zu bewähren, im Falle sie dem geringsten Zweifel unterworfen wäre; 2) um die Erfüllung des Gesetzes der Publicität zu sichern.

Jedes Mitglied muß das Recht haben, sie zu fordern, und zwar durch eine einfache unterzeichnete Formel, die dem Präsidenten übergeben wird: „Ich fordere die Theilung" *). Denn man kann keinem Mitgliede

*) Die in dem Unterhause übliche Form ist weder so einfach, noch der Wahrheit so angemessen. Erklärt der Redner, daß

das Recht streitig machen, zu wissen, ob die Entscheidung wirklich mit dem Willen der Versammlung übereinstimmend ist oder nicht, oder das Recht, an die allgemeine Meinung zu appelliren, dadurch, daß diejenigen, die für oder wider eine Maasregel stimmen, bekannt werden.

Derjenige, der die Theilung verlangt, kann nur das eine oder das andere wollen. Ist die Unverhältnißmäßigkeit offenbar: so will er die relative Stärke beider Parteien bekannt machen, oder die Stimmenden dem Gesetze der Öffentlichkeit unterwerfen. In diesem Falle ist es eine Art von Appellation an das Volk, gegen die Entscheidung der Majorität, oder, um strenger zu sprechen, eine Denunciation der Votirenden.

Wenn dieses Recht gemißbraucht, und häufige Theilungen über minder wichtige Gegenstände vorgenommen würden: so könnte man dem Übel dadurch abhelfen, daß man den Concurs einer gewissen Zahl von Individuen erforderlich machte, im Falle die separate Votation statt haben sollte; doch ist ein solcher Mißbrauch sehr unwahrscheinlich. Ein Individuum kann unmöglich oft Lust bekommen, die Versammlung zu theilen, blos um evident zu machen, daß es allein gegen alle stehe.

---

die Majorität für Ja stimmt: so geht das Ja durch. Wenn die Kammer getheilt werden soll, muß ein Mitglied der andern Partei die Wahrheit dieses Berichtes mit den Worten läugnen: die Nein-Stimmen gehen durch, selbst in dem Fall, wenn er allein gegen Hunderte votirt hätte. Ich weiß wohl, daß diese Behauptung, die sich auf eine alte Sitte gründet, weder den Redner Lügen strafen, noch die wirkliche Meinung des Sprechers ausdrücken soll. Wozu nützt es aber einer legislativen Versammlung, einer Form zu folgen, die allenthalben für eine Indecenz und Lüge angesehen würde?

Die in dem Unterhause übliche Verfahrungsweise scheint mir verschiedene Mängel zu haben.

Alle Geschäfte werden unterbrochen, die Versammlung befindet sich in einem Zustande von Verwirrung, während man die Stimmen derer zählt, die im Saale bleiben, und derer, die hinausgehen. Dieser geräuschvollen Scheidung der Parteien, und dieser Unterbrechung, die oft eine halbe Stunde währt, geht ganz die Würde ab, durch die sich eine legislative Versammlung auszeichnen sollte.

Doch dies ist das geringste Übel. Da eine solche Orts-Veränderung (dérangement) niemand angenehm ist, so enthält man sich oft des regelmäßigen Abstimmens, um sich dieser Unannehmlichkeit zu entziehen; und da das Unangenehme davon besonders diejenigen trifft, die auf eine Zeit lang hinaus müssen, so wird die Frage, wer hinaus müsse, zur Controverse. Um darüber zu entscheiden, bedurfte es einer Regel; doch die Regel selbst brachte einen Schwarm der dunkelsten metaphysischen Fragen hervor. Man könnte einen Band mit den Schwierigkeiten anfüllen, die aus diesem Zweige der parlamentarischen Jurisprudenz entsprangen; und bei hundert Gelegenheiten hat sich die Versammlung damit abgegeben, über Punkte zu verhandeln, die eben so klar sind, als jene berühmte Frage der Schule: *utrum chimaera bombinans in vacuo posset comedere secundas intentiones* *).

Diese unnützen Gebilde der Wissenschaft thun blos der Freiheit Zwang an, und schaden dem wahren Wissen. Die größere Menge weicht erschrocken bei dem An-

---

*) Die allgemeine Regel, die dieser ganzen lächerlichen Wissenschaft zur Basis gedient hat, ist, „daß diejenigen, die votiren, um den Befehlen der Kammer zu gehorchen, bleiben; diejenigen aber, die für die Einführung einer neuen Motion votiren, hinausgehen sollen."

blick eines solchen Labyrinths zurück, und läßt sich still-schweigend gefallen, sich von denjenigen leiten zu lassen, die mit einem trockenen und eckelhaften Studium das Privilegium zu herrschen, erkaufen mögen. Hier, wie allenthalben, öffnet das Geheimniß dem Betrug die Thür.

Als Folge dieser Subtilitäten kommen bei der englischen Abstimmung noch sonderbarere Umstände vor; ein Mitglied kann nämlich gegen seinen Willen zu votiren gezwungen werden, und die Versammlung begeht dabei ein Falsum. „Wenn die Mitglieder, sagt Herr Hatsell, „durch Unaufmerksamkeit oder durch einen andern Umstand „vor dem Schluß der Thüre hinauszugehen vergessen oder „unterlassen haben, so steht es nicht mehr bei ihnen, nach „ihrem Willen zu votiren; sie werden zu denen gezählt, „die in dem Saale geblieben sind, ungeachtet man weiß, „daß ihr Votum ihrer bekannten und ausgesprochenen „Meinung entgegen ist.“ Hatsell. II. 141.

Diese Art zu votiren ist ein alter Gebrauch, der zu der Zeit Aufnahme fand, als die Buchdruckerkunst noch nicht erfunden und die Schreibekunst noch nicht allgemein war. Im alten Rom votirte der römische Senat beinahe auf dieselbe Art: Manibus pedibusque descendo in sententiam vestram. *)

Von der französischen Praxis will ich nur ein Wort sagen. Schon anderswo ist davon gesprochen worden. In

*) Am besten läßt sich das Unnütze dieser Form dadurch beweisen, daß wenn dieselbe Anzahl von Individuen ihrer Versammlung den Namen General-Comite beilegt, diese Expulsion nicht statt findet. In diesem Falle haben sie entdeckt, daß die beiden Seiten eines Saales zur Trennung beider Parteien eben so gut dienen können, als zwei verschiedene Säle. Mit der Zeit könnte man diese Entdeckung wohl nützen!

der National-Versammlung fand der summarische Modus durch Sitzen und Aufstehen statt. Die regelmäsige Abstimmung geschah durch Aufrufen der Namen (appel nominal). ein so langwieriges, ermüdendes, der individuellen Unabhängigkeit so ungünstiges Mittel, daß man beinahe glauben möchte, die dominirende Partei habe es blos darum beibehalten, um die Schwächern schüchtern zu machen. Wahr ist es, daß man den Gallerien Stillschweigen gebot, daß man ihnen alle Zeichen der Billigung oder Mißbilligung untersagte, aber das souveräne Volk lehnte sich oft gegen diese Verbote auf.

Bei der regelmäsigen Abstimmung soll von jedem Mitgliede die Ertheilung seines Votums gefordert werden; diese Verbindlichkeit gründet sich auf die Natur seines Mandats, wie wir das in dem Artikel von der Abwesenheit genauer sehen werden. Mir scheint es, als könne man sich dieser Pflicht nur aus Gleichgültigkeit, Kleinmuth, oder wegen Bestechung entschlagen.

Nein, wird ein Weiser sagen, ich votire nicht, weil ich über den vorliegenden Fall nicht genug unterrichtet bin; ich fürchte auf gleiche Weise mich zu irren, wenn ich für oder wider entscheide.

In der That ist die Unentschlossenheit ein Zustand, in dem man sich leicht befinden kann. Der Geist ist dieser Modification eben so fähig als der beiden andern. Eine bejahende oder verneinende Antwort von einem Manne fordern, der in Zweifel befangen ist, heißt seiner Freiheit Zwang anlegen, und ihn zur Unwahrheit zwingen. Die alten Römer hatten in Pönal-Gegenständen den Unterschied dieser drei Seelenlagen aufgefaßt, und Formeln zum Ausdruck derselben gefunden. Absolvo, condemno, non liquet. Die Juristen und Gesetzgeber, die aus der römischen Jurisprudenz so viele harte und absurde

Gesetze schöpften, haben nie daran gedacht, diese so einfache Verfügung, diese religiöse der Wahrheit geleistete Huldigung anzunehmen.

Ich schlage daher eine neue Form der Abstimmung vor. Man hat bis jetzt nur zwei Listen oder zwei Wahlkugeln gehabt für die Ja und Nein-Stimmen; ich führe noch eine dritte für die Unentschlüssigen ein. Aber warum, wird man einwenden, warum von einem Manne ein Votum verlangen, während man ihm erlaubt, so zu stimmen, daß es weder auf der einen, noch auf der andern Seite eine Wirkung hat?

Deswegen, weil ein unentschiedenes Votum, das Individuum dem öffentlichen Urtheil aussetzt. Enthält man sich des Votirens, so entgeht man der Aufmerksamkeit und kann sich mit mancherlei Entschuldigungen decken. Nimmt man aber ein Votum der Unentschlossenheit in einem Falle an, in dem das öffentliche Interesse offenbar am Tage liegt, so kann der Votirende sich der Censur nicht entziehen; man würde sein Verbrechen oder sein Unvermögen (incapacité) so sicher und unfehlbar gewahr werden, als wenn er sich bestimmt für die schlimme Partei erklärt hätte.

In den Fällen, die Zweifel in bona fide zulassen, würde die Zahl der Unentschlossenen dazu dienen, die Versammlung aufzuklären, und ihr zu zeigen, daß die Deliberation noch nicht den Punkt der völligen Reife erlangt hat *).

---

*) Es scheint mir, als wenn diese Form, die auf Facta sehr anwendbar ist, für Gesetze weniger paßte. Wer unentschlossen ist, gehört zur negativen Partei, denn er sieht zur Verfertigung des Gesetzes keinen hinlänglichen Grund. Im Zweifel enthalte Dich. Diese Maxime des Confucius ist auf legislative Materien anwendbarer, als auf irgend eine andere.

Sechs und zwanzigstes Kapitel.

Von den Ausschüssen.

Je zahlreicher eine Versammlung ist, desto weniger paßt sie für gewisse Geschäfte. Indem sie sich in Ausschüsse trennt, vermehrt sie sich, löst sich in mehrere Theile auf, wovon jeder geschickter ist, ein gewisses Ziel zu erreichen, als die ganze Corporation zusammengenommen.

Jeder Ausschuß kann sich mit einem besondern Gegenstande beschäftigen; die Arbeiten werden getheilt, ihr Gang beschleunigt; man kann allen Theilen eines neuen Projects einen Grad von Aufmerksamkeit widmen, dessen eine große Versammlung unfähig wäre. Diese Bildung von Comités oder Bureaux ist schlechterdings nothwendig, sowohl um die Documente zu sammeln, als um präparatorische Untersuchungen anzustellen, die erfordern, daß man eine große Menge von Individuen abhöre, dann um Rechnungen zu verificiren ꝛc. ꝛc.

Hier kann oft die Redaction eines Gesetzes vervollkommnet werden, ein Geschäft, das in einer großen Versammlung sehr schlecht betrieben wird und beträchtlichen

---

Und wenn die Unentschiedenen die Mehrzahl bildeten, was wäre da zu thun? Hätte die Unentschlossenheit in diesem Falle nicht negative Kraft?

Das Votum, aus Unschlüssigkeit, wäre in einem General-Comité an seinem Orte, um besser urtheilen zu können, ob die Deliberation vertagt oder fortgesetzt werden solle; aber es ist nicht nothwendig, denn die Vertagungs-Motion (motion d'ajournement) ersetzt es. Alle diejenigen, die unschlüssig sind, können nicht unterlassen, dieß zu unterstützen, um Zeit zu erhalten, neue Erkundigungen einzuziehen, und sich genauer von der Sache zu unterrichten.

Zeitverlust bewirkt. In Beziehung auf die grossen legislativen Maasregeln sind die beiden Kammern des Parlaments gewohnt, sich selbst in General-Comités umzuwandeln, um sie unter einer freieren Form zu erörtern, als in regelmäsigen Debatten. Hier folgen die Abweichungspunkte zwischen beiden Regiminalordnungen (regimes):

In der Kammer:	Im General-Comité:
1) Die Motion oder die Bill wird in globo erwogen.	1) Die Motion oder die Bill wird Artikel für Artikel (sigillatim) erwogen.
2) Ein Mitglied kann nur einmal sprechen, ausgenommen, um Erklärungen zu geben.	2) Über jeden Artikel kann jedes Mitglied sprechen, so oft es will.
3) Die Versammlung wird von ihrem gewöhnlichen Haupte präsidirt.	3) Der Stuhl wird von einem temporären (ad hoc) Präsidenten besetzt.
4) Jede Motion muß unterstützt werden.	4) Eine Motion braucht nicht unterstützt zu werden.
5) Wenn man trennt, bleibt einer der Theile im Saale, und der andere tritt in das Vorzimmer über.	5) Die Trennung geschieht, indem beide Theile von einer Seite des Saales zur andern hinübergehen.
6) Die Motion kann durch die vorläufige Frage (question préalable) entfernt werden.	6) Die vorläufige Frage wird nicht zugelassen.

Einige dieser Distinctionen scheinen mir sehr nützlich, die übrigen hingegen sehr willkührlich.

1) Ist es sehr gut, daß die, aus einer Reihe von Artikeln zusammengesetzten, Bills und Motionen zwei verschiedenen Discussionen unterworfen werden: erst in globo und dann Artikel für Artikel. Ich komme

nicht auf diesen Punkt zurück, den ich schon im Kapitel von den drei Debatten abgehandelt habe (Kap. XVII).

2) Ist es sehr gut, daß bei wichtigen Gegenständen zwei Formen der Debatten angewendet werden, die stricte, wo jedes Mitglied sprechen, aber nur einmal sprechen kann; die freie Verhandlung, wo die Replik erlaubt ist.

3) Was die Veränderung des Präsidenten betrifft, so ist anderwärts gezeigt worden, wie nachtheilig es sey, dem Haupt der Versammlung das Recht der Discussion zu ertheilen. Er ist Richter, und diesen Richter muß man nicht aussetzen, Partei-Gefühle in sich aufzunehmen. Sollen aber die Ausschüsse oder Bureaux für die ganze Session oder für jede Gelegenheit besonders gewählt werden? Dies hängt von den Gegenständen und den Umständen ab. In Finanz- und Handelsgeschäften, in Sachen, die die Staats-Oconomie betreffen, wird man in einem permanenten Ausschuß mehr Folge, Erfahrung und besondere Kenntnisse finden.

Die zufälligen Comités haben den Vorzug, aus Mitgliedern bestehen zu können, die wegen eines besondern Studiums des Fragepunktes als Sachverständige angesehen werden können. Da sie nur ein einziges Geschäft abzumachen haben, so werden sie mehr Fleiß und Wetteifer anwenden, um das Zutrauen der Versammlung zu rechtfertigen.

Die größte Schwierigkeit besteht in der Art, die Ausschüsse zu ernennen. Die beste Methode wäre vielleicht, mit einer freien Anzeige anzufangen. Jedes Mitglied könnte nach Gutdünken eine Person angeben, die dann Candidat würde; und nach dieser Liste würde dann die Ernennung nach der relativen Majorität der Stimmen vorgenommen.

Wie verdienstlich und nützlich aber auch diese Ausschüsse seyn mögen, so muß doch die Versammlung sich nicht so sehr auf sie verlassen, daß sie eine der drei

Debatten deswegen vernachlässigte; sie würde sich der Gefahr aussetzen, unmerklich die Gewalt Aller auf eine kleine Anzahl von Individuen überzutragen, die natürlicherweise heimlichen Einflüssen ausgesetzt wären.

Sieben und zwanzigstes Kapitel.

Von der Abwesenheit.

Ich schicke hier zwei Sätze voraus: erstens, daß in jeder gesetzgebenden Versammlung die Abwesenheit der Mitglieder ein Übel ist; zweitens, daß dieses Übel beträchtlich genug ist, um ein Zwangsgesetz zu rechtfertigen.

Die nachtheiligen Folgen können unter sechs Rubriken gebracht werden.

1) Leichtigkeit der Prävarication.
2) Gelegenheit zur Nachlässigkeit.
3) Zulassung minder fähiger Personen.
4) Unthätigkeit der Versammlung, wenn die zur Gültigkeit ihrer Acte erforderliche Anzahl Glieder sich nicht zugegen befindet.
5) Gefahr der Überraschung.
6) Verminderung des Einflusses der Versammlung auf das Volk.

1) Leichtigkeit der Prävarication. Es folgt daraus nicht nur Leichtigkeit, sondern vollkommene Sicherheit, wo nicht einer vollständigen, doch einer halben Prävarication. Man nehme zum Beispiel an, es werde eine so schlechte Maasregel vorgeschlagen, daß ein Deputirter, im Falle er gegenwärtig wäre, Ehren halber sich nicht enthalten könnte, dagegen zu votiren. Fürchtet er einen Beschützer, einen Minister oder einen Freund zu beleidigen: so bleibt er weg; er wird zum Verräther an seiner Pflicht, und sein Ruf leidet nicht dabei.

Jeder Votirende bringt durch sein Votum zwei gleiche und getrennte Wirkungen hervor; er beraubt eine Partei einer Stimme und giebt der andern eine. Der Abwesende bringt nur eine dieser Wirkungen hervor, aber es ist doch immer die Hälfte des Übels.

2) Nachläßigkeit. Ist man gezwungen über alle Fragen zu votiren? so muß man natürlicherweise ihnen einen gewissen Grad von Aufmerksamkeit widmen, und suchen, sich selbst eine Meinung zu bilden, wenn man nicht in eine absolute Nullität verfallen will. Aber dieser Ehrengrund verschwindet, wenn man sich ungehindert entfernen kann. Lieber läßt man die Sache ganz fahren als sich zu compromittiren. Man überläßt sich der Indolenz; und je mehr man die Geschäfte vernachlässigt, desto weniger ist man im Stande, sich damit zu beschäftigen.

5) Zulassung minder fähiger Personen. Sobald ein Amt Ansehen und Macht verleiht, ohne irgend einen Zwang (gêne) mit sich zu führen, so wird es gesucht, erkauft, erhandelt werden, und zwar von Menschen, die weder den Willen noch die Fähigkeit haben, sich nützlich zu machen. Diese Plätze werden dann oft dem Reichthum und der Würde zu Theil; aber wenn man die Functionen derselben fleißig erfüllen müßte, so würden diese kleinen Motive der Eitelkeit sich gegen die Mühe der Arbeit nicht halten können. Unter den Candidaten würde man nur diejenigen erblicken, die in öffentlichen Amtsgeschäften einen besondern Reitz finden; und, obgleich die Liebe für ein Amt nicht das Talent dazu beweiset, so giebt es doch kein besseres Unterpfand für die Tauglichkeit zur Arbeit, als das Vergnügen das damit verbunden ist.

4) Unthätigkeit aus Mangel an der erforderlichen Anzahl Mitglieder. Dieses Übel knüpft sich an das vorhergehende an. Sobald die Stellen von Männern bekleidet werden, die nichts davon lieben als

den äußern Schein, so werden sich diese wenigstens von den laufenden Geschäften dispensiren. Man wird eine gewisse Anzahl zur Bildung einer Versammlung festsetzen müssen, und dieses Mittel selbst wird Tage der Unthätigkeit herbeiführen.

5) Gefahr der Überraschung. Man kann als Überraschung jeden Antrag ansehen, dessen Erfolg eine Wirkung der Abwesenheit ist, und der in vollzähliger Versammlung verworfen worden wäre.

6) Schwächung des Einflusses. Die öffentliche Meinung in einem repräsentativen Staat ist ihrer Natur nach geneigt, sich nach dem Willen der Versammlung zu richten, und verlangt blos, ihn zu kennen. Sollte aber wohl der Wille der ganzen Versammlung auch der Wille des kleinen Theils gewesen seyn, von dem der Beschluß herrührt? Dies wird in dem Maase problematischer, in dem dieser Theil sich von der Totalität entfernt. Ist der abwesende Theil größer als der gegenwärtige, so weiß das Publikum nicht mehr, woran es sich zu halten hat. In jedem Zustand der Dinge wird die unvollzählige Versammlung weniger Einfluß haben, als die vollzählige.

Verhütende Mittel.

Ich halte mich hier an die allgemeine Idee. Das erste Mittel besteht darin, jedem Mitgliede zu Anfange eines jeden Quartals ein Depositum von eben so vielmal (50 Pfd.) abzufordern, als Sitzungstage in diesem Quartal vorkommen. Dieses Depositum wird ihm am Ende der Frist zurückgegeben, nach Abzug von 50 Pf. für jeden Tag der Abwesenheit.

Erhalten die Deputirten eine Besoldung, so muß diese deponirt werden, um denselben Abzug auf dieselbe Art zu erleiden.

Dieser Abzug muß immer und ohne Ausnahme statt finden, selbst in solchen Fällen, in denen die Abwesenheit durch die rechtmäßigsten Entschuldigungen motivirt wird.

Dieses Mittel wird anfänglich sonderbar scheinen, das heißt, es ist neu; aber diese Einwendung sagt nichts, wenn es besonders wirksam ist. Es gehört zu jenen Gesetzen, die sich von selbst in Ausübung bringen *). Man führe anstatt dieses Abzuges eine legale Geldstrafe ein, so wird ein Ankläger, ein Prozeß, ein Urtheil nöthig; der Abzug hingegen ist keiner Ungewißheit ausgesetzt; er geschieht nach einer ganz einfachen Berechnung, und trägt nicht den Charakter eines Strafgesetzes. Die Emolumente sind der Preis eines Dienstes. Kann man sich beklagen, wenn man die Bedingung des wirklich erfüllten Dienstes damit verbindet?

Ist das Amt von der Art, daß es ohne Belohnung angenommen wird, so muß die Möglichkeit (chance), einen Theil des Depositums zu verlieren, als der Werth der Stelle angesehen werden.

Ausnahmen verstatten, hieße diesem Mittel seine Natur rauben. Das Wesen desselben liegt in seiner Unabwendbarkeit. Nimmt man Entschuldigungen an, so läßt man auch Unaufrichtigkeit und Gunst zu; die Verweigerung, sie anzunehmen, wird Beleidigung; der belohnenden Öconomie wird eine Straf-Öconomie substituirt. Soll man aber im Krankheits-Fall zu diesem natürlichen Übel noch ein anderes selbst geschaffenes hinzufügen? Bei einem so wichtigen Gegenstande, ja. Sind der Professionist und der Handwerker nicht demselben Verlust ausgesetzt? Auf Kosten dieser einzigen Unannehmlichkeit kommt man zahllosen Übertretungen zuvor; man stellt den öffentlichen Dienst sicher, und man könnte dies durch kein leichteres und sanfteres Mittel bewirken.

---

*) S. Théorie des peines et des Récompenses Tom. II. Chap. IV.

Doch würde es allein nicht hinreichen. Es muß noch eine Zwang-Strafe (peine coercitive) hinzugefügt werden, denn dazu muß es immer kommen, um den Gesetzen Kraft zu geben. Ich schlage blos eintägigen Arrest für jeden Contraventionsfall vor, jedoch so, daß jede legitime Entschuldigung dann von dieser Strafe eximirt.

Dies ist nothwendig für eine Classe von Menschen, auf welche der Verlust des Depositums nur eine unsichere Wirkung hervorbrächte.

Würde man nicht Reiche sich mit einem solchen Opfer brüsten sehen? Wären sie nicht geneigt, einen Ehrenposten unter einer beschwerenden Bedingung anzunehmen? Würde man nicht Pflichten öffentlich verletzen, und eine gewisse Ehre mit dieser Verletzung verknüpft sehen? Vielleicht würden sich zwei Classen in der Versammlung bilden, diejenigen, die für ihre Functionen bezahlt würden, und die, die bezahlten, um sie nicht zu erfüllen; und da der Reichthum den Ton angiebt, so könnte daraus eine Art von Herabsetzung für die nützliche und fleißige Classe entspringen.

Es wird also eine Strafe nöthig, die für jedermann als solche gilt, eine geringe, aber unvermeidliche Strafe. Zwar werden Entschuldigungen angenommen, aber es scheint nicht natürlich, daß, um einen Tag Arrest zu vermeiden, jemand seine Ehre durch eine Unwahrheit in Gefahr setzen werde.

Diese Maasregeln können noch durch ein Register verstärkt werden, in welchem alle Abwesenheits-Fälle zu specificiren sind. Die Namen der abwesenden Mitglieder werden daselbst eingetragen, sammt dem Datum, um die Sitzung oder die Sitzungen zu bemerken, in denen sie fehlten; die Entschuldigungen, die sie angegeben, oder die Arresttage, die sie ausgehalten haben. Dieser Aufsatz wird dann zu Ende jeder Session gedruckt.

Die Vollmacht, Urlaub zu ertheilen, ist unzuläßig; denn sie würde bald die Bitte um Urlaub zu einer eiteln Formalität herabsetzen.

Wenn dieses Regulativ in dem römischen Senate gegolten hätte, so würden Ciceros Briefe nicht so viele bittere Klagen gegen solche Senatoren enthalten, die ihn beinahe allein gegen Bestechung und Intriguen kämpfen ließen, um sich ihren Vergnügungen in üppiger Ruhe zu überlassen, oder vielmehr um sich nicht zu compromittiren, und Prävarication ohne Gefahr zu treiben.

Will man erfahren, wie weit der Mißbrauch der Abwesenheit gehen kann, so darf man nur sehen, wie es in England zugeht. Im Unterhause wird, bei einer Zahl von 658, nur die Gegenwart von 40 erfordert, und oft ist diese Zahl nicht vollständig. Die Annalen liefern wenige Beispiele von einer Sitzung, in der nicht ein Fünftel gefehlt hätte. Davon schließe man auf den gewöhnlichen Gang.

Zwei Drittheile dieser Versammluug bestehen aus Personen, für welche die Parlaments-Functionen nur eine Nebensache sind. Rechnet man die Staatsbeamten und die Oppositions-Häupter weg, die ihre Nachfolger zu werden suchen, so bleiben übrig, Advocaten, Kaufleute, Leute aus der großen Welt, die, wenn sie nicht ein besonderes Interesse dabei haben, in das Parlaments-Haus nur wie in ein Schauspiel gehen, um Abwechslung in ihre Belustigungen zu bringen. Das geringste Vergnügen entfernt sie davon. Sie bilden im Allgemeinen diejenige Classe, um deren Stimmen beide Parteien sich streiten, und an die sie ihre Vertheidigungs-Reden (plaidoyers) richten.

Soll man die Schuld den Individuen beilegen? Nein, denn in dieser Rücksicht, wie in jeder andern, sind die Menschen, was die Gesetze sie seyn heißen.

Die Gesetze aber, die vorhanden sind, um diesem Mißbrauch zuvorzukommen, sind gleichsam auf Unwirksamkeit berechnet. In den alten Zeiten setzte man Geldstrafen an; erst fünf Pfund Sterling, dann zehen, endlich vierzig ꝛc. Diese Regel gilt jetzt nicht mehr. Es bleibt nichts, als das Gefängniß bei dem Kammer-Gerichtsdiener (womit ein ziemlich ansehnliches Lösegeld verbunden ist). Aber auch von dieser Strafe ist beinahe nichts übrig, als die Drohung. Sie kann nur im Falle eines besondern Aufrufs (a Call of the House) statt finden, als wenn eine beständige Pflicht nur zu gewissen Zeiten erfüllt werden müßte; und im Falle dieses speciellen Aufrufs reicht selbst zur Dispensation irgend eine gewichtige, aber auch eine eitle, eine unbestimmte oder bestimmte Entschuldigung hin. Kann ein Tribunal streng seyn, wenn alle Richter bei der Übertretung interessirt sind? Und ist zu erwarten, daß eine politische Versammlung wirksame Gesetze gegen einen Mißbrauch geben werde, bei dem jeder seine Rechnung findet?

Doch muß hier auch bemerkt werden, daß diese gewöhnliche Nachlässigkeit, durch die jede andere Versammlung zu Grunde gegangen wäre, mit Linderungsmitteln verbunden ist, die diese schlimmen Wirkungen vermindern, und die der parlamentarischen Regiminalordnung eigenthümlich sind.

Die Theilung in zwei Parteien hat sie unmerklich bewogen, sich durch einen gewissen Theil davon repräsentiren zu lassen. Jeder Theil ist dann wie das Ganze. Bei wichtigen Fragen, das heißt, in Beziehung auf eine Partei wichtigen Fragen, geben die Häupter das Signal und man kommt dann in Masse.

Von Überraschung ist wenig zu fürchten, weil die Hauptmotionen zum voraus angezeigt werden, und alle ministeriellen Maasregeln zu verschiedenen Tagen mehreren Deliberationen unterworfen sind. Wenn die von der kleinern Zahl gefaßten Beschlüsse dem Willen der Majorität entgegen sind, so versammelt man sich am nächsten

Tage in größerer Anzahl, und stößt das gestrige Werk wieder um.

Acht und zwanzigstes Kapitel.

Von der zur Bildung einer Versammlung nothwendigen Zahl (quota) von Mitgliedern.

Gute Gesetze gegen die Abwesenheit würden dieses Mittel überflüssig machen.

Der Hauptnutzen desselben ist der, indirect zur Erscheinung zu zwingen. Fehlt die erforderliche Anzahl, so verspäten sich die Geschäfte, man fängt an, an das Urtheil des Publikums zu denken, und besorgt Aufsehen zu erregen. Die Dirigenten sind gezwungen, sich Mühe zu geben, um die erforderliche Zahl zusammenzubringen; und die Zwangsmittel finden Entschuldigung, wenn die Nachlässigkeit zu groß wird. Diese bestimmte Zahl ist das letzte Mittel, zu dem man in dieser Absicht seine Zuflucht nehmen sollte, denn was ist der Aufenthalt der Geschäfte anders, als eine den Committenten auferlegte Strafe, wenn ihre Geschäftsträger sich in culpa befinden?

Im Anfang scheint es recht sonderbar, daß man so die Macht der ganzen Versammlung auf eine so kleine Portion übertrage. Aber abgesehen von einem Überraschungs-Plan, ist je von einem Fragment (Theil) der Versammlung nicht mehr zu fürchten als von der ganzen Anzahl? Abgesehen von dem individuellen Unterschiede der Talente, verhält sich nicht jeder Theil wie das Ganze? Hat das Ganze nicht die Absicht pflichtwidrig zu handeln (prévariquer), so ist auch kein Grund vorhanden, diese Absicht irgend einem Theile des Ganzen zuzuschreiben. Überdies ist die Verantwortlichkeit gegen das Publikum immer dieselbe.

Man könnte fürchten, daß zwischen bestehenden Parteien, diejenige, die sich einmal an einem Tage stärker sieht, diese Überlegenheit mißbrauche, um irgend einen, der Majorität entgegengesetzten, Beschluß zu fassen. Doch diese Gefahr ist nicht groß, denn sogleich am folgenden Tage würde die Majorität das gestrige Decret aufheben, und der von der schwächern Partei usurpirte Sieg würde zur schmähligen Niederlage werden. Der allgemeine Vortheil im Abwesenheits-Fall ist ganz zu Gunsten der ausübenden Gewalt. Denn sie ist beständig thätig und hat ganz besonders wirksame Mittel, sich der fleißigen Erscheinung ihrer Anhänger zu versichern.

Neun und zwanzigstes Kapitel.

Von der Festsetzung der Sitzungs-Stunde.

Die Stunde, in der angefangen werden soll, muß bestimmt seyn.

Ist es aber gut, zu einer bestimmten Stunde, wäre man auch mitten in einer Verhandlung begriffen, die Sitzung aufzuheben? Ich sage zu einer bestimmten, oder beinahe bestimmten Stunde, denn es muß dem Redner frei stehen, eine angefangene Rede zu vollenden. Diese Regel scheint mir sehr passend und wichtiger als man auf den ersten Blick glauben sollte.

Was die persönlichen Verhältnisse der Individuen betrifft, so ist diese Festsetzung der Stunde allen nützlich, und für Kränkliche und Greise nothwendig. Ein Hinderniß, das schwächliche Personen von diesem National-Dienst abhalten könnte, darf wohl in Erwägung gezogen werden.

Der Hauptgrund aber ist, daß es kein anderes Mittel giebt, jedem Gegenstand einen, seiner Wichtigkeit angemessenen, Grad der Erörterung zuzusichern. Wenn die

Dauer der Verhandlung unbeschränkt ist, so veranlaßt die Ungeduld derer, die sich stärker fühlen, daß sie die Sitzung über die Grenzen hinaus verlängern, innerhalb deren die Kräfte des menschlichen Geistes sich ohne Schwächung äussern können. Das Ende der Debatte wird daher oft übereilt, blos aus einem Gefühl von Unruhe, das aus Ermattung und Langweile entspringt.

In solchen Fällen, wo die Parteien am stärksten aufgeregt sind, und jede derselben, die Entscheidung begehrend, am meisten geneigt ist, die gewöhnliche Frist zu überschreiten, da wäre diese Regel besonders nützlich; die Verhandlung unterbrechend, begünstigt sie das Nachdenken, vermindert den Einfluß der Beredsamkeit, und verleiht dem Resultat einen Charakter von Mäsigung und Würde.

1) Aber, wendet man ein, daraus wird Aufschub entspringen. Diejenigen, die sich unter der Minorität zu befinden fürchten, werden die Debatten verlängern, in der Hoffnung, daß ein gewonnener Tag ihnen Vortheil gewähren könne.

Doch glaube ich, daß ein systematischer Verzögerungs-Plan, der sich auf dieses Mittel gründet, nicht wahrscheinlich ist. Die Partei, die sprechen wollte, blos um die Zeit hinzubringen, thäte sich selbst zu großen Schaden. In einer Versammlung, in der man das Murren des Unwillens hört, ohne Sinn hin und her reden, und vor einem Publikum, von dem man beurtheilt wird, das ist eine Rolle, zu welcher eine seltene Schamlosigkeit gehört; und doch müßte man eine große Anzahl Männer als Theilnehmer an einem so schmählichen Einverständniß annehmen, wenn es gelingen sollte.

2) Vielleicht wendet man auch noch ein, daß man auf solche Art den Intriguen die Thüre aufschliessen würde, solchen Intriguen, die in persönlichen Bitten bei

den Mitgliedern, in der Zwischenzeit, der beiden Sitzungen, bestehen.

Doch diese Einwendung ist ohne Bedeutung. Es ist nicht leichter, nach den ersten Debatten zu sollicitiren, als vorher. Ja es ist weniger leicht; denn diejenigen, die ihre Meinung ausgesprochen haben, würden fürchten, sich durch eine so plötzliche Veränderung verdächtig zu machen.

Aus dieser Einwendung, wenn sie wirklich gegründet wäre, liesse sich folgern, daß in den Versammlungen alles improvisirt werden müsse, daß der Gegenstand der Berathschlagungen nicht vorläufig bekannt werden dürfe, und daß das einzige Mittel, ihre Integrität zu schützen, darin bestehe, sie immer unversehens vorzunehmen, und jede Communication nach aussen abzuschneiden.

Englische Praxis.

Für den Anfang der Sitzungen ist eine Stunde bestimmt, für das Ende aber nicht. Auch dauern die Debatten, die grosses Interesse erregen, bisweilen zwölf, funfzehn und noch mehr Stunden.

Es entspringen daraus mancherlei Nachtheile, aber keine Gefahr, wenigstens in Bezug auf die Gesetzes-Entwürfe, weil das Regulativ Fristen festsezt. Jede Bill muß dreimal in der Kammer vorgenommen werden, die Erörterung des General-Comité nicht mitgerechnet. Es sind also zwei nothwendige Vertagungen vorhanden, und sie können noch vermehrt werden *).

*) Der römische Senat konnte kein Geschäft vor Sonnenaufgang unternehmen und keines nach Sonnenuntergang vollenden. Es war dies eine Vorsichtsmaasregel gegen Ueberraschungen; doch ist die englische Methode weit vorzuziehen.

Demosthenes setzte ein Decret durch Ueberraschung durch, nachdem sich die ihm entgegengesetzte Partei, im Glauben, die Sitzung sey geendiget, nach Hause begeben hatte. Im brittischen Senat hätte dieser Fall nicht vorkommen können.

Die Sitzungen fangen erst um 4 Uhr an, und selbst später. Dies ist eine Folge der Zusammensetzung der Versammlung. Die Minister sind Morgens in den Bureaux, die Richter und Advocaten in den Gerichtshöfen beschäftigt. Eine grosse Zahl von Kaufleuten sind nothwendig bei ihren Geschäften. Die verschiedenen Ausschüsse der Kammer haben mehrere Personen rufen zu lassen, und dies kann in einer grossen Stadt mit Bequemlichkeit nur am Tage gethan werden.

Diese Umstände bewirkten, dass man die Abend-Sitzungen vorzog, ungeachtet des Nachtheils, die Debatten spät in die Nacht hinauszuziehen, oft aus Ungeduld zu endigen, mit Übereilung zu verfahren, die Gesundheit schwächlicher Personen anzugreifen, und den Staatsdienst der furchtbaren Concurrenz aller Zerstreuungen einer grossen Stadt auszusetzen. Wenn man die alte Sitte, sich Morgens zu versammeln, wieder einführen wollte, so würde man nothwendigerweise durch diese einzige Verschiedenheit die Composition des Unterhauses abändern.

Dreisigstes Kapitel.

Wahl der Sprecher.

Ich will ein Mittel angeben, die Anzahl der Sprecher in einer zu zahlreichen Versammlung zu vermindern, und doch allen das Recht der Deliberation zu lassen.

Es paßt aber nur für democratische Verfassungen, denn mit einer guten Tactik können wenigstens sechs hundert Personen das Recht zu sprechen üben, ohne gezwungen zu seyn, es auf eine gewisse Zahl zu reduciren.

Das einfachste Mittel wäre, erst vier und zwanzig ordentliche Sprecher (orateurs en titre) zu wählen; 2) durch das Loos hundert andere Personen zu ernennen, damit jeder Partei Sprecher zufallen; 5) einem jeden derselben zu erlauben, sich seines Rechtes, zu Gunsten eines andern Mitgliedes der Versammlung nach seiner Wahl, zu begeben. Derjenige, der sich nicht Talent genug zutraute, zu sprechen, oder dem es an Lust fehlte, würde gerne seine Stelle einem Manne von seiner Partei abtreten, der ihm tauglicher dazu schiene. Doch müßte allen Mitgliedern das Recht vorbehalten werden, eine Motion zu machen, das heißt, eine Hauptmotion, und sie zu entwickeln.

Ein und dreisigstes Kapitel.

Von der Art und Weise, wie die Mitglieder gesetzt werden müssen, und von der Rednerbühne für die Sprecher.

In einer zahlreichen deliberirenden Versammlung soll es keinen vorher bestimmten Platz geben. Jeder soll den seinigen nach der Ordnung seines Eintrittes einnehmen.

Diese freie Bestimmung ist einer fixen Ordnung aus mehreren Gründen vorzuziehen, und vor allem, weil sie Debatten besserer Art bewirkt.

Die Glieder derselben Partei müssen mit Leichtigkeit ihre Operationen verabreden, und ihre Rollen vertheilen können. Ohne diese Abrede ist es unmöglich, daß die Argumente in der gehörigen Ordnung vorgetragen und in das vortheilhafteste Licht gesetzt werden können. Nur durch eine ununterbrochene Zusammenwirkung der Mitglieder unter sich, kann man einer Menge von unnützen Dingen, Verzögerungen, Widersprüchen, Wiederholungen, Inconsequenzen und anderen Zufällen zuvorkommen, die alle dahin streben, jene Einheit des Plans, die so nothwendig ist, die Dinge zu ihrer Entwicklung zu bringen, zu zerstören. In dieser Hinsicht stimmt das Interesse der Partei mit dem öffentlichen Interesse zusammen. Zum allgemeinen Wohl ist es nöthig, daß jede Partei ihre Sache mit Kraft vertheidigen und alle ihre Mittel geltend machen könne, weil die Wahrheit allein bei diesem Wettstreit zu gewinnen hat.

Durch Berathungen, die vor der Eröffnung der Versammlung vorgenommen werden, können solche kurze Verabredungen im Moment, der sie herbeiruft, nicht ersetzt werden. Eine besondere Bemerkung, ein neuer Antrag reicht hin, den Geschäften ein neues Ansehen zu geben, und eine Veränderung der Maasregeln nothwendig zu machen. Die größte Vorsicht könnte nicht alle Zufälle voraussehen, die in dem Laufe einer Discussion entstehen können. Es verhält sich hier, wie in einer Schlacht. Der bestmöglichste, vorher entworfene Plan könnte niemals die zufälligen Befehle ersetzen, die der Gang der Schlacht in jedem Augenblicke erforderlich macht.

Die englische Praxis stimmt mit dieser Theorie überein. Da die Plätze frei sind, so haben sich die Parteien ganz natürlich auf beide Seiten des Saales begeben. Die erste Bank, zur Rechten des Sprechers, wird die Ministerialbank (la banc de la Trésorerie) genannt. Sie wird von den Ministern und andern Beamten besetzt; doch genießen sie diese Stellen nur aus Höflichkeit und nicht von Rechtswegen. Auf der ersten Bank zur linken sitzen die vorzüglichsten Personen der Oppositions-Partei.

Es giebt eine einzige Ausnahme von dieser Freiheit der Plätze und zwar eine, in ihrem Princip lobenswürdige, Ausnahme, die aber in der Praxis zu selten ist, um Nachtheil zu bringen.

„Es versteht sich, sagt Herr Hatsell, daß die „Mitglieder, die an ihrem Platze Danksagungen von „der Kammer erhalten haben, ein Recht auf diesen Platz „gewinnen, wenigstens so lange das gegenwärtige Parla„ment dauert, und die Höflichkeit der Kammer räumt „ihnen denselben durchgängig ein.“ (Hatsell 67.)

Im Oberhause stehen verschiedene Bänke von Rechtswegen den verschiedenen Ständen zu, den Bischöffen, Herzögen rc.; doch werden diese Distinctionen sehr wenig beobachtet.

Die holländischen und westfriesischen Stände versammelten sich in einem Saale, wo, nach dem Local zu schließen, die Bestimmung der Plätze streng befolgt wurde. Jede Stadt hatte ihre Bank, oder ihren Antheil an einer Bank. Und da alle Plätze besetzt waren, konnte man nicht wechseln, ohne Unordnung zu veranlassen. Was den Nachtheil betrifft, der daraus entspringen sollte, so beruht derselbe blos auf Muthmassung; denn in der batavischen Versammlung wurde alles heimlich verhandelt. Nie hat man daselbst die nothwendige Verbindung zwischen Freiheit und Öffentlichkeit gekannt, die sich doch wechselsweise aufrecht halten.

Diese freie Anordnung ist der Gleichheit günstig, in einem Falle, wo die Gleichheit, weil sie niemand schadet, Gerechtigkeit wird. Vorrangs-Streitigkeiten und eitle Formen der Etiquette zu verhindern, die gar oft in den politischen Versammlungen der Gegenstand der größten Aufmerksamkeit waren, wäre schon ein großer Vorzug; aber noch ein größerer Vortheil wäre es, wenn dadurch die Neigung, solchen Auszeichnungen Wichtigkeit beizumessen, sich verlöre. Die Methode, nach welcher man diesen Plan graduirter Injurien in Ausführung bringt, besteht darin, daß man eine Stelle als vorzüglich vor jeder andern ansieht, und die Besetzung derselben ein Zeichen der Superiorität ist. Dieses System von Beleidigungen, die vom letzten bis zum ersten Platz regelmäsig zunehmen, nennt man Ordnung, Subordination, Harmonie; und diese Ehrenauszeichnungen, das heißt, diese Gradationen von Injurien, die man vermöge eines Privilegiums erlangt und wieder andern erweis't, werden mit mehr Respect angesehen und hartnäckiger vertheidigt, als die wichtigsten Gesetze.

Es ist dies eine Quelle von kleinlichen Streitigkeiten, die man aus einer politischen Versammlung entfernen muß. Die Vorzüge der Plätze und Rang-Streitigkeiten sollten hier unbekannte Dinge seyn. Merita sua teneant auctores: nec ultra progrediatur honos quam reperiatur virtus.

In England hört man bisweilen von Vorrangsstreitigkeiten sprechen, aber nur in Frauengesellschaften und nur unter ihnen. Wenn diese Streitigkeiten bis zu den Männern gelangen, so nehmen diese blos wie an einem Scherz daran Theil.

Sollen die Sprecher einen besondern Platz haben?

Um auf diese Frage zu antworten, müßte man zwei Data haben, die Gestalt und Größe des Saales, und die Anzahl der Deputirten.

In einer zahlreichen Versammlung wird der Redner besser gehört, wenn er von einer nahe am Mittelpunkt errichteten, und Allen sichtbaren Bühne herab spricht. Man folgt der Verhandlung leichter und ermüdet sich weniger. Diejenigen, die eine schwache Stimme haben, sind nicht gezwungen, sich zu überschreien, um am Ende des Saales gehört zu werden. Es ist dies ein Punkt, der in einer Versammlung nicht zu vernachlässigen ist, wo sich eine große Zahl bejahrter und durch Studiren geschwächter Menschen befindet.

Die Polizei gewinnt dabei. Wenn jeder von seinem Platze aus spricht, so ist Verwirrung die geringste Gefahr, die daraus entsteht, und dem Präsidenten fällt es schwerer, die unregelmäsigen Unterbrechungen zu verhüten. Die Nothwendigkeit die Rednerbühne zu besteigen, verhindert eine Menge nichtssagender und übereilter Reden; es ist ein beschlossener Schritt, den man nur dann thut, wenn man über das, was man sagen will, nachgedacht hat; man ist gezwungen, sich allen Blicken auszusetzen, und lächerlich wird es, die Aufmerksamkeit auf sich ziehen zu wollen, wenn man nichts, dieser Aufmerksamkeit würdiges, zu sagen hat.

Überdies muß, sobald nur von der Rednerbühne herab das Wort geführt werden soll, der übrige Theil der Versammlung dem Gesetze des Stillschweigens gehorchen. Spricht jemand wo anders, als am privilegirten Orte, so ist dies eine auffallende Unregelmäsigkeit, und er wird sogleich zur Ordnung zurückgerufen. Endlich gewährt die Rednerbühne noch den Vortheil der Unparteilichkeit. Wenn die Versammlung, der Disposition aller politischen Corporationen gemäs, sich in zwei Parteien theilt: so strebt natürlicherweise jeder, sich in einem Theile des Saales festzusetzen (cantonner); und wenn jeder aus der Mitte seiner Partei spricht, so weiß man zum voraus, in welchem Sinne er reden wird. Es giebt aber immer Männer, die mehr oder weniger unparteiisch und unabhängig sind; darum ist es gut, alle Mitglieder aufzufordern, von einer Allen gemeinen Bühne herab zu sprechen, wodurch dann die Association des Individuums mit der Partei nicht auffällt. Ich weiß wohl, daß dieses Mittel nicht weit reicht, weil alle Personen sich unter einander kennen; in Bezug auf das Publikum, das sie anhört, verhält es sich aber anders, denn dieses verliert die Spur (est déroute), wenn es den Sprecher nach seiner Rede, nicht aber nach dem Platz beurtheilt, von welchem aus er spricht.

Man kann einwenden, daß dies unangenehm ist, und daß ein solcher Zwang eine Versammlung um das

Urtheil eines schüchternen Mannes bringen kann, der fürchtet, sich zu sehr den Augen auszusetzen.

Auch könnte man sagen, daß Zeitverlust daraus entstände, wenn eines einzigen Wortes, einer kurzen Erklärung, eines Aufrufs zur Ordnung wegen man den Saal durchwandern müßte, um sich auf die Bühne zu begeben.

Diese beiden Einwendungen haben sehr wenig Gehalt. Die erstere setzt einen Grad von Schüchternheit voraus, den die Gewohnheit bald entfernt. Ein geübter Mann spricht von einem Platze aus, wie von einem andern. Am besten spricht er, wo er am besten gehört wird, am freisten, wo er sich am wenigsten anstrengen muß.

Was die kurzen Erklärungen betrifft, so kann der Präsident einem Mitgliede erlauben, sie von seinem Platze aus zu geben. Das sind Kleinigkeiten, über welche man sich bald durch Gewohnheit verständigt.

Die beiden Kammern des brittischen Parlaments haben keine Rednerbühne, und es entspringt kein groser Nachtheil daraus. Doch muß wohl bemerkt werden, daß diese Versammlungen selten zahlreich sind, daß wenige Redner gewöhnlich das Wort führen, und beinahe immer dieselbe Stelle einnehmen. Wenn aber irgend ein Mitglied von einem entfernten Platze sprechen will, dann spricht es mit offenbarem Nachtheil, wird wenig von der Versammlung, und oft gar nicht von der Gallerie gehört. Es kommen selten wichtige Verhandlungen vor, bei denen nicht die Berichterstatter in den öffentlichen Blättern gezwungen wären, irgend eine Rede wegzulassen, von welcher bis zu ihnen nur einzelne Laute und abgebrochene Sätze gelangt sind.

Zwei und dreisigstes Kapitel.

Von dem Costum.

Die Einführung eines Costums für die Mitglieder während der Sitzung, ist einer von denjenigen Punkten, über welche man nicht gegen die Nationalsitte anstoßen sollte; doch ist der Gegenstand wichtiger, als er auf den ersten Blick erscheinen möchte.

1) Das Costum dient dazu, die Deputirten von den Zuschauern zu unterscheiden; es kann dadurch einer Usurpation des Privilegiums vorgebeugt werden.

2) Das Costum kann den Zweck eines Luxus-Gesetzes erfüllen, ohne die Strenge desselben anzunehmen. Diese scheinbare Gleichheit schützt einen verdienstvollen, aber unbemittelten Mann vor einer unvortheilhaften Vergleichung mit dem Prunk der Reichen.

3) Das Costum macht die Individuen noch auf eine andere Weise gleich, indem es das Auffallende körperlicher Gebrechen vermindert.

4) Es prägt den Zuschauern eine gewisse Hochachtung ein, und setzt die Mitglieder selbst in eine ausgezeichnetere Lage; zwei Dinge, die in gleichem Maase zur Erhaltung der Ordnung und des Schicklichen beitragen.

5) In dem Laufe einer Verhandlung, wo die Parteien sich die Wage halten, und wo man Intrigue und Bestechung zu fürchten hat, kann das Costum dazu dienen, das Benehmen der Mitglieder offenbar zu machen und zu zeigen, was um sie herum vorgeht. Jede Communication mit denselben wird bekannt und zieht die öffentliche Aufmerksamkeit auf sich. Ich fürchte wohl, daß dieses Mittel nicht sehr wirksam ist; doch wenn man ohne Schaden auch nur einen Gran mehr in die Wage der Redlichkeit legen kann, so muß man es ja nicht unterlassen.

6) In einem Volks-Tumult, der in jeder politischen Versammlung leicht entstehen dürfte, kann ein Kleid, das die Würde desjenigen, der es trägt, bezeichnet, dem Volk Hochachtung einflößen, und den Mitgliedern mehr Macht verleihen, den Sturm zu besänftigen.

7) Wenn der Tumult so sehr zunimmt, daß er irgend einem Mitgliede der Versammlung gefährlich zu werden droht, so kann die Ablegung dieses Kleides seine Entfernung begünstigen. Dem Kanzler Jefferies, der durch seine blutigen Urtheile unter Jakob II. als Richter so berühmt wurde, gelang es, durch Ablegung seiner Insignien auf einige Zeit der Wuth des Volkes zu entgehen.

Diese Gründe sind aber nicht alle gleich anwendbar auf alle politischen Versammlungen.

Zwei und dreisigstes Kapitel.

Von der Zulassung der Fremden.

Wir haben in dem Kapitel von der Publicität die Gründe der Zulassung eines gewissen Theils des Publikums zu den Sitzungen der Versammlung vorgetragen, und die Fälle der Ausnahmen angezeigt. Die zugelassene Anzahl muß so groß seyn als möglich, ohne der Leichtigkeit, zu sprechen und zu hören, zu schaden; denn diese Hauptbedingung beschränkt den Saal auf weit kleinere Dimensionen, als die eines gewöhnlichen Theaters. Von einem Volks-Deputirten kann man weder die Kraft der Stimme, noch die Declamation eines Schauspielers erwarten.

In Frankreich hat die Erfahrung noch andere Gefahren bei einer der Versammlung gleichen oder überlegenen Anzahl von Zuschauern aufgedeckt. Zwar hätten diese Gefahren durch eine strenge Polizei abgewendet werden können, je größer aber die Zahl ist, desto schwerer ist auch die Polizei zu erhalten. Überdies giebt es Männer, die von der Volksgunst des Augenblicks ganz trunken werden; diese würden sich mehr mit den Zuhörern, als mit der Versammlung beschäftigen, und die Discussion könnte eine Richtung nehmen, die dem rednerischen Schmucke günstiger wäre, als den logischen Beweisgründen.

Bei der Vertheilung dieser Plätze wäre es gut, den Geschwindschreibern einen besondern Ort anzuweisen, einen andern den jungen Zöglingen, welche die Gesetze studiren, und die hier Schule und Muster fänden; noch einen andern den Magistrats-Personen, deren Gegenwart doppelt nützlich seyn kann. Auch müßte der Präsident über gewisse Plätze, zu Gunsten der Gesandten und Fremden, zu disponiren haben. Diese würden aus diesem Schauspiele von der Nation vortheilhafte und in guten Köpfen fruchtbringende Eindrücke nach Hause bringen.

Cyneas verließ Rom, mehr durchdrungen von Hochachtung durch den Anblick des Senats, als er es durch die ganze Pracht des persischen Hofes gewesen wäre.

Die Plätze auf der öffentlichen Bühne aber sollten bezahlt werden. Diese Anordnung ist der Gleichheit am günstigsten, in einem Falle, wo Gleichheit Gerechtigkeit ist. Können die Plätze von dem ersten besten an Tagen, wo großer Zulauf ist, eingenommen werden, so müssen viele Aspiranten in ihrer Erwartung sich betrogen sehen. Die Stärksten und Gröbsten werden in diesem Zudrang den meisten Vortheil haben *). So wird dann die Gallerie von Leuten besetzt, die am wenigsten Vor-

---

*) Gemeine Pursche aus dem Volk trieben lange einen Handel damit; sie bemächtigten sich früh der Plätze in den Gallerien und verkauften sie dann.

theil aus den Debatten zu ziehen, und durch die Unterbrechung ihrer Geschäfte am meisten zu verlieren haben. Ihre Anzahl und ihr Mangel an Erziehung könnte sie oft bewegen, der Versammlung zu trotzen, und die Verhandlungen durch ihre Beifallsbezeigungen oder ihr Murren zu stören.

Hätte die Regierung das Recht, Einlaßkarten zu vertheilen, so würde man nicht ermangeln, dieselbe der Parteilichkeit und gefährlicher Absichten zu beschuldigen. Seht, würde man sagen, wie die Minister uns mit ihren Creaturen umgeben, um die Verhandlungen zu hindern! rc.

Diese Unzufriedenheit würde nicht statt finden, wenn man den Mitgliedern selbst Karten zur Vertheilung übergäbe; auch sehe ich nur ein einziges Hinderniß dabei, nämlich, daß dadurch die Prärogative der Öffentlichkeit mehr eingeschränkt als ausgedehnt würde, daß ein gemeinschaftliches Recht zu einer persönlichen Begünstigung ausartete, und man ohne allen Nutzen den Grundsatz der Gleichheit umstieße *).

Ein Eintritts-Preis vereinigt alle Bedingungen: es ist dies zwar ein unvollkommenes, aber doch das einzig mögliche Maas des Werths, den man diesem Genuß beilegt, und beweis't zu gleicher Zeit einen Stand, der für eine gute Art von Zuschauern bürgt.

Ich gestehe, daß dieses Mittel eben nicht sehr edel ist, doch die Anwendung der Einnahme könnte es veredeln. Was die aus dem Wörterbuch des Theaters ent-

*) Dieß alles hat sich in England leicht gegeben, und zwar durch einen nicht autorisirten, aber angenommenen Gebrauch. Eine kleine Summe, die man den Gerichtsdienern (huissiers) reicht, öffnet die Gallerie so gut, als ein Billet von einem Mitgliede.

lehnten bons mots betrifft, so kann man darauf rechnen und sie in Geduld aufnehmen.

Sollen Frauen zugelassen werden? Nein. Ich habe lange gezweifelt, und die Gründe für und wider erwogen; ich scheute eine Entfernung, die einen Schein von Ungerechtigkeit und Verachtung hat. Aber die Frauen fürchten, heißt ja nicht, sie verachten. Sie von einer Versammlung entfernen, in der die stille und kalte Vernunft allein herrschen soll, heißt ein Geständniß ihres Einflusses ablegen, das ihren Stolz nicht beleidigen kann. Die Verführungen der Beredsamkeit und des Lächerlichen sind gefährliche Mittel in einer politischen Versammlung. Gestattet man dem weiblichen Geschlecht den Zutritt, so verstärkt man noch mehr diese Verführung; und vor diesem dramatischen leidenschaftlichen Tribunal kommt durch eine Verhandlung, deren ganzes Verdienst in Richtigkeit und Tiefe besteht, ein wahrer Weiser zu nichts, als zu dem Ruf eines langweiligen Schwätzers. Alle Leidenschaften berühren und entzünden sich wechselseitig. Das Recht, zu sprechen, wird oft nur als Mittel dienen, zu gefallen; und das beste Mittel, sich in die Gunst der Frauen zu setzen, besteht darin, eine der Rührung und Begeisterung fähige Seele zu zeigen. Alles wird in einem glänzenden exaltirten tragischen Ton verhandelt werden. Überall wird man Bewegung und Bilder verlangen. In lyrischem Style wird von der Freiheit gesprochen, werden Hymnen gemacht werden müssen, über große Ereignisse, die am meisten ruhige Beschauung erfordern. Nur starken und kühnen Reden, das heißt, unklugen Rathschlägen und übertriebenen Maasregeln wird man Werth beilegen.

Bei den Engländern, wo die Frauen so wenig Einfluß auf die öffentlichen Geschäfte haben, wo sie so wenig begehren, sich damit zu befassen, wo beide Geschlechter sich sogar nach dem Familienmahl trennen, erlaubt man ihre Gegenwart in den Parlaments-Debatten nicht; man hat sie aus dem Unterhause nach Erfahrung und Sachkenntniß ausgeschlossen. Man hatte bemerkt, daß ihre Gegenwart den Deliberationen eine besondere Richtung gab, daß die Eigenliebe (amour propre) eine große Rolle spielte, daß die persönlichen Angriffe heftiger waren, und daß man der Eitelkeit auf Schöngeisterei zu viel opferte.

Drei und dreisigstes Kapitel.

Von den Formeln.

Die Formeln sind Muster der Ausdrücke, deren sich ein Individuum, dem vorgeschrieben ist, sich auf eine gewisse Weise zu erklären, bei jeder Gelegenheit bedienen muß. Es ist unmöglich, zum voraus zu bestimmen, welche Formeln eine Versammlung nöthig haben kann. Ihrer Constitution, der Zahl ihrer Mitglieder und der Natur ihrer Macht zu Folge braucht sie deren mehr oder weniger.

Der Präsident z. B. muß die Stimmen immer auf dieselbe Art und mit denselben Worten sammeln; die Mitglieder bei dem Vortrag einer Motion, bei Berufung auf dieses oder jenes Recht rc. dieselben Worte gebrauchen.

Alles, was in den Formeln nicht nothwendig ist, ist schädlich. Klarheit und Kürze, dies sind die Hauptbedingungen; sie auf Kosten der Bündigkeit ausschmücken, heißt sie entstellen.

Die Formeln kürzen nicht allein die Rede ab, sie gewähren noch einen größeren Nutzen; sie verhindern Abweichungen (variations), die irgend einen verborgenen Zweck haben können, und kommen hauptsächlich den Streitigkeiten zuvor.

In England wird die königliche Sanction immer durch dasselbe Wort, der König will es, ausgedrückt, und wenn er eine Bill verwirft, so lautet die Formel, in der er seine Genehmigung abschlägt: der König wird sich bedenken (le Roi s'avisera).

Die juridischen Formeln haben nur zu sehr den Vorwurf verdient, den man ihnen beinahe überall macht, zu gleicher Zeit unbestimmt und weitschweifig zu seyn, und entweder durch Mangel oder Übermaas zu sündigen.

Die Weitschweifigkeit ist in allen Fällen erklärlich, in denen die Juristen in der Aufhäufung von Worten einen Vorwand haben finden können, sich unentbehrlich zu machen, um ihre Dienste theuer zu verkaufen. Und als der fiscalische Geist sich in die Proceßordnung einschlich, trieb man Handel mit den Worten und gab den Formeln größere Ausdehnung, um größeren Gewinn daraus zu ziehen.

In gewissen Fällen glaubte man, den Umfang der Worte der Wichtigkeit des Gegenstandes anmessen zu müssen. Eine gewichtige Materie mit zwei oder drei Worten abfertigen, hieß, sich eine zu kleine Idee davon machen, und sie nicht mit genug Würde behandeln. Es ist dies ein Irrthum enger Köpfe. Ein Wort kann das Gefäß der erhabensten Ideen werden.

Vier und dreisigstes Kapitel.

Tafel zur Aufstellung der Regulative.

Wenn man gute Regeln aufgestellt hat, so bleibt noch übrig, Mittel aufzufinden, die Befolgung derselben zu erleichtern, um sie notorisch zu machen, denn ein Gesetz kann nur in so weit Effekt haben, als es bekannt ist.

Das in die Form einer Tafel oder Tabelle gebrachte Regulativ der Versammlung muß neben dem Präsidenten aufgehängt werden, und von allen Punkten des Saales aus leserlich seyn.

Sind der Gegenstände zu viele, so müssen die Tafeln vermehrt werden; aber alle Hauptpunkte müssen auf einer und derselben Haupt-Tafel vereiniget stehen.

In jeder großen Versammlung kommt nichts häufiger vor, als der Aufruf zum Reglement, sowohl beim Angriff, als bei der Vertheidigung. Die Verletzung nimmt Zeit weg, eben so die Rüge derselben. Die Regeln sind immer für einen Theil der Versammlung, als wären sie nicht vorhanden. Die neuen Mitglieder kennen sie nur unvollkommen, und die geübtesten Veteranen haben sie im Geiste nicht immer gegenwärtig. So verhält es sich wenigstens im brittischen Parlament, und dies kann nicht anders seyn, weil die Regulative, anstatt den Mitgliedern vor Augen zu liegen, nur durch Überlieferung bekannt und dem Schutze eines trügenden Gedächtnisses anvertraut sind.

Eine Tafel im Kleinen würde dem Zweck nicht entsprechen. Eine große Tafel hingegen wird zum Gegenstand eines Studiums, in jedem Augenblicke, in dem die Aufmerksamkeit frei ist. Die geringste Verletzung wird merkbar, und selbst dadurch werden die Fehler selten; denn man vergeht sich nicht leicht gegen die Regeln, wenn man es nicht ungestraft thun kann, wenn man vor Augen ein Gesetz wider sich und ein Tribunal hat, das augenblicklich richtet. Die Procedur, die auf andern Wegen wie eine Schildkröte kriecht, zeigt sich hier blitzschnell.

Die allgemeinen Gesetze, was man auch zu ihrer Promulgation thun mag, sind nie einer allgemeinen Notorietät fähig. Die besondern Gesetze aber, die eine Versammlung gemacht, können innerhalb ihrer Mauern beständig vor Augen liegen. Das Mittel ist so leicht; auch kann niemand sagen, daß es nicht bekannt sey. Es ist kein Club in England, der nicht seine Regeln im Saale angeschlagen hätte; dieselbe Vorsicht findet sich in den Spielhäusern. Aber eine bittere und nur zu oft wiederkehrende Bemerkung ist die, daß die Weisheit in der Führung menschlicher Angelegenheiten sich oft umgekehrt verhält, wie ihre Wichtigkeit. Die Staaten haben noch große Fortschritte zu thun, ehe sie in der Führung öffentlicher Angelegenheiten die Klugheit erreichen werden, mit der man Privatgeschäfte leitet und behandelt. Den Grund davon kann man leicht angeben, schwer aber ein Mittel dagegen.

Fünf und dreisigstes und letztes Kapitel.

Von dem, für eine zahlreiche Versammlung erforderlichen Gebäude.

Die Pracht der Architectur an einem Gebäude für eine große politische Versammlung wäre in Hinsicht des Nutzens immer schädlich. Die Hauptpunkte, die man zu beobachten hat, sind: 1) für die Mitglieder, Leichtigkeit zu hören; 2) für den Präsidenten, Leichtigkeit zu sehen;

3) die persönliche Bequemlichkeit der Individuen, und endlich die Behendigkeit im Dienste.

Wenn zu sehr entfernte Sitze vorhanden sind, wohin die Stimme nur mühsam dringt, kann sich die dadurch beschwerlich gewordene Aufmerksamkeit nicht lange erhalten. Dieselbe Entfernung entzieht einen Theil der Versammlung der Aufsicht des Vorstehers, und schon aus dieser einzigen Ursache kann dauernde Unordnung entstehen.

Überdies sind diejenigen, die nicht hören, gezwungen, nach fremden Ansichten zu urtheilen. So unterwarfen sich die großen Volks-Versammlungen in den alten Republiken nothwendig der Leitung von zwei oder drei Volks-Führern.

Die Schwierigkeit, gehört zu werden, kann die fähigsten Männer vom Dienste entfernen, wenn die Kraft ihres Organs nicht dem Raume angemessen ist, den die Stimme ausfüllen soll. Demosthenes kann dem Stentor weichen müssen. Das Haupt-Erforderniß ist dann nicht mehr ein vorzüglicher Geist, sondern ein physischer Vorzug, der, ohne gerade unvereinbar mit dem Talent zu seyn, es doch nicht immer voraussetzt. Im Gegentheil wäre die Vermuthung für den schwächlichern Mann, da die Untauglichkeit zu körperlichen Übungen zum Theil die Ursache, zum Theil auch die Wirkung der Neigung zum Studiren ist.

Eine beinahe kreisrunde Form, — Sitze, die sich in Form eines Amphitheaters erheben, — der Stuhl des Präsidenten so gestellt, daß er von demselben aus die ganze Versammlung übersehen kann, — ein Centralpunkt für die

Secretärs und Papiere, — anstossende Zimmer für die Comités, — eine Gallerie für die Zuhörer, — eine besondere Loge für Journalisten, — dies sind die wichtigsten Punkte. Ich gehe hier nicht ins Detail über die Beschaffenheit des Saales in Beziehung auf die Gesundheit und die Bequemlichkeit des Dienstes, sondern begnüge mich mit der Bemerkung, daß ein, allen diesen Gegenständen angemessener Saal mehr Einfluß auf die fleißige Erscheinung der Mitglieder und die Erleichterung ihrer Functionen hat, als man vielleicht glauben möchte.

Reglement

für den

repräsentativen Rath

der

Stadt und Republik Genf.

Nebst

einem Vorbericht des Herausgebers.

Vorbericht.

Den Lesern dieser Theorie wird es vielleicht nicht unlieb seyn, zu erfahren, auf welche Art, und mit welchem Erfolg, sie in dem repräsentativen Rath der Republik Genf in Anwendung gebracht worden ist.

Als diese Stadt nach den Ereignissen von 1813 unter dem Schutz der verbündeten Herrscher ihre Freiheit wieder erlangt hatte, kehrte sie nicht zu ihrer democratischen Regierungsform zurück. Die Bürger übertrugen die höchste Gewalt einer Versammlung von 250 Deputirten, die nach und nach austreten.

Dieser repräsentative Rath sanctionirt die Gesetze, bestimmt die Abgaben, erwählt die Mitglieder des Staats-Raths, die Syndics, die Richter, die Abgeordneten zu dem Bundestage ꝛc.

Der Staatsrath, der aus acht und zwanzig Mitgliedern besteht, ist unentsetzbar; ihm ist die Staatsverwaltung übertragen; er hat die Initiative der Gesetze und überdies präsidirt, deliberirt und votirt er in der repräsentativen Versammlung.

Die erste Sorge des repräsentativen Raths nach seiner Einsetzung, war die Ernennung eines Ausschusses zur Entwerfung eines Regulativs. Da man wußte, daß ich mich lange mit diesem Gegenstande beschäftiget hatte, wurde ich in dieses Comité aufgenommen, und man trug mir die erste Arbeit auf. Ich schätzte mich glücklich, daß ich eine neue Versammlung vor mir hatte, und ihr eine Organisation geben konnte, die so viel als möglich mit den trefflichen Grundsätzen übereinstimmt, deren segensreiche Früchte ich in England mit angesehen habe. Nachdem mein Entwurf langen Discussionen, erst in dem Ausschusse, dann in der Versammlung selbst, unterworfen worden, wurde er in mehreren einzelnen Stücken modificirt, aber in den Hauptpunkten blieb er unangegriffen. Alle Regeln, die sich auf die Debatten und die Erhaltung der deliberirenden Versammlung beziehen, wurden beibehalten.

Bei der Bearbeitung dieses Plans mußte ich immer unsere Verfassung vor Augen haben, um das Reglement damit in Übereinstimmung zu bringen. So konnten wir, zum Beispiel, nicht allen Grundsätzen treu bleiben, die in dem Kapitel vom Präsidenten aufgestellt worden sind, weil unsere Constitution das Präsidium dem ersten Syndicus überträgt, und diese Würde jährlich wechselt.

Auch die Regeln, die in dem Kapitel von der Promulgation der Motionen und Gesetzes-Entwürfe aufgestellt worden sind, konnten wir nicht befolgen, weil über diesen Punkt unsere repräsentative Versammlung nichts zu sagen hatte, denn die Constitution überläßt die Initiative der Gesetze ausschließlich dem Staatsrath.

Um die Freiheit im Sprechen und Votiren zu sichern, mußten wir noch besondere Vorsichts-Maasregeln nehmen, weil der Staatsrath unsern Deliberationen beständig beiwohnt. Dieser Umstand scheint auf den ersten Anblick der Freiheit oder der Harmonie sehr ungünstig; er scheint zwei rivale Corporationen in Berührung zu bringen, und je nach den Umständen zu einer feigen Nachgiebigkeit oder einem mehr oder minder feindlichen Kampf zu führen.

Diese Abweichungen ausgenommen, würde ein Mitglied des brittischen Parlaments, das unsern Versammlungen beiwohnte, alle Formen wieder finden, an die es gewöhnt ist; zum Beispiel, vorher bekannte Motionen, keine abgelesenen Reden, keine Liste der Sprecher, drei verschiedene Debatten über die Gesetze, die Verwandlung der Kammer in einen General-Comité, und dieselben Polizei-Regeln.

Vielleicht begreift mancher nicht, wie bei der grossen Verschiedenheit beider Staaten der modus agendi für zwei Versammlungen passen kann, wovon die eine eine Volksmenge von dreissig bis vierzig Tausend, die andere funfzehn oder sechzehn Millionen Seelen repräsentirt.

Aber diese oberflächliche Einwendung hält eine genauere Beleuchtung nicht aus. Die Regeln, die eine gute Erörterung bewirken sollen, müssen aus der Natur einer deliberirenden Versammlung geschöpft werden, und sind unabhängig von der Zahl der Regierten. Man befolgt in der Arithmetik dieselben Regeln bei grossen Zahlen, wie bei kleinen. Was ein grosser Staat mehr haben muss, als ein kleiner, das ist ein in zwei Kammern getheiltes legislatives Corps; eine langsame Discussion, welche Zeit lässt, die nöthigen Erkundigungen einzuziehen, was um so schwerer ist, je mehr Umfang das Land hat; und endlich grössere Mittel der Publicität. In einem schweizer Kanton hat man alle Nachrichten unter der Hand; alle Theilhaber können zu gleicher Zeit den Gesetzes-Entwurf kennen, mit dem man sich beschäftigt, und ihre Reclamationen vorbringen, es müsste denn das Gouvernement eine Heimlichkeit affectiren, die den Grundsätzen einer repräsentativen Verfassung sehr zuwider wäre.

Unter den Anordnungen unseres Reglements sind einige, die nicht verstanden werden würden, wenn ich nicht die Motive derselben entwickelte.

Weiter oben habe ich gesagt, dass der Staatsrath allein das Recht zu proponiren hat, dass er allen Berathschlagungen beiwohnt, und dass der erste Syndicus, der das Haupt des Staatsrathes ist, auch zugleich bei der legislativen Versammlung präsidirt. Aber ich habe weder alle Rechte angeführt, die diesem letzteren Rath zustehen, noch alle Mittel, die sein Reglement ihm zur Erhaltung seiner Unabhängigkeit zusichert.

Wenn die Constitution nicht die Initiative ausschließlich dem Staatsrath gegeben hätte, so hätte sie ihm das Recht ertheilen müssen, seine Sanction zu verweigern, ohne welches der repräsentative Rath keine gesetzmäßigen Schranken gehabt hätte. Aber war dieses Veto möglich? Wäre der Staatsrath zur Vollstreckung desselben nicht zu schwach gewesen, wenn er versucht hätte, es gegen eine zahlreiche Majorität zu behaupten? wäre es nicht zu gefährlichen Reibungen gekommen? Wäre dies nicht eine Verwirklichung der Fabel vom irdenen und vom eisernen Topfe gewesen?

Der repräsentative Rath hat die Initiative nicht, und soll sie nicht haben; doch ist er auch nicht auf den bloßen Act der Billigung oder Mißbilligung beschränkt. Er hat das Recht, zu modificiren, zu verbessern (amender). Er übt dieses Recht an jedem Artikel eines Gesetzes, ja auf eine sehr glückliche Art an der Totalität des Gesetz-Entwurfes aus. Man sehe darüber das achte Kapitel.

Von den Commissionen.

Sobald der Staatsrath ein Gesetz proponirt, wird eine Commission zur Untersuchung desselben ernannt, und die Versammlung nimmt, was man einen Vorberathungs-Act (tour de préconsultation) nennt, vor, in welchem jedes Mitglied seine Bemerkungen mittheilen und sie der Aufmerksamkeit und Berücksichtigung des künftigen Ausschusses empfehlen kann. Dann wird zur Wahl des Ausschusses geschritten, und die Vorberathung selbst ist ein treffliches Mittel, diejenigen kennen zu lernen, welche in denselben passen. Der Ausschuß arbeitet abgesondert. In seiner Mitte hat er immer zwei Mitglieder des Staatsraths, um über die Erhaltung des Rechtes der Initiative zu wachen, das diesem Rath zusteht. Der Ausschuß überreicht seine Arbeit mit allen Verbesserungen, die eine Stimmenmehrheit erlangt haben, und ernennt eines seiner Glieder, um die Motion derselben zu entwickeln.

Dieser verbesserte Plan wird nun der Versammlung zur Discussion vorgelegt, mit dem großen Vortheil, daß er jetzt nicht mehr als die ausschließliche Arbeit des Staatsraths angesehen wird, daß man ihn mit der größten Freiheit beurtheilt, ohne diesen Rath selbst anzugreifen, und daß die Staatsräthe, die vielleicht aus Schonung nicht gewagt hätten, die Arbeit der Corporation anzutasten, der sie selbst angehören, nun kühn die Arbeit der Commission angreifen. So wird alles zugleich gesichert, auf der einen Seite die Initiative, und auf der andern das Recht, zu verbessern, und so erhält sich zwischen zwei Corporationen, die mit verschiedenen und rivalen Prärogativen unter einander ihren Sitz haben, ein Geist der Übereinstimmung, der mir alle Merkmale der Dauer zu haben scheint. Der funfzigste Artikel des Reglements verordnet, daß über jede Gesetzes-Clausel besonders votirt werden solle. Wir haben oben bemerkt, daß ohne diese Regel das Votum nicht gänzlich frei wäre. Das Recht, zu billigen oder zu verwerfen, würde zwar bestehen, die Hauptsache aber, die Befugniß, zu wählen, untersagt seyn. In diesem Punkt steht unser heutiger repräsentativer Rath hoch über unserem alten General-Conseil, weil dieses gezwungen war, ein Gesetz ganz anzunehmen, oder ganz zu verwerfen, so complex es auch seyn mochte; selbst seine Ausübung der Suverainetätsrechte hatte einen schwachen und gezwungenen Charakter.

Der zwei und funfzigste Artikel, über die Vorstellungen, muß erläutert werden. Jedes Mitglied hat das Recht, der Versammlung Reclamationen gegen jede Gesetzes-Verletzung zu überreichen. Giebt der Staatsrath keine befriedigende Antwort, und wird dieselbe Vorstellung, die in der nächsten Sitzung wiederholt wird, von hundert Stimmen unterstützt, so muß sie nach drei Tagen dem repräsentativen Rath vorgelegt werden, der dann in letzter Instanz entscheidet. Auch dies ist ein eminenter Vorzug der neuen Constitution, vor der alten. Wenn die Bürger mit großem Pomp dem kleinen Rath eine Vorstellung überreichten, um sich zu beklagen, daß ein Gesetz von der Regierung verletzt worden sey, so antwortete die Regierung als Richter und Partei zugleich: „das Gesetz sey nicht verletzt worden". Der Angeklagte erklärte seine eigene Unschuld, die Vorstellungen wurden wiederholt, die Gemüther erhitzten sich, und es war kein anderer Ausweg aus diesem Labyrinth zu finden, als das unglückliche Mittel einer Insurrection, oder die Appellation an fremde Vermittler.

Der vier und funfzigste Artikel bezieht sich auf das Recht, zu proponiren. Jedes Mitglied kann an gewissen bestimmten Tagen irgend einen Antrag machen, der ihm nützlich scheint; er muß aber schriftlich abgefaßt seyn. Es entwickelt die Motion, und jeder kann sie vertheidigen oder angreifen. Diese Motionen sind nur individuell und die Versammlung hat nicht darüber zu votiren; aber der Staatsrath ist verpflichtet, sich damit zu beschäftigen und in der folgenden Sitzung darauf zu antworten.

Dieses so weislich untergeordnete und eingeschränkte Motionsrecht ist von großer Wichtigkeit, nicht allein, weil es manchem den Wunsch einflößt, irgend eine Idee oder einen heilsamen Plan zur Sprache zu bringen, hauptsächlich aber, weil es dazu dient, alle Schritte des Staatsrathes einer öffentlichen Würdigung zu unterwerfen; denn jeder derselben kann der Gegenstand einer individuellen Motion werden, und die Art und Weise, wie diese Motion in dem repräsentativen Rathe aufgenommen wird, spricht die Meinung desselben aus, welches ohne die Formalität und Gefahr eines Urtheils zu haben, dieselbe Wirkung hervorbringen kann.

Der vier und siebenzigste Artikel unterwarf das Reglement einer General-Revision, wenn sie nach Jahresfrist gewünscht werden sollte. Diese Frist ist vorüber; die Revision ist proponirt, aber nicht angenommen, und das Reglement noch auf ein Jahr bestätiget worden. Man wollte es einer vollständigen Prüfung unterwerfen, ehe man irgend eine Veränderung damit vornahm, und es ist mehr als wahrscheinlich, daß diese Veränderung nicht die wichtigen Punkte treffen wird. Selbst diejenigen, die nur mit einer Art von Mißtrauen und Widerwillen so neue Formen angenommen hatten, möchten nicht zu unserer alten Art zu deliberiren zurückkehren. Es ist möglich, daß dieses Reglement einige heimliche Gegner habe, die die Freiheit des repräsentativen Conseils vermindern möchten, um die Gewalt des Staatsraths zu vergrössern. Ich bin weit entfernt, diesem Rath selbst so beschränkte Ansichten zuzutrauen, denn er hat sich in der Befolgung und Aufrechthaltung desselben treu gezeigt, und ist zu klug und zu weise, um nicht einzusehen, daß die Volks-Repräsentanten von ihrer Unabhängigkeit nichts verlieren könnten, ohne verhältnißmäsig ihren Einfluß auf die öffentliche Meinung verschwinden zu sehen, und daß, wenn die Beschlüsse des repräsentativen Conseils nicht mehr respectirt würden, die Regierung kein Zwangsmittel hätte, um da abzuhelfen. Beide Gewalten erhalten sich dadurch, daß sie sich wechselseitig in Schranken halten; und diejenige, die besonders berufen ist, die Operationen der andern zu controliren, obgleich sie bisweilen den unangenehmen Charakter einer Opposition an sich hat, ist die eigentliche Stütze der Autorität. Alles, was man darüber sagen könnte, scheint mir in der glücklichen Antwort enthalten zu seyn, die ein französischer Offizier Buonaparte gab. Als dieser machttrunken sich rühmte, das legislative Corps zu dem unterthänigen Vollstrecker seines Willens gemacht zu haben, so antwortete der Soldat: „Ja, Sire, aber was widersteht, stützt!“ (mais ce qui résiste appuie).

Reglement
für den
repräsentativen Rath
der
Stadt und Republik Genf.

Definitiv festgesetzt in dem Rath den 16. Nov. 1814.

Erster Artikel.

Der Eid, den die Constitution den Mitgliedern des repräsentativen Corps auflegt, soll also lauten:

„Wir schwören vor Gott:

„als treue Verwahrer (dépositaires) der constitutionellen Gewalt, die uns von unsern Mitbürgern verliehen worden, in allem und vor allem bei der Ausübung unserer Functionen ihr wahres Interesse, nach der Erleuchtung unseres Gewissens, in Berathung zu ziehen.

„Wir schwören:

„gewissenhaft zu schweigen, in allen Fällen, in denen Stillschweigen uns durch eine Deliberation des repräsentativen Corps auferlegt werden wird.“

„Wir schwören:

„alle unsere Kräfte anzuwenden, um immer mehr und mehr die Ehre und das Wohl der Republik zu befördern, ihre Unabhängigkeit, und die Sicherheit und Freiheit aller Individuen aufrecht zu halten.“

„Wir schwören:

„aufrecht zu halten die christliche Religion und die guten Sitten, mit gutem Beispiele in dem Gehorsam gegen die Gesetze voranzugehen und alle Pflichten zu erfüllen, die unsere Verbindung mit dem helvetischen Corps uns auflegt.“

„Möge Gott, der Zeuge dieses Eides ist, uns „strafen, wenn wir dagegen handeln.“

Art. II.

Diese Eides-Formel wird von dem Präsidenten vorgelesen; jedes Mitglied des Raths steht dabei aufrecht, hält die Hand empor, und alle sprechen beim Ende jedes Artikels mit lauter Stimme: Ich schwöre es!

Art. III.

Gebet bei Eröffnung jeder Sitzung.

„Allmächtiger Gott, Beschützer dieser Republik, wir „erflehen für sie und uns Dein väterliches Wohlwollen; „segne Du unsere Berathungen, halte ferne davon ge„fährliche Leidenschaften, laß dienen unsere Arbeit zur „Erweiterung Deines Reichs und zum Wohle des Vater„landes, das uns sein Schicksal anvertraut hat. Herr! „seine Glückseligkeit sey immer unser Zweck und unsere „Belohnung.“

Gebet bei Aufhebung der Sitzung.

„Dem ewigen Herrscher, dem unsichtbaren, unsterb„lichen, allweisen und allmächtigen Gott Ehre, Lob und „Preis. Amen.“

Erstes Kapitel.

Von dem Präsidium und dem Secretariat.

Art. IV.

Das Präsidium steht dem ersten Syndic zu, oder im Abhaltungsfalle einem der übrigen Syndics, nach seiner Wahl, oder in Ermangelung derselben einem, von dem Präsidenten dazu bezeichneten, Staatsrathe; ernennt er aber keinen, so steht es demjenigen Mitgliede des Staatsraths zu, das den ersten Rang hat, welchem dann auch das Recht zukommt, ein anderes Mitglied an seine Stelle zu ernennen.

Art. V.

Der Präsident läßt bei Eröffnung der Sitzung das Protocoll der vorhergehenden vorlesen, und unterschreibt es, wenn es genehmiget worden. Dann läßt er die Tagesordnung ablesen und bringt die Versammlung in Activität. Nicht er eröffnet die Anträge in der Versammlung im Namen des Staatsraths. Er deliberirt nicht und spricht und handelt blos als Organ der Versammlung, und dem Willen derselben gemäs, um Ordnung zu erhalten, und die Befolgung der Constitution und des Reglements zu bewirken.

Art. VI.

Will der Präsident sein Recht, als Mitglied der Versammlung zu deliberiren, ausüben, so verläßt er seinen Sitz und läßt sich einstweilen nach der, im vierten Artikel angegebenen Ordnung ersetzen.

Art. VII.

Der Präsident votirt nur, im Falle die Stimmen auf beiden Seiten gleich sind.

Art. VIII.

Der repräsentative Rath hat zwei Secretärs. Diese halten ein Register, in welches die Materien in der Ordnung eingetragen werden, in der sie verhandelt werden sollen. Überdies halten sie zwei andere, in den folgenden Kapiteln angegebene, Register.

Das Protocoll der Sitzungen enthält die verschiedenen Vorgänge (incidents), die der Bemerkung werth sind, die Anzeige der Motionen, ihren Ausgang, die Zahl der Votirenden auf beiden Seiten, nach vorhergegangener Zählung. Diese Functionen werden von den Staatssecretärs verrichtet.

Zweites Kapitel.

Von dem modus proponendi.

Art. IX.

Dem constitutionellen Edict zu Folge darf der repräsentative Rath nur über solche Motionen deliberiren, die der Staatsrath ihm vorgelegt hat.

Art. X.

Das constitutionelle Edict läßt drei Ausnahmen von dieser Grundregel zu: 1) In Betreff der inneren Polizei-Gegenstände der Versammlung; 2) in Betreff der Vorstellungen (représentations); 3) in Betreff der Verbesserungen der vom Staatsrathe gemachten Motionen.

Art. XI.

Alle Gegenstände, die der Deliberation der Versammlung unterworfen werden sollen, müssen nach der Zeitfolge in ein, in der Kanzlei eröffnetes, Register, wenigstens drei Tage vor Eröffnung der Sitzung, eingetragen werden.

Art. XII.

In den Fällen, wo der Staatsrath für gut findet, diese Ordnung abzuändern (intervertir), oder neue Materien vorzubringen, muß er den repräsentativen Rath, wenigstens drei Tage vor der Deliberation, davon benachrichtigen.

Art. XIII.

Jeder Antrag des Staatsraths muß seinem ganzen Inhalt nach, schriftlich abgefaßt, dem repräsentativen Rath communicirt, und wenigstens drei Tage vorher in ein offenes Register eingetragen werden. Dieses heißt Register der von dem Staatsrath an den repräsentativen Rath gemachten Anträge.

Art. XIV.

Der Staatsrath kann sich dieser Regel überheben 1) In unwichtigen Fällen; 2) in dringenden (urgents) Fällen; dem repräsentativen Rath steht aber die Ertheilung der Dispensation zu.

Art. XV.

Sobald ein Gesetz-Project dem repräsentativen Rath vorgelegt worden ist, kann er den Druck desselben befehlen.

Drittes Kapitel.

Von dem modo deliberandi.

Art. XVI.

Wird über einen Antrag schon deliberirt, so darf vor der Entscheidung desselben kein neuer vorgeschlagen werden, ausgenommen in folgenden Fällen:

1) um eine Verbesserung anzubringen;
2) einen Aufschub vorzuschlagen;
3) ein Ordnungs-Gesetz in dem Momente zu reclamiren, in dem es verletzt wird.

Art. XVII.

Debattiren und votiren sind zwei verschiedene Operationen, und letztere darf nur dann vorgenommen werden, wenn erstere geendiget ist.

Art. XVIII

Jeder Antrag des Staatsraths an den repräsentativen Rath muß in einem von einem Mitgliede des Staatsraths abgefaßten Bericht motivirt werden.

Art. XIX.

Derjenige, der nach dem Berichterstattenden Staatsrath zuerst um das Wort bittet, wird zuerst gehört. Eine Opinenten-Liste giebt es nicht. Zwischen mehreren Competenten entscheidet der Präsident, oder in schwierigen Fällen das Loos.

Art. XX.

Wenn niemand das Wort verlangt, so stellt der Präsident die Frage und läßt votiren.

XXI.

Wenn niemand um das Wort mehr bittet, so hat der Staatsrath, der die Discussion eröffnet hat, das Recht, zum Schlusse der Debatte von neuem zu sprechen.

Art. XXII.

Kein Gesetzes-Entwurf kann decretirt werden, wenn er nicht durch drei Debatten hindurchgegangen ist.

Art. XXIII.

Die erste Debatte betrifft die Zulässigkeit (convenance) oder Unzulässigkeit des Entwurfs im Allgemeinen. Sie schließt mit der Frage: will die Versammlung, daß der Entwurf einer zweiten Debatte unterworfen werde?

Art. XXIV.

Bei der zweiten Debatte constituirt sich die Versammlung als General-Commission. Ihr Hauptgegenstand ist die Untersuchung des Entwurfs, Artikel für Artikel, und die Discussion der Verbesserungen. Über jeden Artikel und jede Verbesserung wird gestimmt; doch wird in dieser Verhandlung nichts definitiv beschlossen. Es endigt dieselbe mit zwei Fragen: Will die Versammlung, daß die General-Commission geschlossen werde? Will die Versammlung, daß der ..,..... derjenige Tag sey, an dem die dritte Debatte vorgenommen werden soll?

Art. XXV.

In der dritten Debatte können alle in den vorhergehenden abgehandelten Fragen aufs neue vorgenommen werden. Die Discussion über jeden Artikel wird eröffnet. Über jede Verbesserung und jeden Artikel wird votirt. Die Debatte schließt sich mit der Frage: Nimmt die Versammlung das Gesetz in seiner Totalität an?

Art. XXVI.

In der ersten und dritten Debatte ist die Replik erlaubt; keinem aber steht das Recht zu, mehr als zweimal zu sprechen. In der zweiten Debatte wird das Wort bis zu dreimalen ertheilt.

Art. XXVII.

Diese Regel nimmt keinem Mitgliede das Recht, das Wort von neuem zu nehmen, entweder über Verbesserungen, oder um der Versammlung eine Thatsache mitzutheilen, oder eine Erklärung zu geben, im Falle man sich über den Sinn seiner Worte geirrt hätte.

Art. XXVIII.

Die drei Debatten müssen getrennt gehalten werden. Die beiden ersten können an einem und demselben Tage statt finden; die letzte aber muß vertagt werden, ausgenommen in dringenden Fällen.

Art. XXIX.

Der Nothdrang kann nur von dem Staatsrath proponirt werden. Es darf nie eher darüber votirt werden, als nach einer vorausgegangenen Discussion.

Art. XXX.

Wenn über einen andern Gegenstand, als einen Gesetzes-Entwurf berathschlagt und verlangt wird, daß er drei Debatten unterworfen werde, so muß, im Falle diese Forderung unterstützt wird, der Wille der Versammlung darüber vernommen werden.

Art. XXXI.

Man richtet die Rede blos an den Präsidenten oder an die Versammlung.

Art. XXXII.

Das Vorlesen geschriebener Reden wird nicht gestattet; ausgenommen sind die officiellen Berichte. Doch schließt diese Regel nicht die Noten aus, die zur Erleichterung des Gedächtnisses dienen.

Art. XXXIII.

Wenn man vorhergehenden Opinenten antwortet, so dürfen sie nicht mit ihren Namen genannt werden.

Art. XXXIV.

Jeder Opinent spricht aufrecht stehend, ausgenommen mit einer besondern Erlaubniß des Präsidenten.

Art. XXXV.

Jede Anschuldigung schlechter Absichten wird als Verletzung der Ordnung behandelt.

Viertes Kapitel.

Von den Verbesserungen.

Art. XXXVI.

Jede Verbesserung muß schriftlich abgefaßt und dem Präsidenten vor der Deliberation übergeben werden.

Art. XXXVII.

Sobald dem repräsentativen Conseil eine Motion kommunicirt worden ist, muß jedes Mitglied, das im Sinne hat, eine Verbesserung vorzuschlagen, sie vor der Erörterung niederschreiben, und sie in ein offenes Register eintragen lassen, genannt: das Register der Verbesserungen.

Art. XXXVIII.

Die Verbesserungen der Commissionen sollen dieser Regel unterworfen werden, im Falle ihre Entwürfe nicht gedruckt sind.

Art. XXXIX.

Diese Regel schließt die Verbesserungen nicht aus, die in dem Laufe der Debatten vorkommen.

Art. XL.

Untersagt ist jede, nicht zur Sache gehörige Verbesserung (amendement étranger à la question), auch diejenige, die irgend einer constitutionellen Clausel zuwider ist.

Art. XLI.

Keine Verbesserung darf der Berathschlagung unterworfen werden, wenn sie nicht von wenigstens fünf Personen unterstützt wird.

Art. XLII.

Über die Unter-Verbesserungen wird vor den Verbesserungen gestimmt, und über die Verbesserungen vor dem Hauptantrag.

Art. XLIII.

Der Präsident schlägt die Ordnung vor, in welcher die Verbesserungen vorgetragen werden sollen. Im Reclamations-Fall entscheidet die Versammlung über die Priorität.

Fünftes Kapitel.

Von den Vertagungs-Vorschlägen.

Art. XLIV.

Jedes Mitglied kann, im Laufe der Debatte, eine Vertagung vorschlagen, nur darf es keine Rede unterbrechen, und wird dieser Antrag von fünf Personen unterstützt, so tritt er an die Stelle des Vorschlags, über welchen verhandelt wird.

Art. XLV.

Der Vertagungs-Antrag kann selbst zwischen der letzten Rede und dem Abstimmungsactus gemacht werden.

Die Vertagung kann auf bestimmte oder unbestimmte Zeit geschehen.

Sechstes Kapitel.

Von der Abstimmung.

Art. XLVI.

Es giebt zwei Arten zu stimmen, die summarische und die separate.

Art. XLVII.

Nach geendigter Debatte schreitet der Präsident sogleich zur summarischen Sammlung der Stimmen, für und wider, durch Sitzen und Stehen.

Art. XLVIII.

Nach der summarischen Stimmensammlung kann jedes Mitglied die separate Abstimmung fordern.

Art. XLIX.

Die separate Abstimmung besteht darin, daß die Operation durch Stehen und Sitzen wiederholt wird, und auf beiden Seiten die Individuen gezählt werden.

Art. L.

Wenn ein Entwurf aus mehreren Artikeln besteht, so wird über jeden besonders votirt.

Art. LI.

Wenn über eine Sammlung Gesetze, zum Beispiel über das Civilgesetzbuch, deliberirt wird, so entscheidet die Versammlung bei jedem Titel, ob sie nach Titeln oder Artikeln votiren soll.

Siebentes Kapitel.

Von den Vorstellungen und Anträgen.

Art. LII.

Jedes Mitglied, das in einer periodischen Sitzung eine Vorstellung gegen eine Gesetzes-Übertretung machen will, ist verbunden, dieselbe schriftlich zu verabfassen und dem Präsidenten eine Abschrift davon mitzutheilen, ehe es sie der Versammlung überreicht.

Art. LIII.

Diese Vorstellung, im Falle der Verfasser, nachdem er die Bemerkungen der Versammlung darüber gehört hat, dabei beharrt, wird in ein Register eingeschrieben, das den Titel führt: Register der individuellen Vorstellungen, Gesetzes-Übertretungen betreffend, und wird von dem Präsidenten an den Staatsrath gebracht.

Art. LIV.

Jedes Mitglied, das in einer periodischen Session einen Antrag machen will, ist verbunden, ihn schriftlich zu verabfassen, und der Versammlung wörtlich vorzulesen. Wird er von fünf Mitgliedern gebilligt, so kann es ihn motiviren. Beharrt es dabei auch nach Anhörung der Bemerkungen der Versammlung, so wird der Antrag in ein Register eingetragen, das den Titel führt: Register der individuellen Anträge (Motionen) der Mitglieder des repräsentativen Raths, und wird von dem Präsidenten an den Staatsrath gebracht.

Achtes Kapitel.

Von den Commissionen.

Art. LV.

Der repräsentative Rath kann immer aus seiner Mitte besondere Commissionen ernennen, denen er die Untersuchung eines Projectes oder die Vorbereitung einer Arbeit überträgt.

Art. LVI.

Wenn die Übergabe an eine Commission verlangt, und von fünf Mitgliedern unterstützt wird, so wird in jedem Falle darüber votirt.

Art. LVII.

Sobald eine Commission decretirt ist, kann jedes

Mitglied das Wort verlangen, um die Punkte anzugeben, mit denen er wünscht, daß die Commission sich beschäftige, und diese Vorberathung (préconsultation) geht der Wahl derselben voran.

Art. LVIII.

Die Commissionen werden auf zweierlei Arten gewählt: 1) nach einer bloßen Bestimmung der Anzahl (der Glieder) durch den Präsidenten, wovon die Liste der Genehmigung der Versammlung durch Sitzen und Stehen unterworfen wird; 2) durch Kugelwahl (scrutin) und bei dem ersten Umlauf (tour) nach der absoluten Mehrheit, bei dem zweiten nach der relativen Mehrheit einer Candidaten-Liste, die dreimal so zahlreich ist, als die zu besetzenden Stellen. Die Versammlung muß jedesmal befragt werden, welchen modus sie vorziehe.

Art. LIX.

Bei jeder Commission des repräsentativen Raths müssen sich zwei Mitglieder des Staatsraths befinden, die von diesem ernannt werden. Die Zahl derselben kann nur in den in der Constitution verzeichneten Fällen vermehrt werden.

Art. LX.

Die Commission ernennt ihren Referenten, der keiner von den beiden Staatsräthen seyn darf.

Art. LXI.

Der Referent einer Commission hat das Recht, von neuem zu sprechen, wenn niemand mehr das Wort verlangt.

Art. LXII.

Die Commissionen haben während der Discussion über ihren Bericht einen bestimmten Platz neben dem Secretariat.

Art. LXIII.

Wenn ein Mitglied der Commission nach dem Referenten das Wort verlangt, so steht ihm die Priorität zu*).

---

*) Si un membre de la Commission demande la parole après le rapporteur il aura la priorité. **Man sieht, daß dieser Satz auch im Original zweideutig ist.**

Anmerk. des Uebersetzers.

Neuntes Kapitel.

Polizei.

Art. LXIV.

Die gegenwärtige Einrichtung nach dem Alter wird beibehalten. Wenn der Präsident gegen die Platzveränderung reclamirt, so ist jeder verbunden, einen Sitz auf der ihm bestimmten Bank zu nehmen.

Art. LXV.

Die Stunde, in der die Sitzungen anfangen sollen, ist festgesetzt. Der Präsident schließt dieselben nach dem Wunsche der Versammlung.

Art. LXVI.

Der Präsident kann jedoch die Deliberation bis auf zweimal vier und zwanzig Stunden verlegen (suspendre).

Art. LXVII.

Über einen Gegenstand, der an die Tagesordnung gebracht ist, kann jedes Mitglied eine allgemeine Zusammenberufung der Versammlung verlangen. Wenn diese Forderung von fünf Personen unterstützt wird, kann darüber votirt werden.

Art. LXVIII.

Diese Zusammenberufung geschieht individuell, durch Karten, mit folgenden Worten: „N. N. Es ist Ihnen bei ihrem Eide geboten, der Sitzung vom ..... beizuwohnen, und daselbst zu votiren."

Art. LXIX.

Fünf Mitglieder haben immer das Recht, die Abstimmung zu verschieben, wenn die Anzahl der gegenwärtigen Mitglieder sich auf weniger als 101 beläuft.

Art. LXX.

Wenn ein Glied der Versammlung das Wort nimmt, ohne daß es ihm verliehen wäre, oder die Versammlung auf irgend eine Art stört, so kann es vom Präsidenten bei seinem Namen zur Ordnung gerufen werden.

Art. LXXI.

Wenn während der Sitzung ein Mitglied irgend etwas gesprochen oder gethan hat, das die Versammlung tadelnswerth findet, so kann diese ihn durch ein Censur-Decret bestrafen und festsetzen, ob dieses Decret in das Protocoll aufgenommen werden solle, oder nicht. Aber niemand kann der Meinungen wegen, die er in der Versammlung geäussert hat, vor ein Gericht gezogen werden, doch mit Vorbehalt des gerichtlichen Recurses solcher Individuen, die sich beleidigt oder verläumdet glauben möchten.

Art. LXXII.

Die Tagesordnung wird auf eine Tafel angeschrieben, die in dem Sitzungs-Saal aufgestellt ist.

Art. LXXIII.

Der repräsentative Rath wird durch den Klang der Glocke zusammengerufen, zwei Stunden vor der Eröffnung der Sitzung.

Art. LXXIV.

In der December-Session 1815 soll der repräsentative Rath befragt werden, ob er eine Revision des Reglements billige.

Art. LXXV.

Gegenwärtige Commission für das Reglement soll bis zu Ende der December-Session 1814 beibehalten werden.

Ende.

Auszug aus den Registern des repräsentativen Raths.

Sitzung vom 16. November 1814.

Nach Abschliessung der Debatten über die verschiedenen Artikel des Reglements-Entwurfes, ist dieser in seiner Totalität der definitiven Abstimmung des repräsentativen Raths unterworfen und gut geheissen worden.

Unterzeichnet: Turrettini, Rath und Staats-Secretär.

Regeln

welche in der

Kammer der Communen

des brittischen Parlaments

bei dem

Debattiren und Abstimmen

beobachtet werden.

Aus dem Englischen.

Nebst

einem Vorbericht des Herausgebers.

Vorbericht.

Diese Broschüre, die heut zu Tage nicht mehr zu haben ist, wurde 1789 gedruckt, und von dem Grafen Mirabeau mit folgender Nachricht publicirt:

„Ich glaubte, es könnte bei der jetzigen Lage der National-Geschäfte nützlich seyn, das Reglement kennen zu lernen, das die Kammer der Communen in England beim Debattiren und Votiren beobachtet.

„Ein Volk, das sich schon so lange Zeit mit der gemeinen Sache in großen Versammlungen beschäftigt, muß sich nothwendig der bestmöglichen Weise genähert haben, wenigstens in Betreff der hauptsächlichsten Formen, um die Debatten vor Verwirrung, und das Resultat der Meinungen vor Ungewißheit zu sichern.

„Kein englisches Werk hat uns bis jetzt noch genau mit diesen Formen bekannt gemacht. Folgender Bericht ist nicht vollständig, aber was er enthält, ist authentisch.

„Ich verdanke diese Arbeit, die einzig und allein für Frankreich unternommen wurde, einem Engländer, der, obgleich noch jung an Jahren, sich schon hohen Ruhm erworben hat, und den diejenigen, die ihn genauer kennen, als eine hoffnungsvolle Stütze ihres Landes ansehen. Er gehört zu jenen verehrungswerthen Philosophen, deren Bürgersinn sich nicht auf Großbritannien allein beschränkt. Als wahre Weltbürger wünschen sie aufrichtig, daß die Franzosen eben so frei und nicht minder großmüthig seyn mögen, als sie selbst. „Ihre Anzahl, sagt der Verfas-

ser dieser Schrift, in einem seiner Briefe, „ist sehr be-
„deutend; obgleich sie fühlen, welche Ehre es ihrem Va-
„terlande bringt, daß die englische Freiheit beinahe zum
„Sprichwort geworden ist: so wünschen sie dennoch nichts
„eifriger, als diese Auszeichnung durch die allgemeine
„Freiheit Europas verschwinden zu sehen."

„Noch muß ich hinzufügen, daß der Verfasser, nach der Beendigung seiner Arbeit, sie mehreren Mitgliedern der englischen Legislatur mitgetheilt hat, die, nach einer langen Reihe parlamentarischer Feldzüge, die Tactik derselben trefflich kennen; man kann also wohl sagen, daß diese Schrift classisch in ihrer Art ist."

Das englische Manuscript war zufälligerweise durch verschiedene Hände gegangen. Beim Übersetzen bemerkte man erst, daß ein Bogen fehle. Dieser Bogen enthielt wahrscheinlich alle Regeln, die drei Ablesungen der Bill oder die drei Debatten betreffend.

Regeln
welche in der
Kammer der Communen
beim
Debattiren und Votiren
beobachtet werden.

Von den Sprechenden.

Jedes Mitglied, das in der Versammlung spricht, muß an seinem Platz *) aufrecht und unbedeckt stehen, und die Rede an den Sprecher richten **); oder wenn die Kammer sich als Comité constituirt hat, an de , der in dem Augenblicke den Stuhl besetzt hat ***). Von dieser Stellung sind blos die Unpäßlichen dispensirt; man erlaubt ihnen dann, sitzend zu reden, wie dies mit Pitt geschah, als er 1763 seine berühmte Rede gegen den Frieden hielt.

*) Nach der Regel sollten die Glieder der Versammlung nach der alphabetischen Ordnung der Grafschaften sitzen, die von ihnen repräsentirt werden, mit Ausnahme der besondern Plätze, welche den Deputirten der Stadt London und andern angewiesen sind; allein die Abgeordneten setzen sich bunt unter einander, ohne eine andere Ordnung zu befolgen, als den Gebrauch, nach welchem sich der Minister und seine Anhänger zur Rechten des Sprechers, die Häupter der Opposition aber zu seiner Linken niederlassen.

**) Der Präsident. Der englische Name ist Speaker oder Sprecher. Er ist es, der im Namen der Gemeinen den König anredet.

***) In der obern Kammer werden die Reden nicht an den Sprecher, sondern an die ganze Kammer gerichtet.

Bedingungen, unter welchen er sprechen darf.

Nach der Kammerordnung darf kein Mitglied sprechen, wenn es nicht die Absicht hat, seine Rede mit einer Motion *) zu schließen, oder eine schon vorgetragene Motion zu debattiren. Folglich, wenn keine Frage aufgestellt ist, über die verhandelt werden soll, und ein Mitglied sich erhebt, um das Wort zu nehmen, so kann ihm von dem Sprecher Einhalt gethan werden, es müßte denn den Vorsatz haben, eine Motion zu machen.

Der Fall, wenn mehrere aufstehen, um zu sprechen.

Wenn mehrere Mitglieder beinahe zugleich aufstehen, um zu sprechen, so gehört das Wort demjenigen, der zuerst aufgestanden ist **).

Erhebt sich ein Zweifel darüber, so entscheidet der Sprecher; wird seine Entscheidung nicht angenommen, so steht der Versammlung das Erkenntniß zu.

Verschiedene Fälle, in denen derjenige, der spricht, unterbrochen werden kann. Art die Ordnung wieder herzustellen.

Jedes Mitglied hat das Recht, über eine Frage so lange zu sprechen, als es will, und darf von niemand unterbrochen werden, es müßte sich denn Digressionen erlauben, oder einen Gegenstand abhandeln, der von

---

*) Eine Motion ist ein Antrag, der von einem Parlamentsglied an die Kammer zur Erlangung ihrer Genehmigung gemacht wird; sie wird zur Frage, wenn der Sprecher anfragt, ob die Kammer die Motion annimmt, oder nicht. Im gemeinen Leben wird die Motion auch die Frage genannt, und wir werden ihr selbst diesen Namen geben.

**) Niemand hat das Recht, zuerst gehört zu werden, und weder sein Alter, noch sein Amt, noch der Ort, den er repräsentirt, geben ihm einen Anspruch auf Vorrang.

dem, der Versammlung unterworfenen, abweicht *), Persönlichkeiten gegen ein Mitglied einmengen, oder den Namen des Königs in seine Rede verweben, um dadurch auf die Stimmen einzuwirken. In allen diesen Fällen ist es die Pflicht des Sprechers, denjenigen, der spricht, zu unterbrechen, und erfüllt er sein Amt nicht, so steht jedem Mitgliede der Versammlung das Recht zu, zur Ordnung zu rufen, das heißt, das Benehmen des Mitglieds anzuklagen, das sich von der Regel entfernt hat, und zu fordern, daß der Sprecher auf die Beobachtung der Gesetze der Kammer aufmerksam sey.

Wenn andere Mitglieder über die verletzte Ordnung sprechen wollen, müssen sie alle gehört werden, dann wird entschieden, ob derjenige, der zur Ordnung aufgefordert worden, in seiner Rede fortfahren darf, ob ihm das Wort genommen, oder ob er seines Benehmens wegen censirt **) werden solle, ehe die anfänglich debattirte Frage wieder vorgenommen wird.

Äusserungen des Mißvergnügens gegen solche, die schlecht und lange sprechen.

Obgleich nach dem Gesetze der Kammer ein jedes Mitglied das Recht hat, über eine Frage so lange zu sprechen, als es dasselbe für gut hält, so geschieht es doch bisweilen, daß ein schlechter Redner die Geduld der Kammer mißbraucht, dann entzieht man ihm alle Aufmerksamkeit, man spricht unter sich, einige verlassen so-

---

*) Diese Regel wird nie nach der Strenge beobachtet.

**) Ueberhaupt ist die Censur ein Verweis; sie kann bis zur Gefängnißstrafe und selbst zur Ausstossung aus der Kammer gehen; aber diese Ausschließung hindert nicht, daß das Mitglied aufs neue von seinen Committenten gewählt werden könne.

gar den Saal, und diese Zeichen der Mißbilligung bringen immer die gewünschte Wirkung hervor.

Drei Fälle, in welchen es erlaubt ist, mehr als einmal in einer und derselben Debatte zu sprechen.

1) Um sich zu erklären.

Es ist niemanden erlaubt, mehr als einmal in einer Debatte über dieselbe Frage zu sprechen; von dieser Regel entfernt man sich nur zu Gunsten desjenigen, der die Motion gemacht hat; und mehr noch aus Höflichkeit als von Rechtswegen ertheilt man ihm die Erlaubniß, am Ende der Discussion auf die entgegengesetzten Argumente zu repliciren. Doch muß ein Mitglied zum zweitenmale gehört werden, wenn es der Versammlung ein Factum mitzutheilen hat, oder wenn diejenigen, die ihm geantwortet, den Sinn seiner Worte falsch verstanden haben; in diesem letzteren Falle hat er das Recht, seine Rede zu erklären, aber dann muß er sich strenge auf eine Erklärung beschränken.

2) Bei den Comités.

Diese Regel findet nicht statt, wenn sich die Kammer als Comité constituirt. Dann kann jedes Mitglied so oft über dieselbe Frage sprechen, als es ihm beliebt, und dies ist der Hauptvortheil, der aus der Untersuchung eines Gegenstandes in einem General-Comité der ganzen Kammer entspringt.

3) Wenn Änderungen an der Motion vorgenommen werden.

Obgleich ein Mitglied nur einmal über dieselbe Frage in derselben Debatte sprechen kann, so kann es doch über den nämlichen Gegenstand zu verschiedenen Malen die Stimme erheben, wenn nämlich die Motion verändert wird; wie das bei einer Bill der Fall ist, die durch die verschiedenen nothwendigen Gradationen hindurch geht, denn alsdann wird jedesmal eine neue Motion daraus. Wenn also eine neue Motion gemacht wird, z. B. folgende: die Kammer vertagt sich; die Präliminarfrage rc. . . . . so ist, ohngeachtet der Gegenstand der Debatte im Allgemeinen derselbe ist, die der Kammer vorgelegte Frage dennoch neu, und eine ganz andere Sache ist es, ob die Kammer sich wirklich für einen affirmativen oder negativen Schluß entscheidet, oder nur zu einer Resolution über diesen Gegenstand schreitet oder nicht schreitet.

Zwei nothwendige Bedingungen, unter denen nur eine Motion debattirt werden kann.

Jedes Mitglied hat das Recht, eine Motion über irgend einen Gegenstand vorzutragen *); aber die Motion muß 1) geschrieben seyn; sie muß 2) unterstützt werden, das heißt, ehe sie der Kammer vorgetragen wird, muß noch ein anderes Mitglied diesen Vorschlag verlangen **).

Dann erst wird die Motion der Kammer von dem Sprecher proponirt, oder wenn sich die Versammlung als Comité constituirt hat, von demjenigen, der den Stuhl besetzt hält. Nachdem dies geschehen, haben die Mitglieder volle Freiheit, über den angegebenen Gegenstand zu sprechen.

Wie eine Motion zurückgenommen wird.

Wenn einmal eine Motion der Kammer von dem Sprecher vorgelegt worden ist, so hat der Urheber der-

---

*) Wenn mehrere Glieder zugleich aufstehen, um eine Motion zu machen, so hat der zuerst Aufstehende das Recht, vor dem andern zu sprechen.

**) Der Verfasser einer wichtigen Motion zeigt gewöhnlich der Kammer an, daß er an einem bestimmten Tage diese oder jene Motion machen werde.

selben nicht mehr das Recht, sie ohne die Genehmigung der Kammer zurückzunehmen; doch wird diese Erlaubniß selten verweigert.

Durchsicht der Motion während der Debatten.

Während der Debatte bleibt die Motion auf dem Tische vor dem Redner liegen. Jedes Mitglied hat das Recht, dieselbe nachzusehen, oder wenn es ihm gut dünkt, kann es den Redner auffordern, sie abzulesen. Dies geschieht indessen nur dann, wenn ein Mitglied die Absicht hat, die Aufmerksamkeit der Kammer auf die Form oder den Ausdruck dieser Motion zu lenken, worüber es sich vorgenommen hat, Bemerkungen zu machen.

Zu welcher Zeit die Stimmen gesammelt werden können.

Die Stimmen der Mitglieder können nicht eher gesammelt werden, als bis niemand mehr über die Frage sprechen will; und selbst dann noch, wenn der Redner die Frage vorgetragen hat, um die Stimmen zu sammeln, kann er von einem Mitgliede unterbrochen werden, das dieselbe noch zu discutiren verlangt; ist aber die Motion der Kammer *) vollständig übergeben, so steht es niemand mehr zu, darüber zu debattiren, noch eine Verbesserung, Vertagung ꝛc. vorzuschlagen.

---

*) Erst dann wird die Motion so angesehen, als wäre sie vollständig vor die Kammer gebracht, wenn sowohl von denjenigen, die dawider, als von denjenigen, die dafür sind, verlangt worden ist, daß sie frei erörtert werde. Man sehe über die Art, wie eine Motion zum Abstimmen vorgelegt wird, was in der folgenden Note von uns bemerkt werden soll.

Fälle, in welchen vor der Entscheidung über eine Motion eine andere vorgebracht werden kann.

Wenn eine Motion gemacht und unterstützt worden ist, so kann eine andere nur nach Entscheidung der ersteren vorgenommen werden, sie müßte denn eine Verletzung der Ordnung im Laufe der Debatte betreffen, oder eine auf die ursprüngliche Frage sich beziehende Motion, wie z. B.:

Entweder wenn verlangt wird, daß die Motion zertheilt werde.

1) bei einer complicirten Motion verlangt werden kann, daß sie getheilt, und daß jeder Theil der Kammer besonders vorgelegt werde.

Oder wenn auf eine Verbesserung angetragen wird.

2) Wenn eine Motion in den Ausschüssen gemacht worden ist, so kann eine andere zur Verbesserung derselben vorgeschlagen werden *), entweder durch Weglassung oder Hinzufügung, oder Veränderung gewisser Worte; und über die Frage der Verbesserung muß entschieden werden, noch ehe man die ursprüngliche Motion der Kammer vorlegt.

Besonderer Fall, wenn die Verbesserung eine Auflage betrifft.

Doch giebt es eine Ausnahme von dieser Regel, mit der Abstimmung über die Verbesserung anzufangen; dann

---

*) Wenn die vorausgesetzte Verbesserung dahin geht, daß Worte weggelassen werden sollen, so wird die Motion so vorgelegt, daß die Worte, die man vorschlägt wegzulassen, einen Theil der Motion ausmachen: diejenigen also, die für die Verbesserung sind, stimmen gegen die Motion.

nämlich, wenn der Unterschied zwischen der ursprünglichen Motion und der Verbesserung größere oder mindere Abgaben (impôts) betrifft. Denn aus einer natürlichen Abneigung der Kammer, die Lasten des Volks noch zu vermehren, geht die Motion, welche Erleichterung dieser Last verlangt, immer voraus, sie mag nun eine Verbesserung oder eine ursprüngliche Motion seyn.

Modification der Verbesserung.

3) Wenn eine Verbesserung vorgeschlagen worden ist, so kann man noch eine Motion machen, um die Verbesserung zu verbessern, und über diese letztere Motion soll zuerst abgestimmt werden.

Beispiel zur Erläuterung.

Hier ein Beispiel: Mittwoch, den 11. Februar 1778 wurde vorgeschlagen: „daß die Kammer sich am Morgen des künfti„gen Montags in einen großen Comité der ganzen Kammer „verwandeln sollte, um ferner den Zustand der Nation „in Betrachtung zu ziehen.“ Zur Verbesserung wurde vorgeschlagen, folgende Worte wegzulassen: am Morgen des künftigen Montags, und ihnen zu substituiren: von Morgen über acht Tage am 19ten gegenwärtigen Monats Februar; darauf wurde vorgeschlagen, die Verbesserung zu verbessern, dadurch, daß man die Worte wegließ: über acht Tage am 19ten gegenwärtigen Monats Februar, so daß durch Annahme dieser letzten Verbesserung der Comité am folgenden Tage gehalten worden wäre; demnach hätte die Verbesserung die Haltung des Comité beschleunigt, anstatt sie hinauszuschieben.

Fünferlei Mittel, eine Motion abzuwenden, ohne darüber zu stimmen.

4) Es giebt mehrere Mittel, eine Motion abzuwenden, ohne sie durch die Stimmensammlung verwerfen zu

lassen, nämlich: 1) die Präliminar-Motion; 2) die Vertagung der Debatte, das heißt, die Aufschiebung derselben auf einen bestimmten Tag; 3) der Aufruf zur Tagesordnung; 4) die Vertagung der Kammer; 5) eine Verbesserung, welche die erste Motion entweder vollständig zerstört, oder sie gänzlich entstaltet.

Beweggründe, wodurch die Kammer bestimmt werden kann, eine Motion von der Hand zu weisen.

Eines der vier ersten Mittel wird gewöhnlich angewandt, wenn eine Motion gemacht worden, deren Wahrheit unbestreitbar ist, über die aber die Kammer es nicht für gut hält, zu entscheiden, oder worüber sie nicht votiren will, weil die Mitglieder nicht über die Folgerungen einig sind, die man vielleicht im Sinne hätte, daraus zu ziehen *); oder auch dann, wenn eine Motion gemacht worden ist, über die man verschiedener Meinung seyn kann, worüber aber die Kammer nicht entscheiden will, weil sie es als unpolitisch und unnütz ansieht.

Ausdrücke, in welchen eine Präliminar-Motion abgefaßt seyn soll, und ihre Wirkung.

1) Die Präliminar-Motion wird mit folgenden Wortтn proponirt: Es wird nun folgende Frage vorgelegt (que cette question soit maintenant portée) und da es die Absicht des Proponenten ist, daß sie ver-

---

*) Die Motionen bestehen oft in einem generellen oder abstracten Satz, aus welchem der Verfasser sich vornimmt, in einem darauf folgenden Beschluß eine Folgerung zu ziehen, die auf die in Frage stehende Maasregel anwendbar ist; in diesem Falle aber muß der Verfasser, ehe er seine erste Motion vorträgt, die ganze Reihe von Folgerungen auseinandersetzen, die er gesonnen ist, daraus zu ziehen.

worfen werde, so votirt er immer gegen seine eigene Motion. Ist sie einmal verworfen, so wird in diesem Moment kein Schluß über denselben Gegenstand gefaßt und die Motion kann von neuem an einem andern Tage in derselben Session vorgetragen werden.

Was die Motion einer Präliminar-Frage betrifft, so wird in der Debatte selten etwas anderes verhandelt, als der Werth der primitiven Frage; denn wenn man keinen andern Grund hat, die vorgeschlagene Frage von sich zu schieben, als den, daß es zu spät ist, damit anzufangen, so ist die natürlichste Motion die, welche die Vertagung der Kammer begehrt; will man aber einem wichtigen Gegenstand den Vorzug geben, so ist folgendes die beste Methode, die der Kammer vorgeschlagene Motion zu entfernen:

Vertagung der Motion.

2) Eine Motion zu machen, um das Debattiren zu vertagen und auf einen der folgenden Tage zu verschieben. Diese Methode wird bisweilen angewandt, um sich der Motion ganz zu entziehen; man schlägt nämlich vor, das Debattiren auf einen Zeitpunkt zu vertagen, in dem man weiß, daß die Kammer ihre Sitzung aufgehoben hat; so zum Beispiel auf sechs Monate, wenn die sechs Monate mitten im Sommer zu Ende gehen, zur Zeit, da das Parlament gewöhnlich durch eine Prorogation entlassen wird.

Die erste Motion wird, ob sie gleich nicht beschlossen wird, in das Journal der Kammer eingerückt.

Wenn man durch eine dieser beiden Methoden, nämlich die Präliminar-Frage oder die Vertagung des Debattirens, einem Beschlusse ausweicht, so muß die ursprüngliche Frage in das Journal der Kammer eingetragen werden *), weil in dem ersten Beispiel der Schluß der Kammer (dessen folglich in den Journalen erwähnt werden muß) festsetzt, daß über die Motion abgestimmt werden solle, und diese Formel unverständlich wäre, wenn man nicht den Inhalt der ursprünglichen Motion angäbe; und in dem zweiten Beispiel kann der Beschluß, das Debattiren zu vertagen, nicht verstanden werden, ohne die Frage festzusetzen, durch welche die Debatte veranlaßt worden ist. Doch werden bisweilen Fragen vorgebracht, die nur mit Nachtheil in den Journalen erscheinen könnten, und dem weicht man dadurch aus, daß die Tagesordnung reclamirt, oder eine Vertagung der Kammer vorgeschlagen wird.

Berufung auf die Tagesordnung.

3) Wenn eine Motion gemacht wird, in der man die Tagesordnung reclamirt, das heißt, in der gefordert

*) Das Kammer-Journal ist das Protocoll über alles, was in der Kammer vorgeht, das heißt, über die verlesenen Bills, die angenommenen Bittschriften, die gefaßten Beschlüsse, die jeden Tag vorgetragenen und verworfenen Motionen. Dieses Journal fängt ungefähr mit der Regierung Eduards VI. an. Ueberdies läßt die Kammer selbst täglich eine Darstellung ihrer Operationen, in dem was man die Stimmen nennt, drucken. Das Journal wird erst am Ende jeder Sitzung gedruckt; da es aber nichts enthält, als eine authentische Erzählung von dem, was in der Kammer vorgeht, so wird darin nichts von dem erwähnt, was bei den Debatten gesprochen wird. Indessen findet man hierüber volle Befriedigung in den periodischen Neuigkeitsblättern. Man hat in dieser Hinsicht zwei geschätzte Werke, das erste unter dem Titel: Parlamentsprotocolle, das andere unter dem Titel: Parlamentsdebatten. Es kommen darin die Reden der Mitglieder vor. Diese Bekanntmachung ist einem Kammer-Regulativ entgegen, aber man hindert sie nie.

wird, daß man sich mit demjenigen Gegenstande beschäftige, der an demselben Tage bestimmt debattirt werden soll *), und diese Motion durchgeht, so fällt die der Kammer vorgelegte Frage von selbst. Doch kann man nicht immer zu diesem Mittel, welches eine neue Erfindung ist, seine Zuflucht nehmen, weil die Frage, die der Deliberation der Kammer vorliegt, und die man entfernen will, selbst in der Tagesordnung seyn kann; oder

*) Alle Befehle, welche ertheilt werden, die Untersuchung einer Sache auf bestimmte Tage festzusetzen, werden in ein Buch unter dem Datum des Tages eingetragen. Das Buch bleibt auf dem Tische liegen, und kann jeden Augenblick von den Gliedern der Versammlung nachgesehen werden Alle Gegenstände, die auf Einen Tag verwiesen sind, werden die Tagesordnung genannt. Dieß hindert indessen nicht, daß bei Eröffnung der Versammlung jedes Mitglied eine ganz andere Sache der Kammer zur Untersuchung vorlegen kann; und überhaupt werden eine Menge Geschäfte beseitiget, ehe die erste Tagesordnung verlesen worden ist. Jedes Parlamentsglied hat jedoch das Recht, sich auf die Tagesordnung zu berufen; und wenn diese Berufung Gehör findet, so wird gleich unmittelbar die Tagesordnung verlesen und die Kammer ist verbunden, eine der eingezeichneten Angelegenheiten zu erörtern. Indessen kann die Beschlußnahme sich darauf beschränken, daß die in der Tagesordnung benannte Frage weiter hinaus geschoben, oder die Ordnung sogar unterdrückt wird. Wenn also z. B die Tagesordnung verlangt, daß die Kammer sich zu einem General-Comité bilde, um den Zustand des irländischen Handels zu untersuchen, so kann durch eine Motion darauf angetragen werden, daß man mit dieser Untersuchung verschont bleibe, oder daß die Kammer sich gleich jetzt zu einem General-Comité bilde, um zu untersuchen ꝛc. Auf diese Motion kann als Verbesserung vorgeschlagen werden, daß die Motion gleich jetzt weggelassen und daß kommenden Montag dafür gesetzt werde, oder auch ein anderer noch weiter entfernte Tag.

weil alle Fragen, aus denen die Tagesordnung besteht, schon discutirt worden seyn können, noch vor der Vorlegung der ursprünglichen Motion; und in diesen verschiedenen Fällen ist es unmöglich, das Ziel zu erreichen, das man sich steckt, indem man die Tagesordnung begehrt.

Vertagung der Kammer.

4) Das vierte Mittel ist, die Vertagung der Kammer vorzuschlagen; denn geht sie durch, so fällt die proponirte Motion von selbst, und wird bei der nächsten Versammlung der Kammer nicht wieder vorgenommen. Doch kann dies nicht immer geschehen, wie zum Beispiel, wenn ein anderes wichtiges Geschäft vorgenommen werden soll.

Mittel zur Abwendung eines Beschlusses, wenn die Kammer sich zu einem Comité gebildet hat.

Keines dieser vier Mittel, eine Frage abzuwenden, kann angewandt werden, wenn die Kammer sich als Comité gebildet hat; dann bleibt aber noch ein anderes übrig, das jene wohl aufwiegt, nämlich der Vorschlag, daß der Präsident den Stuhl verlasse, denn wenn diese Motion durchgeht, hat der Comité ein Ende. Es kann auch proponirt werden, daß der Präsident seinen Platz verlasse, der Versammlung über die Operationen Bericht erstatte, und dann um Erlaubniß bitte, seinen Posten wieder einzunehmen, welches eben dasselbe ist, wie eine Vertagung des Comité.

In welchem Fall eine Frage von neuem in derselben Session vorgebracht werden kann oder nicht.

Eine Frage, die durch eines der angezeigten Mittel entfernt worden, kann noch in derselben Session vorgeschlagen werden; wäre sie aber verworfen worden, so könnte sie nur in der folgenden Session vorgetragen werden. Doch ist die Regel, daß eine, durch Stimmensammlung verworfene, Motion nicht mehr proponirt werden dürfe, kein sehr nützliches Gesetz, denn es wird leicht und oft durch eine geringe Veränderung in den Ausdrücken und in der Form der Motion umgangen. Mit den angegebenen Mitteln vermag man weniger gegen eine Motion, als wenn man sie durch die Negative verwerfen läßt. Doch von dem Folgenden läßt sich mehr erwarten.

Abänderungen, wodurch eine Motion zerstört wird.

5) Man kann in einer Verbesserung gerade das Gegentheil der ursprünglichen Motion vorschlagen, und die Verbesserung kann angenommen werden. So kann man, zum Beispiel, in der Absicht, die Minister dem Tadel zu unterwerfen, vorschlagen, sie zu loben. Dieß geschah 1744, als die Motion gemacht wurde: „daß die dem „Herzog von Aremberg bezahlten 40,000 Pf. Sterl., um „1742 die östreichischen Truppen in Bewegung zu setzen, „als eine gefährliche Vergeudung des öffentlichen Scha„tzes und eine Verletzung der Rechte des Parlaments an„zusehen seyen.“ Man schlug eine Verbesserung vor, in welcher man anstatt gefährliche Vergeudung rc. setzen wollte: „als nothwendig zur Mobilmachung der „Truppen, und nothwendig für das allgemeine Beste.“

Eine Motion wird oft durch eine Verbesserung, wodurch sie zu heftig wird, verwerflich gemacht.

Der Gegner einer Motion schlägt bisweilen eine Verbesserung vor, die die Motion so heftig (violente) macht, daß die Kammer sie nicht annehmen kann; aber dieses

Mittel gelingt nicht immer. Im Jahr 1780 hatte Herr Downing die berühmte Motion gemacht: „Es ist die Meinung der Kammer, daß der Einfluß der Krone gewachsen ist, noch immer wächst und vermindert werden sollte.“ Hr. Dundas, damals Lord, Advocat von Schottland, schlug in der Absicht, die Motion verwerfen zu lassen, als Verbesserung vor, nach den Worten: Es ist die Meinung der Kammer, zu setzen: „daß es jetzt nöthig sey, zu erklären, daß der Einfluß der Krone ꝛc.“. Aber diese Verbesserung setzte die Anhänger der ursprünglichen Motion keineswegs in Schrecken: sie nahmen sie mit Feuer auf, und die auf solche Art verstärkte Motion gieng als Schluß der Kammer durch.

Eine andere Art, eine Motion zu stürzen, durch eine Verbesserung, welche die Gefahren derselben darstellt.

Bisweilen bringt man Verbesserungen in Vorschlag, um die Mängel und gefährlichen Punkte einer Motion mit solcher Evidenz zu zeigen, daß es der Kammer unmöglich wird, ihre Zustimmung zu geben. So wurde einst eine Motion gemacht, in der man Abschriften aller Briefe verlangte, welche von den Lords der Admiralität an einen Marine-Officier geschrieben werden; man schlug eine Verbesserung vor, um folgende Worte hinzuzufügen: „welche Briefe Befehle enthalten, und sich auf Befehle beziehen können, die noch existiren und nicht vollstreckt worden sind.“ Als diese Verbesserung durchgieng, fiel die ursprüngliche Motion natürlich und einstimmig.

Zweierlei Arten, die Stimmen zu sammeln.

Die Stimmen der Mitglieder über jede Motion werden auf folgende Art gesammelt: der Sprecher trägt die Frage in ihrem ganzen Umfange vor und fügt dann hinzu: diejenigen, die dieser Meinung sind, werden ja sagen. Worauf alle Mitglieder, die sich für die Motion erklären, sogleich ja sprechen. Dann sagt der Sprecher: die dieser Meinung nicht sind, werden nein sagen *); worauf diese Mitglieder nein sagen. In diesem Augenblick urtheilt der Sprecher aus dem Geräusch, auf welcher Seite die Majorität sey, und entscheidet darnach; ist aber eines der Mitglieder mit der Entscheidung nicht zufrieden, und besteht es auf der Trennung der Kammer, so verweigert die Kammer dieselbe beinahe niemals.

Die Trennung der Kammer geschieht auf folgende Weise:

Die Anhänger einer Meinung verlassen den Saal, die der andern Meinung sind, bleiben **), und von jeder Partei werden zwei Mitglieder gewählt, um die respective Zahl der Stimmenden zu zählen. Diese, die man Aufzähler (énumerateurs, Tellers) nennt, zeigen dem Sprecher die Zahl an, und dieser macht sie dann der Versammlung bekannt.

Alle anwesenden Glieder müssen stimmen.

Alle Mitglieder, die sich in der Kammer befinden, wenn sie sich trennt, müssen votiren, und es ist nieman-

---

*) In der obern Kammer stimmt ein Pair nicht mit Ja oder Nein, sondern mit den Worten zufrieden oder nicht zufrieden.

**) Es giebt Regeln, wodurch bestimmt wird, ob diejenigen, die für die Negative oder die, welche für die Affirmative sind, hinaus gehen sollen; aber diese Regeln lohnen nicht der Mühe, daß man sie hier anführe. Wenn die Kammer sich zu einem Comité gebildet hat, so geschieht die Theilung der Stimmen nicht durch Hinausgehen aus der Kammer, sondern durch das Hinsehen auf die zwei entgegengesetzten Seiten des Saales.

den erlaubt, neutral zu bleiben, oder das Parlament zu verlassen.

Vom Sprecher. Fall, in welchem seine Stimme entscheidend wird. Fall, in welchem er bei einer Verhandlung sprechen darf. Warum er nie verbunden ist, zu stimmen.

Der Sprecher hat nicht das Recht, zu votiren, es müßten denn die Stimmen gleich seyn, und dann wird seine Stimme entscheidend; sogar in der Debatte kann er niemals sprechen, ausser wenn er über die Ordnung oder die Art der Procedur in der Berathschlagung Erklärungen zu geben hat. In diesem Falle begnügt er sich, die Ordnung der Kammer vorzutragen, erlaubt sich aber nie irgend eine Art von Discussion. Doch wenn die Kammer als Comité constituirt ist, hat der Sprecher nicht nur das Recht, beim Debattiren zu sprechen, sondern auch, über die Motion zu votiren. Doch thut er dies selten; er begiebt sich dann an seinen Platz, wozu er im Falle der Trennung allein berechtigt ist. Der Grund warum der Sprecher in gewissen Fällen nicht votiren, und in allen sein Votum verweigern kann, liegt wohl darin, daß er auf solche Art keinen Beweggrund haben möge, sich einer Partei zuzugesellen, und die strengste Unparteilichkeit beobachten kann.

Vom Sprecher in der Kammer der Pairs. Warum er reden und votiren darf und warum seine Stimme nicht entscheidend ist.

In der Kammer der Pairs, wo der Sprecher gewöhnlich einer von des Königs Ministern ist, weil dieses Amt dem Lord Kanzler oder Lord Groß-Siegel-Bewahrer zusteht, und folglich als der Partei der Minister zugehörig angesehen wird, hat er das Recht, zu sprechen und über jede Frage zu votiren. Doch muß er dazu nothwendig Pair seyn (welches, wenn nicht immer, doch gewöhnlich der Fall ist); wenn dann bei Zählung der Stimmen die Vota gleich sind, so wird die Motion nicht angenommen, sondern nothwendig als verworfen angesehen.

Recht eines jeden Gliedes in Ansehung dessen, was man permanente Verordnung nennt.

Wenn die Kammer einen allgemeinen Schluß in Beziehung auf den Modus ihrer Procedur gefaßt hat, welches man die permanente Verordnung nennt, so hat jedes Mitglied zu jeder Zeit das individuelle Recht, die Befolgung dieser Ordnung zu fordern, ohne irgend eine Motion, noch deshalbige Befragung der Kammer.

Permanente Verordnung für das Minimum der Glieder, die zur Bildung der Kammer erfordert werden.

So zum Beispiel ist es ein Gesetz in der Kammer, daß man kein Geschäft vornehmen kann, wenn weniger als vierzig Mitglieder zugegen sind. Die Kammer muß sich auf der Stelle vertagen; und der Regel nach darf der Präsident, ohne dessen Vorsitz nichts unternommen werden kann, kein Geschäft beginnen lassen, bevor vierzig Glieder in der Kammer aufgezählt worden. Wenn jedoch die Abnahme unter vierzig erst während des Laufs der Operationen geschieht, so können die Geschäfte fortgeführt werden, welches oft, besonders wenn sie nicht wichtig sind, der Fall ist; verlangt aber ein Mitglied die Zählung der Versammlung, so muß sie nothwendigerweise vorgenommen werden, und findet sichs, daß die Zahl der gegenwärtigen Mitglieder nicht vierzig beträgt, so muß sich die Kammer augenblicklich vertagen.

Permanente Verordnung, daß Fremde nicht zugelassen werden sollen. Fall, in welchem sie in Anwendung kommt.

Eine andere permanente Verordnung ist folgende: daß während des Debattirens kein Fremder in der Kammer zugegen seyn soll; dieses Gesetz wird selten befolgt, doch kann jedes Mitglied allein und zu jeder Zeit auf strenger Beobachtung desselben bestehen, und sogleich müssen alle Fremde aus der Versammlung entfernt werden, ohne daß die Kammer nöthig hätte, deshalb einen Beschluß zu fassen. Doch entfernt man sie selten, es müßte sich denn jemand erlaubt haben, zu klatschen, zu pfeifen, oder irgend ein anderes Geräusch zu machen, wodurch die Verhandlungen der Versammlung gestört würden.

Verschiedene Mittel, die von der Kammer der Gemeinen ergriffen werden, sich Einfluß auf die ausübende Gewalt zu verschaffen.

Obgleich das Unterhaus, theoretisch betrachtet, nur ein legislatives Corps (oder vielmehr ein Theil desselben) ist, so gewinnt es doch durch verschiedene Mittel Einfluß auf die ausübende Gewalt; zum Beispiel

1) Geldverweigerung zu besondern Zwecken.

1) Durch die Verweigerung von Summen, die zu Gegenständen angewandt werden sollen, welche die Communen mißbilligen, wie zu Festungswerken, Schiffen, Truppen.

2) Weigerung, die Armee zu autorisiren.

2) Durch die Verweigerung, die Armee zu autorisiren, weil es gesetzwidrig ist, während des Friedens stehende Truppen zu halten, ohne die Einwilligung des

Parlaments, oder die jährlichen Fonds zum Unterhalt derselben zu bewilligen. Diese beiden Gegenstände sind gewöhnlich Theile einer und derselben Acte, welche Muting-Acte genannt wird, und die nie länger, als auf ein Jahr gültig ist; und folglich, wenn diese Acte nicht erneuert würde, so könnte jeder Soldat ungestraft desertiren.

3) Bedingte Verweigerung der Subsidien.

3) Durch die Verweigerung der Subsidien, entweder in einem besondern Falle, oder bis der König sein Betragen in gewissen, der Kammer unangenehmen, Punkten geändert hat; eine Sache, die zwar gemerkt, aber niemals in einem Voto ausgedrückt wird.

4) Beschlüsse, die von der Kammer gefaßt und dem König übergeben werden.

4) Dadurch, daß es durch eine Resolution das Geschehene tadelt, oder angiebt, was hätte geschehen sollen, welche Entschließung die Kammer bisweilen dem König durch eine Adresse communicirt, oder indem sie diejenigen Mitglieder der Kammer, die zu des Königs geheimen Rath gehören, beauftragt, Sr. Majestät darüber Bericht zu erstatten.

Zwei Beispiele, wenn die Kammer kein Vertrauen in die Minister setzt.

Bisweilen votirte die Kammer ganz unverholen, daß sie kein Vertrauen in des Königs Minister setze.

Bisweilen gieng sie noch weiter, und forderte vom Könige, in einer Adresse, er solle andere Minister annehmen.

Fall, wenn der König die Adresse nicht beachtet. Verantwortlichkeit der Minister.

Der König ist keineswegs verbunden, einer Adresse der Kammer Genüge zu leisten; wenn er aber ihr

Gesuch verweigerte, so würde die Kammer entweder:

1) Die Minister bei der Kammer der Pairs anklagen *), weil sie dem König zu dieser Verweigerung gerathen haben, oder ihres anderweitigen Verhaltens wegen; denn es gilt als Maxime in der englischen Constitution: daß der König nicht fehlen kann. Kaum giebt es einen einzigen Act, der vom König käme und für welchen nicht einer oder der andere seiner Minister verantwortlich wäre, weil man, in der Praxis wie in der Theorie, annimmt, daß der König nicht Unrecht haben kann, und deswegen sind die Urheber des Übels, das in seinem Namen geschieht, mit Freiheit, Vermögen und Leben dafür verantwortlich.

Oder 2) die Kammer würde auf diese Verweigerung den ganzen Gang der Regierung dadurch hemmen, daß sie keine Subsidien gewährte. In diesem Fall muß der König andere Minister annehmen, oder das Parlament entlassen, welches in der That eine Appellation an das Volk ist; und folglich würde, je nachdem das Volk das Betragen seiner gewesenen Repräsentanten oder der königlichen Minister tadelte oder billigte, die neue Kammer dem Betragen der alten treu bleiben, oder den entgegengesetzten Weg einschlagen.

Durch die Auflösung des Parlaments wird nicht die gegen einen Minister angebrachte Klage aufgehoben.

Doch die Aufhebung des Parlaments entzieht den Minister der eingeleiteten Klage nicht; es wurde dies unter Karl II., bei Gelegenheit der berühmten Anklage ge-

*) Dieß nennt man impeachment.

gen seinen Minister, den Grafen Denbigh, später Herzog von Leeds, förmlich entschieden.

Der König hat kein Mittel, sich dieser Anklage zu widersetzen.

Der König kann auf keine Weise die Kammer verhindern, eine Anklage bis zum definitiven Urtheil zu verfolgen. Doch steht ihm nachher das Recht der Begnadigung zu.

Privilegien der Parlamentsglieder. Sie können in bürgerlichen Rechtssachen nicht verhaftet werden.

Die Privilegien der Parlaments-Mitglieder bestehen darin, daß sie wegen Civilsachen weder während der Session, noch 40 Tage vor oder nach der Prorogation derselben arretirt werden können; welches sich in der That über die ganze Dauer des Parlaments erstreckt, weil es nie länger als 80 Tage lang ununterbrochen prorogirt wird.

Sie sind nur dem Parlament für das verantwortlich, was sie im Parlament gesagt und gethan haben.

Sie bestehen ferner in der Freiheit der Debatten; ein Parlaments-Mitglied kann weder in einem Gerichtshof des Königreichs, noch irgend wo anders, als im Parlament über das verantwortlich gemacht werden, was es im Parlament gesprochen oder gethan hat, selbst dann nicht, wenn man sehr gerechte Gründe hätte, es zu verfolgen. Diese Prärogative wird für so wichtig gehalten, daß man daraus einen Artikel der Bill of Rights gemacht hat, und daß bei Eröffnung eines jeden neuen Parlaments diese Privilegien von dem Sprecher, in Gegenwart des Königs, ausdrücklich reclamirt werden.

Jurisdiction der Kammer über ihre Glieder.

Doch kann jedes Mitglied von der Kammer bestraft werden, in der es etwas Sträfliches ausgesprochen hat, und diese Strafe besteht entweder in einem Verweis, in Gefängniß *), oder sogar in der Ausstoßung; aber auch die Kammer kann keines ihrer Mitglieder über seine Reden strafen, wenn die Worte desselben nicht sogleich aufgefaßt und ihm vorgeworfen werden.

Eifer der Kammer der Gemeinen zur Erhaltung ihrer Unabhängigkeit.

Das Unterhaus ist so eifersüchtig auf seine Unabhängigkeit, nicht nur gegen den König, sondern auch gegen das Oberhaus, daß es beiden nie erlaubt, sich mit einer Bill oder irgend einem andern Gegenstand, mit dem die Kammer sich beschäftigt, oder mit den gegebenen Stimmen, oder den von den Mitgliedern gehaltenen Reden bekannt zu machen; sie sähe dies als eine wirkliche Verletzung ihrer Privilegien an.

Wie diese Eifersucht sich bei Eröffnung der Session äussert.

Auf derselben Eifersucht beruht es, daß wenn bei Eröffnung der Session der König an die beiden Kammern eine Rede gehalten hat, das Unterhaus, wenn es in seine Kammer sich zurückbegiebt, regelmäsig und immer ein Geschäft vornimmt, zum Beispiel, das Verlesen einer Bill, ehe es die Rede des Königs in Erwägung nimmt.

---

*) Eine Person, die auf Befehl der Kammer verhaftet worden ist, darf nicht länger sitzen, als so lange die Kammer versammelt bleibt. In dem Moment, da das Parlament prorogirt wird, kann eine solche Person sich durch Eingabe einer Bittschrift auf freien Fuß setzen lassen.

Wuth der Kammer der Gemeinen gegen Karl I. und warum.

Unter allen unklugen Handlungen Karls des I. erregte keine mehr die Wuth der Volks-Partei, als da er persönlich in die Kammer eintrat, um fünf von den Mitgliedern, deren Betragen im Parlament ihn beleidigt hatte, aufheben zu lassen.

Definition des Parlaments. Acte, die von den drei Theilen desselben vorgenommen worden, und nicht Parlaments-Acte sind.

Das Parlament, als ein completes, das heißt, aus drei Zweigen der Legislatur bestehendes Parlament, kann nur in so fern wirken, als es Gesetze festsetzt; aber jede Kammer kann mehrere, ihr allein zugehörige, Operationen vornehmen, was sie auch oft thut. Der König, die Pairs und die Communen concurriren häufig bei demselben Act, welcher jedoch kein Parlaments-Act ist, da er den Operations-Charakter eines besondern Corps trägt.

So machen die Communen in einer Klage über ein delictum publicum, die unter dem Namen Impeachment bekannt ist, den Ankläger, die Pairs die Richter und der König, als Obrigkeit, der die executive Gewalt zusteht, vollführt die Sentenz oder ertheilt Gnade. Eben so giebt der König immer seine Antwort auf eine Adresse der beiden Kammern, oder einer derselben, als Obrigkeit und Ausüber der executiven Gewalt, und nicht als Mitglied des legislativen Corps.

Besonderer Act einer jeden Kammer.

Beide Kammern des Parlaments nehmen oft besondere Acte vor, entweder dadurch, daß sie in Geschäfte einschreiten, die der executiven Gewalt angehören, oder dann, wenn sie sich als Justiz-Tribunal constituiren.

Wie eine Kammer in die ausübende Gewalt einschreitet.

Wenn die Kammer in ein Geschäft einschreitet, das der executiven Gewalt zugehört, so geschieht dieß dadurch, daß sie blos einen Beschluß faßt *), oder dem Könige eine Adresse, eine Vorstellung oder Remonstration überreicht.

Beschlüsse, die bestimmt sind, weiteren Beschlüssen zur Grundlage zu dienen.

Jedoch votiren beide Kammern bisweilen Beschlüsse, die blos den folgenden Operationen zur Basis dienen sollen, so zum Beispiel eine vorzuschlagende Bill, eine Adresse an den König, oder ein Impeachment.

Entwicklung der Reihe von Beschlüssen.

Bisweilen auch faßt man Beschlüsse, allein in der Absicht, daraus die Basis anderer darauf folgender Beschlüsse zu machen; wenn zum Beispiel ein Mitglied der Versammlung fordert, daß die Kammer über einen allgemeinen oder abstracten Satz entscheide, aus welchem es in einer folgenden Resolution irgend eine Folgerung ziehen will, die Bezug auf den Gegenstand hat, mit dem es sich zu beschäftigen hat. In diesen Fällen erwartet man (so ist es auch Sitte), daß der Urheber alle nachfolgenden Beschlüsse, auf die er anzutragen Willens ist, vor dem Antrag auf den ersten Beschluß entwickle; sonst könnte die Kammer einen Beschluß fassen, der entweder unnütz wäre, und aus der sich gar keine Folgen ziehen ließen, oder der auf eine Maasregel abzielte, die gegen die Absichten der Versammlung wäre.

---

*) Wenn der Kammer ein Antrag von einem ihrer Glieder gemacht wird, so heißt derselbe Motion; durch die Annahme wird er zum Beschluß.

Declaratorische Beschlüsse.

Doch fassen die Kammern auch bisweilen Resolutionen, die keineswegs nachfolgenden Operationen zur Basis dienen sollen, so zum Beispiel, wenn die Kammer einen declaratorischen Schluß faßt, über das, was sie in einem besonderen Falle als Gesetz ansieht.

Ihr Zweck. Sie haben keine Gesetzeskraft, und warum?

Der einzige Zweck dieser declaratorischen Resolutionen scheint der zu seyn, mit einer indirekten Censur irgend eine besondere Maasregel, auch wohl Individuen zu belegen, ohne sie zu bezeichnen, oder irgend einer Maasregel zuvorzukommen, die, nach der Meinung der Kammer, das in der Resolution ausgedrückte Gesetz verletzte; denn solche Beschlüsse werden nicht für hinreichend erkannt, zu bestimmen, was das Gesetz sey, und die Gerichtshöfe sehen sie keineswegs als verbindlich an. In der That hätte jede Kammer für sich eine legislative Gewalt, wenn das, was sie als Gesetz erklärt, wirklich als solches angesehen werden müßte.

Fälle, in welchen die declaratorischen Erklärungen Gesetzeskraft haben.

Doch werden alle Resolutionen, das Wahl-Gesetz, die Privilegien der Mitglieder, die Form der Procedur in der Kammer, im Falle sie dem gemeinen Gesetz nicht entgegen sind, als obligatorisch und als ein Theil der Reichs-Gesetze angesehen.

Danksagungen, auf welche von den Kammern gestimmt wird.

Oft fassen die Kammern des Parlaments den Schluß, Privat-Personen für glänzende, dem Vaterlande geleistete Dienste Dank abzustatten. So votirten während des letzten Kriegs beide Kammern dem General Elliot Danksagungen für die rühmliche Vertheidigung von Gibraltar; und in ausserordentlichen Fällen decretirten sie solche Danksagungen nicht nur den Feldherren, sondern allen Capitäns der Flotte, und bisweilen sogar allen Matrosen und Seeleuten. Auch dies ist in dem letzten Krieg vorgekommen.

Bisweilen haben die Kammern auch für weniger glänzende, obschon nicht minder wichtige Dienste Danksagungen votirt, so z. B., als die Communen eine solche Adresse Herrn Howard für seine interessanten Untersuchungen über den Zustand der Gefängnisse decretirten.

Form, in welcher diese Danksagungen vorgebracht werden.

Danksagungen dieser Art werden von dem Sprecher, der immer das Organ der Kammer ist, abgestattet. Ist derjenige, dem das Compliment zugedacht ist, ein Mitglied der Kammer und gegenwärtig, so stattet der Redner ihm Dank ab, während er an seinem Platze ist. Gehört er aber nicht zu den Mitgliedern der Versammlung, oder befindet er sich ausserhalb Landes, so wird ihm schriftlich Dank gesagt. Sind die Danksagungen an alle Matrosen einer Flotte gerichtet, so werden sie allen Capitäns der verschiedenen Schiffe erstattet, die sie dann ihrer Schiffsmannschaft mittheilen.

Ehrensbezeigungen, welche von den Kammern dem Andenken berühmter Männer nach ihrem Tode zuerkannt werden.

Bisweilen haben die Kammern auch dem Andenken verstorbener großer Männer Ehrenbezeugungen decretirt; so votirten sie dem Lord Chatham öffentliche Obsequien. So decretirten sie im letzten Kriege, daß dem Andenken der Capitäns Bayne, Blair und Lord Robert Manners ein Monument errichtet werden sollte, als Männern, die glorreich im Kampfe für ihr Vaterland in den letzten Gefechten in Ostindien umgekommen wären. Bisweilen haben die Communen Adressen an die Krone gerichtet, um von ihr die Ertheilung von Belohnungen oder Ehrenbezeugungen für Private zu verlangen, die sich ein Verdienst um ihr Vaterland erwarben.

Censuren, die von den Kammern beschlossen werden

Bisweilen beschließen die Kammern, das Betragen eines Individuums zu tadeln, und bisweilen auch censiren sie Personen, die etwa in der Folge sich eine von ihnen ausdrücklich verpönte Handlung erlauben sollten. So votirten die Communen am 4. März 1782: „daß diejenigen als Feinde des Königs und des Vaterlandes angesehen werden sollten, die die Fortsetzung eines Offensivkriegs auf dem amerikanischen Continent vorschlagen, oder zu bewirken suchen würden.“

Mittel, einen Parlamentsbeschluß zu vernichten.

Das einzige Mittel, eine in den Kammern gefaßte Resolution zu vernichten, besteht in einem Beschluß der Kammer, daß diese Resolution in den Registern ausgestrichen werden soll.

Adresse einer Kammer an den König, zur Benachrichtigung von den Beschlüssen, die sie vorgängig gefaßt hat.

Oft überreicht die Kammer dem Könige eine Adresse, um ihm irgend einen besondern Act anzuempfehlen; bisweilen auch, um ihn mit der Meinung der Kammer über irgend einen Punkt bekannt zu machen. Dies geschieht gewöhnlich dadurch, daß dem Könige in Form einer Adresse die von der Kammer schon gefaßte Resolution mitgetheilt wird. So decretirte das Unterhaus am 27. Februar 1782: „daß die Kammer der Meinung sey, „die Fortsetzung eines Offensivkriegs auf dem nördlichen „amerikanischen Continent, in der Absicht, mit Gewalt „die aufrührerischen Colonien zu bezwingen, diene blos „dazu, die Anstrengungen des Landes gegen seine eu„ropäischen Feinde zu erschweren, und strebe, in den „gegenwärtigen Umständen die gegenseitige Feindschaft „auf eine gefährliche Weise zu vermehren, eine Feind„schaft, die dem Interesse Großbritanniens und Ameri„kas gleich schädlich sey, und dadurch, daß sie eine heil„same Versöhnung mit dem Lande unmöglich mache, den „von Sr. Majestät so glücklich ausgesprochenen Wunsch, „den Zustand öffentlicher Ruhe wieder herzustellen, ver„nichte.“ Nachdem dies decretirt war, wurde sogleich proponirt und festgesetzt, daß Sr. Majestät eine Adresse sollte übergeben werden, um ihr demüthigst vorzustellen: „daß die Fortsetzung eines Offensiv„kriegs ꝛc., (immer mit der wörtlichen Wiederholung des Beschlusses.)

Formen, in welchen die Adressen dem König überreicht werden.

Die Art, wie die Adressen dem Könige überreicht werden, ist nicht immer dieselbe. Gewöhnlich werden sie von denjenigen Mitgliedern der Communen überreicht, die zu des Königs geheimen Rath gehören; und im Oberhaus von den Pairs, die noch ein besonderes Hofamt haben; bisweilen aber, wenn die Adresse einen sehr wichtigen Gegenstand betrifft, wird sie von der ganzen Kammer übergeben, wie dies in dem oben erwähnten Falle, den amerikanischen Krieg betreffend, geschah.

Wie beide Kammern sich zu solchen Adressen vereinigen.

Bisweilen vereinigen sich die beiden Kammern, um an den König eine Adresse zu übergeben, und dann wird sie entweder von einem Comité der beiden Kammern, der besonders hierzu ernannt wird (und wozu die Communen doppelt so viele Mitglieder liefern, als die Pairs); oder sie wird von beiden Kammern in corpore überreicht. Bisweilen geschieht es, daß eine Adresse beider Kammern blos von den zwei Sprechern überreicht wird; doch sind diese Beispiele sehr selten.

Wie die Antwort des Königs übermacht wird, und Fälle, in welchen ihm die Antwort erlassen wird.

Die Personen, die dem Könige die Adresse überreichen, sind verbunden, der Kammer seine Antwort zu überbringen; denn obschon der König nicht verpflichtet ist, auf eine Adresse den Kammern zu antworten, und ein Beispiel existirt, daß König Wilhelm dem Unterhaus keine Antwort gab, als es verlangte, daß er aus seinem Conseil die Lords Somers, Halifax und den Grafen von Portland entfernen sollte, so ist es doch Sitte, daß der König die Adressen beantworte; doch bisweilen, bei delicaten Gegenständen, wo der König mit seiner Antwort in Verlegenheit gerathen könnte, kann die Kammer für besser erachten, gar keine zu erhalten, und in diesem Falle überreicht sie keine Adresse, sondern läßt nur ihre Beschlüsse dem Könige vor Augen legen; wie im Jahr 1784. Die Kammer faßte am 2. Februar zwei Beschlüsse in folgenden Worten: „Die Meinung der Kammer sey, „daß der gegenwärtige schwere und kritische Zustand der „Dinge alle Anstrengung einer festen, ausgebreiteten, „wirksamen, unentzweiten Administration erfordere, eine

„Verwaltung, die Ansprüche auf das öffentliche Vertrauen „habe, und den unglücklichen Entzweiungen und Unord„nungen dieses Landes ein Ende machen könne, und daß „die Kammer der Meinung sey, daß die Fortdauer der „Macht der Minister, nach dem Beschluß dieser Kammer, „einer festen, wirksamen, ausgebreiteten, unentzweiten „Administration, die allein fähig sey, das Land zu ret„ten, im Wege stehe;“ am folgenden Tage votirte die Kammer: „daß gedachte Resolutionen Sr. Majestät de„müthigst von denjenigen Mitgliedern vorgelegt werden „sollten, die sich in dem sehr ehrbaren (honorable) ge„heimen Rath Sr. Majestät befänden.“

Vorstellungen, Remonstrationen.

Die Kammern des Parlaments haben sich bisweilen an den König mit Vorstellungen, bisweilen auch mit Remonstrationen gerichtet. Diese Formen unterscheiden sich von den Formen der Adressen blos darin, daß sie weniger respectvoll sind.

Die übrigen Acte, in welchen eine Kammer in die Geschäfte der executiven Gewalt einschreitet, sind die Anklagen.

Wie die Kammer bei gerichtlichen Sachen bald als Richter, bald als Kläger auftritt.

Bei gerichtlichen Geschäften handelt die Kammer bald als Richter, bald als Ankläger; als Richter bisweilen in Civil-Angelegenheiten, aber nie anders, als über streitige Wahlen, da die Kammer das Recht, die Streitigkeiten, die über die Wahlen entstehen, zu schlichten, als ein blos ihr zugehöriges Recht ansieht. Bisweilen entscheidet sie in peinlichen Sachen, z. B. wenn sie eine Verletzung ihrer Privilegien durch Eingriffe in die Freiheit der Wahlen, durch die Verhaftung eines der

Mitglieder der Kammer wegen Schulden 2c., oder die Mitglieder der Kammer selbst, wegen irgend einer Unregelmäſsigkeit bestraft; bestände diese Unregelmäſsigkeit aber auch in Ausdrücken, die selbst dem Verbrechen des Hochverraths (trahison) gleich kämen, so könnte sie doch keiner andern Jurisdiction unterworfen werden.

Die Ausschlieſsung eines Mitglieds durch die Kammer macht es nicht wahlunfähig.

Wir haben schon oben bemerkt, daſs die einzigen Strafmittel, deren die Kammer sich gegen ihre Mitglieder bedienen könne, in der Verhaftung und Ausstossung bestehen. Ungeachtet dieses letzten Actes kann dasselbe Mitglied von seinen Constituenten, oder von andern Wählern erkohren werden, denen der Spruch der Kammer ihr Zutrauen zu ihm nicht geraubt hat.

Gewalt der Kammer über Personen, die nicht unter die Parlamentsglieder gehören.

Diejenigen Personen, die nicht Mitglieder der Versammlung der Communen sind, kann die Kammer nicht anders, als mit Gefängniſs strafen; und diese Einkerkerung kann nur so lange dauern, als die Session des Parlaments; denn von dem Augenblicke an, in dem die Versammlung prorogirt ist, hat das eingesperrte Individuum das Recht, sich in Freiheit setzen zu lassen, und macht es vor Gericht sein habeas corpus-Recht geltend, so müssen die Richter Befehl zu seiner Befreiung geben.

Wie die Kammer der Gemeinen bei Impeachments verfährt.

In den parlamentarischen Impeachments erscheint die Kammer der Communen als anklagende Partei.

Wie sie jemand vor Gericht belangt, wenn sie nicht selbst als Partei auftreten will.

Im Falle die Kammer der Communen eine gerichtliche Belangung für gut hält, aber nicht für wichtig genug, sich selbst in dieser Rücksicht als Partei zu erklären, so überreicht sie gewöhnlich dem Könige eine Adresse, und bittet ihn, seinem General-Procurator die Verfolgung aufzutragen. So beschloß die Kammer am 15. April 1779: „daß Sr. Majestät in Unterthänigkeit eine Adresse sollte „überreicht werden, mit der Bitte, ihrem General-Pro„curator gnädigst den Befehl zu ertheilen, die Esquire „Georg Stratton, Karl Hoyer und Georg Mackay ge„richtlich belangen zu lassen, weil sie den Befehl gege„ben, daß der Lord Georg Pigot, ihr Gouverneur und „Commandant en Chef, arretirt und durch Militärgewalt „fest gehalten werden sollte.“

Fälle, in welchen sie dem General-Procurator selbst befiehlt, die Klage anzustellen.

Bisweilen hat die Kammer aus eigener Autorität, ohne irgend eine Adresse an den König, dem General-Procurator befohlen, eine Klage anzustellen. Dieß geschieht, wenn die Communen diese Belangung für nothwendig halten, aber zu gleicher Zeit glauben, daß der Antrag dem Könige nicht angenehm seyn möchte.

Vier Fälle, in welchen die Kammer der Pairs das Richteramt übernimmt.

Die Kammer der Pairs übernimmt richterliche Funktionen:

1) Als Appellationsgericht der Kanzleihöfe, der Königsbank, der Kammer des Exchequer und des Exchequergerichts, von Seiten der Billigkeit und der höchsten Gerichtshöfe in Schottland.

2) Im Falle die Privilegien der Pairs verletzt werden.

3) In den Gerichten über die Pairs und die Pairessen bei Capital-Verbrechen, wo persönliche Vorladung statt findet.

4) In dem Urtheil über die von der Kammer der Communen erfolgten Impeachments.

Ueber die Comités der Kammern des Parlaments.

Nothwendigkeit der Ausschüsse.

Da es im Parlament viele Geschäfte giebt, die von einer zahlreichen Versammlung nicht abgemacht werden können, oder die doch den Kammern alle Zeit rauben würden, wenn sie sich selbst damit einließen, wie z. B. die Redaction der Adressen, die Bestimmung gewisser Thatsachen durch Zeugenverhör, oder Inspection von Papieren, so setzt die Kammer oft einen Ausschuß nieder, (der nur aus einigen Mitgliedern besteht), eines besondern Gegenstandes wegen, der in der Resolution angeführt ist, wodurch jener Ausschuß ernannt wird; so z. B. um eine Adresse als Antwort auf eine Rede des Königs zu berathen und abzufassen, Beispiele (aus der Vergangenheit) nachzusuchen, das heißt, ausfindig zu machen, was die Kammer in anderen, denen ähnlichen Fällen gethan habe, über die ein Beschluß gefaßt werden soll; so z. B. um den Zustand des irländischen Handels zu untersuchen, um die Gesetze anzugeben, die bald verlöschen sollen; um Untersuchungen über die Ursache des Kriegs im Carnatic anzustellen. Gewöhnlich sind mehrere dieser Ausschüsse zu gleicher Zeit in Activität *).

*) Die Direction eines Impeachments wird immer von einem Ausschuß der Kammer der Gemeinen geführt, und jede Bill wird nach zweimaliger Verlesung, das heißt, nach einer doppelten Erörterung, einem Comité der ganzen Kammer vorgetragen.

Drei Arten von Ausschüssen.

Es giebt drei Classen von Ausschüssen, die gewählten, die offenen (ouverts), und die geheimen Comités.

Gewählter Ausschuß.

Ein gewählter Comité besteht nur aus denjenigen, die die Kammer besonders zu Mitgliedern desselben ernennt.

Offener Ausschuß.

Ein offener Comité besteht nicht blos aus denjenigen, die die Kammer zur Bildung desselben erwählt, sondern auch aus allen Mitgliedern der Kammer, die es für gut halten, demselben beizuwohnen, wenn er seine Functionen angetreten hat, und in dem Schluß, der diese Gattung von Ausschuß niedersetzt, wird immer ausdrücklich angeführt, daß alle gegenwärtigen Mitglieder darin stimmfähig sind.

Geheime Ausschüsse.

Die geheimen Comités haben bisweilen die Befugniß, bisweilen auch den Befehl der Kammer, niemand, selbst den übrigen Mitgliedern des Parlaments, den Zutritt als Zeugen ihrer Operationen zu gestatten.

Anzahl der Personen bei einem Ausschuß.

Die Zahl der Personen, aus welchen ein Ausschuß bestehen soll, ist nicht bestimmt, sondern bei jeder Angelegenheit ernennt die Kammer deren so viele, als sie der Natur und Wichtigkeit der Materien, die untersucht odet der Geschäfte, die expedirt werden müssen, angemessen glaubt. Im Allgemeinen ist ihre Zahl 12 bis 24.

Verschiedene Arten, den Ausschuß zu bilden.

Auch der Modus, diese Ausschüsse zu bilden, ist nicht immer derselbe. Aber jedesmal nimmt die Kammer diejenige Methode an, die ihr die zweckmäßigste scheint.

Doch giebt es nur zwei Arten, solche Comités zu ernennen: erstens durch eine General-Motion, zweitens durch Ballotiren (oder das scrutin). Bisweilen bestimmt die Kammer, daß alle Mitglieder, aus welchen der Ausschuß bestehen soll, eines nach dem andern, gewählt werden müssen; bisweilen wird keines besonders bezeichnet, und blos festgesetzt, „daß der Comité aus allen Mitgliedern „der Kammer bestehen solle, die zur Advocatur gehö„ren, oder aus allen Mitgliedern, die Schottland re„präsentiren rc."

Gewalt und Functionen der Ausschüsse.

Die Gewalt und die Functionen dieser Comités hängen immer von den besonderen Instructionen und der Autoritat ab, die ihnen die Kammer verleiht. Wenn sie einen Comité ernennt, faßt sie immer einen besondern Beschluß, durch welchen sie ihm irgend einen Grad von Macht, diese oder jene besondern Befehle und Instructionen ertheilt. So hat er bisweilen blos den Auftrag, Bericht über gewisse Facta zu erstatten, das heißt, das Resultat der Zeugnisse, die er gesammelt hat; bisweilen auch die Zeugnisse selbst in ihrem ganzen Umfange vorzulegen; bisweilen ist er beauftragt, die Facta mit allgemeinen Bemerkungen zu berichten, wohl auch mit Bemerkungen, die sich auf gewisse besondere Gegenstände beziehen; öfters Bericht zu erstatten, über die Meinungen der Mitglieder des Comité; bisweilen auch, von Zeit zu Zeit, andere Berichte auszufertigen. Manchmal wird den Comités befohlen, sich, ungeachtet die Kammer vertagt ist, zu versammeln; ihre Sitzungen zu halten, wo es ihnen gut dünkt rc *). Im Allgemeinen

*) Der gewöhnliche Ort, wo der Ausschuß seine Sitzungen hält, ist ein Saal, der an die Kammer anstößt. Es kann aber auch die Nothwendigkeit eintreten, daß er seine Geschäfte in einem andern Local verrichte; z. B. wenn er Bän-

berechtigt die Kammer die Comités, alle Papiere und Personen kommen zu lassen, und in Untersuchung zu nehmen, die ihnen Aufschluß geben können.

Weitere Instructionen an die Ausschüsse, welche bisweilen ganz andere Functionen erhalten.

Obgleich die Kammer den Comités immer ihre Instructionen ertheilt, sobald sie sie ernannt hat: so kann sie ihnen doch auch während sie im Amte sind, neue Instructionen geben und giebt sie ihnen oft. Ja bisweilen verändern diese hinzugefügten Instructionen ganz und gar die Natur eines Ausschusses, der nun mit ganz andern Untersuchungen beauftragt ist, als die sind, weshalb er anfänglich errichtet wurde.

Beispiel eines Ausschusses, dessen Bestimmung verändert wurde.

So wurde im Jahr 1782 ein aus der Kammer der Communen gewählter Ausschuß ernannt, um den Zustand der Justiz-Verwaltung in den Provinzen Bengalen, Bahar und Orissa in Untersuchung zu nehmen, darüber Bericht zu erstatten, und eigene Beobachtungen und Bemerkungen hinzuzufügen. Kurze Zeit darauf erhielt dieser Comité von der Kammer eine Instruction, durch die ihm aufgetragen wurde, zu untersuchen, wie die brittischen Besitzungen in Ostindien mit der größten Sicherheit und dem größten Vortheil benutzt werden könnten, und welches die besten Mittel seyen, das Glück der Eingebornen zu befördern?

---

dereiche Schriften zu untersuchen hat, oder auch aus andern Gründen. So versammeln sich die Mitglieder des Ausschusses in dem Hotel der ostindischen Gesellschaft, wenn sie beauftragt sind, die Register dieser Gesellschaft nachzusehen und zu untersuchen.

Wahl-Ausschüsse.

Ausser den oben angeführten Comités giebt es auch noch Wahl-Comités; diese werden ernannt, um über die Reclamationen derjenigen zu entscheiden, die vorgeben, gesetzmäsig erwählt worden zu seyn, obgleich sie nicht als legal erkohren erklärt worden. Diese Ausschüsse gehören nur den Communen an und unterscheiden sich in mancher Rücksicht von den andern Comités. Die Art, sie zu wählen, die Gewalt, die ihnen verliehen ist, und die Form ihrer Procedur sind unabänderlich dieselben, und hängen nicht von einem besondern Schluß der Kammer ab. Dies alles wurde durch einen Parlaments-Act, welcher im zehnten Regierungsjahre des jetzigen Königs durchgegangen, und durch zwei spätere Acte regulirt.

Anfang ihrer Errichtung.

Bis zu dieser Epoche im Jahr 1770 wurden alle streitigen Wahlen von einem General-Comité der ganzen Kammer entschieden; als man aber gewahr wurde, daß diese Beschlüsse vielmehr Partei-Geschäfte, als wirkliche gerichtliche Resultate wurden, machte man einen Act, um Wahl-Comités zu erwählen, die den Gerichtshöfen, und einigermassen dem Jury ähnlich wären, und vermöge deren die Gerechtigkeit mit Unparteilichkeit geübt werden sollte.

Wie sie gebildet werden.

Um diese Unparteilichkeit zu sichern, werden die Wahl-Comités auf eine andere Weise erwählt, als die übrigen Comités; man looset und die Parteien haben das Recht, die Namen einer gewissen Anzahl der Gewählten auszustreichen, wenn sie sie der Parteilichkeit fähig glauben. In diesem Falle geht man auf folgende Art zu Werke: Die Namen aller gegenwärtigen Mitglieder, deren Hundert seyn müssen, ehe die Kammer die Bildung des Comité vornehmen kann, werden auf einzelne

Zettel geschrieben und in ein Gefäß geworfen. Dann zieht der Secretair der Kammer diese Namen einen nach dem andern und übergiebt sie dem Sprecher, der sie mit lauter Stimme verlieset, bis 49 Namen heraus sind; diese 49 Namen werden dann aufgeschrieben, und die Listen der Person eingehändiget, die gegen die Wahl reclamirt, so wie auch dem Mitgliede der Versammlung, gegen welches diese Reclamation gerichtet ist. Beide streichen die Namen derjenigen, die sie ausschließen wollen, bis die Zahl auf 13 reducirt ist; dann ernennt jede Partei ein anderes Mitglied der Kammer, das dadurch Eintritt in den Comité erhält; dieses neue Mitglied wird der Ernannte der Person genannt, die ihn gewählt hat; und diese 15 Personen bilden dann den Comité.

Gedanken über die Ernannten.

Vielleicht würde man diese Art von Comité verbessern, wenn man die Ernannten wegließe oder ihnen das Recht, zu votiren, nähme. In der That halten sich auf solche Art erwählte Personen gemeiniglich verpflichtet, Functionen zu übernehmen, die unverträglich mit einander sind, nämlich die des Richters und Advocaten zugleich. Doch hindert dies vielleicht nicht die Unparteilichkeit der Entscheidung, weil auf jeder Seite ein Ernannter ist, und die Entscheidung der Majorität des Ausschusses angehört.

Besondere Formalitäten bei diesen Ausschüssen.

Wenn die Wahl-Comités ihr Richteramt ausüben, so finden in ihren Operationen verschiedene Formalitäten statt, die in keinem andern Ausschuß Sitte sind. Jedes Mitglied legt einen Eid ab, billig und nach Zeugnissen zu entscheiden; alle Aussagen, die ihnen überreicht werden, müssen eidlich abgelegt werden. Dieses Eidgesetz stammt von dem oben genannten Statut her. Denn weder die Kammer der Communen, noch irgend einer ihrer Ausschüsse, hat für sich hinreichende Autorität, um einen Eid ablegen zu lassen. Doch die Kammer der Pairs hat diese Gewalt; und die vor dieser Kammer und ihren Ausschüssen verhörten Zeugen sind von jeher verpflichtet, einen Eid abzulegen.

Mehrere solche Ausschüsse können zu gleicher Zeit sitzen.

Bei jeder streitigen Wahl wird ein neuer Comité erwählt. Bisweilen sind drei oder vier Comités zugleich in Thätigkeit.

Comité der ganzen Kammer.

Ausser den schon genannten Comités, die nur aus einem Theil der Kammer bestehen, finden oft in beiden Kammern Comités der ganzen Kammer statt. Diese Comités arbeiten immer in der Kammer selbst, während alle, nur aus einem Theil derselben bestehende Comités gewöhnlich in den verschiedenen an die Kammer anstossenden Sälen ihre Sitzungen halten, und mit ihrer Erlaubniß an jedem andern Orte arbeiten können.

Besondere Form der Kammer, wenn sie sich zu einem Comité bildet. Von dem Präsidenten.

In einem Comité der Kammer sind alle Mitglieder sitzend, und opiniren wie in den Versammlungen der Kammer; aber der Comité wird nicht von dem Sprecher präsidirt; dieser verläßt den Stuhl in dem Augenblick, in dem die Kammer sich als Comité constituirt, und übergiebt das Präsidium einem von dem Comité gewählten Mitgliede, das nicht an dem Platze des Sprechers, sondern an dem Tische seinen Sitz nimmt. Seine Functionen bestehen, wie die des Sprechers, in der Vorlegung der Motionen und der Erhaltung der Ordnung; an ihn müssen die Sprechenden die Rede richten. Der Parlamentsstab, welcher immer auf dem Tische ruht, wenn die Versammlung als Kammer deliberirt, wird unter den Tisch gelegt, wenn sie sich als Comité constituirt *).

Mancherlei Vortheile, bei Comités der ganzen Kammer.

Die Vortheile, um derenwillen man eine Materie in einem Comité der ganzen Kammer lieber, als in der Kammer selbst verhandelt, sind folgende: 1) in einem Comité kann jedes Mitglied so oft sprechen, als es will; 2) die Frage kann sogleich schon auf die Forderung eines einzigen Mitglieds, der Erörterung unterworfen werden: denn eine in einem Comité gemachte Motion braucht nicht unterstützt zu seyn; 3) diese Form erleichtert sehr die Erörterung der Materien, ehe sie von der Kammer angenommen werden; in der That kann die Frage debattirt werden, auf den Antrag, daß sich die Kammer als Comité constituiren solle; auf die im Comité vorgetragenen Motionen; auf die Frage, ob die Kammer den Bericht des Comité annehmen solle; auf den Antrag, ob die Kammer den Bericht des Comité zum Grund legen solle; und wenn bei Überreichung die-

*) Der Parlamentsstab wird immer vor dem Sprecher hergetragen, wenn er die Kammer betritt oder herausgeht. Aber er steht nicht ihm, sondern der Kammer zu. Auch kann sie nichts vornehmen, wenn er nicht vorhanden ist, ausser sich vertagen. Wenn die Boten der Kammer der Pairs eingeführt werden, oder ein Zeuge vor den Schranken der Kammer abgehört, oder ein Angeklagter vorgeführt wird, so wird der Parlamentsstab von dem Kammer-Sergent auf die Schulter genommen, und wird er so gehalten, so darf kein Mitglied, ausgenommen der Sprecher, ein Wort reden, selbst nicht einmal eine Motion machen, oder eine Frage angeben, die der Sprecher dem Zeugen vorlegen soll.

ser letzten Motion die Kammer für gut findet, den Gegenstand einer anderweitigen Discussion zu unterwerfen, so giebt sie den ganzen Bericht oder einen Theil desselben demselben Comité zurück, um von neuem untersucht zu werden *). Die Vortheile, die aus dieser Art, einen Gegenstand zu untersuchen, entspringen, sind so beträchtlich, daß wenn eine sehr wichtige Sache einer von beiden Kammern vorgelegt wird, sie sich gewöhnlich als Comité der ganzen Kammer constituirt, um sie in dieser Form zu untersuchen, ehe sie einen Beschluß faßt.

Beispiel eines Comité der ganzen Kammer zur Berathung über eine Bill.

So wurde z. B. am 28. Februar 1782 in der Kammer der Communen ein Antrag gemacht, der dahin gieng, „daß die Erlaubniß ertheilt würde, eine Bill zu über„reichen, welche den Monarchen autorisirte, Friede oder „Waffenstillstand mit den empörten Colonien des nördli„chen Amerika's zu schließen." Es wurde hierauf von der Kammer beschlossen, daß dieser Antrag der Untersuchung eines Comité der ganzen Kammer am kommenden 5. März unterworfen werden solle. Dem zu Folge constituirte sich die Kammer an jenem Tage als Comité, um die Motion in Untersuchung zu nehmen, und am selbigen Tage berichtete der Präsident des Comité der Kammer, daß ihm der Comité aufgetragen habe, um „die Erlaub„niß, eine Bill zu überreichen, anzuhalten."

*) Wenn bei der Prüfung des Berichts des Subsidien-Ausschusses für rathsam gehalten wird, die bewilligte Summe oder die aufgelegte Abgabe noch zu vermehren, so ist der stete Gebrauch der Kammer, den Bericht an den Ausschuß zurückzuweisen. Jedoch kann ohne Zurücksendung des Berichts die vorgeschlagene Summe von der Kammer vermindert, und so die dem Volk aufgelegte Last erleichtert werden.

Andere Beispiele.

So bilden sich bei einigen ausserordentlichen Angelegenheiten die Kammern als Comité, um den Zustand der Nation in Untersuchung zu nehmen, wie dies im Monat Februar 1778, während des letzten Krieges, im Unterhause geschah, und wie neuerdings die beiden Kammern während des Königs Krankheit gethan haben.

Fälle, in welchen eine Motion nur in einem Comité der ganzen Kammer gemacht werden kann.

Kraft eines Beschlusses der Kammer der Communen kann keine Motion, die sich auf Subsidien und Taxen bezieht, anders als in einem Comité der ganzen Kammer gemacht werden. Durch eine andere Satzung der Kammer kann keine Bill, die sich auf die Religion oder auf den Handel bezieht, in Vorschlag gebracht werden, die Frage müßte denn zuvor in einem Comité der ganzen Kammer untersucht worden seyn.

Permanente Ausschüsse.

Ausser den oben angeführten Comités, die nur zufällig und für besondere Gegenstände errichtet werden, giebt es für die Kammer der Communen General-Comités, die permanent sind, und zu Anfang einer jeden Session ernannt werden, wie z. B. die grossen Ausschüsse für Religions-Angelegenheiten, Handel und Gerichtshöfe; die Comités für Privilegien, Beschwerden, Subsidien, Mittel und Wege. Einige sind gewählte Comités, andere, besonders die beiden letztern, sind Comités der ganzen Kammer.

Ausschüsse für Religion, Gerichtshöfe und Beschwerden.

Obgleich die Comités für die Religion, die Gerichtshöfe und Beschwerden regelmäßig bei jeder Session errichtet werden, so haben sie doch selten Gelegenheit, zu arbeiten. Aber unter der Regierung Jakobs I. und Karls I. ehe die Constitution festgesetzt wurde, da die Staats-Administration und Gerechtigkeitspflege oft parteiisch und voll Gebrechen waren, da die geringste Neuerung in religiöser Hinsicht als gefährlich für den Staat angesehen wurde, da die Krone die Gewalt ausübte, deren Legalität die Communen bestritten, waren diese Comités oft beschäftiget, und da wurden die wichtigsten Grundlagen der brittischen Constitution erörtert und festgesetzt.

Subsidien-Ausschuß und Ausschuß der Mittel und Wege.

Der Gebrauch des Subsidien-Comité und des Ausschusses der Mittel und Wege, hat nicht aufgehört; von Zeit zu Zeit sind beide beinahe die ganze Dauer der Session hindurch beschäftiget.

Die Functionen des Comité der Mittel und Wege bestehen darin, Mittel ausfindig zu machen, die Subsidien zu erheben, welche die Kammer bewilliget hat, und zu bestimmen, auf welche besondere Gegenstände die Taxen gelegt werden sollen.

In dem ersten dieser beiden Comités müssen alle Concessionen an Geld, in dem letztern alle Auflagen und Taxen bestimmt werden.

Die Kammer der Pairs hat nicht die Ausschüsse für Subsidien und Mittel und Wege.

Die Pairs haben keine Comités dieser Art, weil in ihrer Kammer keine Bill, die sich auf Subsidien und Taxen bezieht, entstehen kann.

Sie kann eine Bill, die Bezug auf Subsidien hat, weder angreifen, noch eine Änderung daran machen.

Seit mehr als einem Jahrhundert haben die Communen ununterbrochen behauptet (und die Pairs haben es durch die Praxis anerkannt), daß das Oberhaus weder das Recht hat, eine Bill, die in der Form positiver Taxen oder Geldstrafen, oder unter irgend einer andern Form als eine directe oder indirecte Auflage auf das Volk angesehen werden könnte, und in den Communen angenommen worden ist, anzutasten oder abzuändern.

Sie können sie nur annehmen, oder verwerfen.

Den Pairs bleibt blos die Alternative, die Bill ganz zu verwerfen, oder sie ohne Verbesserung anzunehmen.

Ausnahme im Fall eines Wortfehlers.

Doch geht dieser Grundsatz nicht so weit, daß man die Pairs hinderte, einen Wortfehler in einer Hülfs- oder Subsidien-Bill zu verbessern, die ihr von den Communen überreicht worden ist. Aber wenn die Pairs eine Verbesserung dieser Art gemacht haben, befehlen die Communen bei der Annahme derselben, daß die Verbesserung besonders in die Register der Kammer eingetragen werde, damit man wisse, von welcher Art sie sey, und dies Beispiel keine Folgen nach sich ziehe.

Eine andere Ausnahme, in Betreff der Unterhaltung der Wege oder einer Geldstrafe.

In den Bills, welche nicht besonders und vorzugsweise eine Concession von Subsidien betreffen, dessen ungeachtet aber das Volk mit Abgaben belegen, wie z. B.

die Bills wegen Unterhaltung der Wege und des Strassen- und Pflasterbaues, vermittelst der Zölle und Tarifs; und in denjenigen, die zu Geldstrafen verurtheilen, können die Pairs Verbesserungen machen, doch mit der Bedingung, daß diese Verbesserungen nicht den Zolltarif und die Geldstrafen angreifen *).

Besondere Form der Bills zu Auflagen.

Wenn die beiden Comités der Subsidien und der Mittel und Wege formirt sind, und die Beschlüsse des letzteren über die Art und Weise, wie das Geld erhoben werden soll, das der Subsidien-Comité verwilliget hat, die Form einer Tax-Bill erhalten, und Gesetzeskraft erlangt haben, so setzt die Kammer der Communen eine Bill fest, und die verschiedenen Concessionen der Territorial-Taxe, der Malz-Taxe, der Schuldentilgungs-Taxe ꝛc., welche von dem Ausschuß der Mittel und Wege ertheilt worden, werden recapitulirt und classificirt, so, daß sie zu den Bestimmungen angewendet werden können, wozu die Fonds von dem Subsidien-Comité dieser Session verwilliget worden sind. Die für jede Art des Dienstes bewilligten Summen werden specificirt. Die Summe, die an den Schatz dazu ausgezahlt werden soll, wird bezeichnet, und festgesetzt, daß die Subsidien zu keinem andern Gegenstand, als zu dem oben angeführten angewendet werden sollen.

---

*) Wenn die Pairs eine Veränderung mit einer Bill vornehmen, so wird diese Bill von den Gemeinen immer verworfen, wenn man sie ihnen zurückbringt: glauben jedoch die Gemeinen, es sey die Abänderung vernünftig, so schlagen sie gewöhnlich eine neue, der ersten gleiche, Bill vor, worin sie die, von den Pairs gemachte Veränderung beibehalten. Die Bill geht durch die gewöhnlichen Formen, und wird der obern Kammer als eine neue Bill zugefertigt.

Wann die partiellen Ausschüsse sich versammeln und auseinander gehen sollen.

Die Comités, die nur aus einem Theil der Kammer bestehen, müssen sich vor Eröffnung der Kammer versammeln und ihre Arbeit beginnen. Es gilt in den Communen das Gesetz, daß der Sergeant d'armes (der Offizier der Kammer) noch ehe die Kammer das Gebet anfängt (das immer der Erscheinung des Sprechers auf dem Stuhle vorangeht), alle beschäftigten Comités benachrichtige, daß die Kammer im Begriff sey, zu beten, und daß folglich alle Operationen der Ausschüsse zu Ende sind.

Wann die Comités der ganzen Kammer ihre Geschäfte beginnen und endigen können.

Die Comités der ganzen Kammer können nie ihre Function beginnen, ehe die Kammer regelmäsig versammelt ist, und einen Beschluß gefaßt hat, sich als Comité zu formiren. Die Arbeit, womit sich die Kammer beschäftiget, mag seyn, welche sie wolle, so muß die Kammer ihre regelmäsige Form wieder annehmen, und der Sprecher auf dem Stuhle erscheinen, ehe sich die Mitglieder trennen, und wäre es nur, um die Kammer zu vertagen.

Präsident der Ausschüsse. Wer ihn wählt.

Die Comités, die nur aus einem Theil der Kammer bestehen, wählen ihren eigenen Präsidenten, so wie auch die Comités der ganzen Kammer. Sie werden von einem ihrer Schreiber (clercs) begleitet und behalten die Concepte von ihren Operationen.

Geschäftsführung in den Ausschüssen.

Die Geschäfte werden in den Ausschüssen wie in der Kammer durch Motionen und Resolutionen geführt.

Ihre Operationen werden nicht in das Kammer-Journal eingetragen.

Aber von allen Proceduren, selbst von denen der Comités, die aus der ganzen Kammer bestehen, wird keine in den Journalen aufgenommen, ausgenommen der Bericht, und selbst dieser würde weggelassen werden, wenn er blos in der Darstellung der Thatsachen oder Zeugnisse bestände; enthält aber der Bericht blos Beschlüsse des Comité und ist er von der Kammer angenommen worden, so wird er in ihren Journalen abgedruckt, auch dann, wenn das Resultat desselben von der Kammer nicht als gültig angenommen worden wäre.

Die Berichte über Thatsachen werden in gewissen Fällen besonders abgedruckt, ob sie gleich nicht eingetragen werden.

Ungeachtet die Berichte, welche Facta oder die Auseinanderlegung der Zeugnisse enthalten, in den Journalen nicht gedruckt werden, so werden sie doch auf Befehl der Kammer besonders gedruckt, im Falle sie wichtige Gegenstände betreffen. Zum Gebrauch der Mitglieder kommen sie gewöhnlich um einen Tag früher im Druck, als der Bericht von der Kammer in Untersuchung genommen wird. Wenn die Nachrichten, die der Bericht enthält, von großer Wichtigkeit sind, und so, daß sie in der Zukunft nützlich werden können, so befiehlt die Kammer, daß sie in derselben Form gedruckt werden, wie die Journale oder Register, damit man sie aufbewahren könne, wie dies bei allen Berichten der Comités über die irländischen Angelegenheiten der Fall war.

Vertagung der besondern Ausschüsse.

Ausschüsse, die nur aus einem Theile der Kammer bestehen, vertagen sich von Zeit zu Zeit, bis sie einen

Bericht in Bereitschaft haben. Aber ein Comité der ganzen Kammer kann nicht auseinandergehen, ohne der Versammlung einen Bericht zu erstatten. Folglich wird dieser Comité auf folgende Weise vertagt. Der Präsident berichtet der Kammer, daß der Comité einige Fortschritte gemacht hat, und sie fortzusetzen verlangt. Wenn der Comité der ganzen Kammer sich trennt, ohne irgend einen Bericht der Kammer abzustatten, so ist der Comité geschlossen. Auch ist es Sitte, daß die Mitglieder, die der Meinung sind, daß der Comité seine Operationen nicht fortsetzen solle, eine Motion machen, durch die sie verlangen, daß der Präsident seinen Platz verlasse.

Art, den Bericht eines Ausschusses an die Kammer zu übergeben.

Der Bericht eines Comité wird der Kammer immer von dem Präsidenten, und zwar schriftlich, vorgelegt. — Es geschieht dieses so — Der Präsident, mit dem Bericht in der Hand, erscheint vor den Schranken der Kammer; darauf fragt ihn der Sprecher, was er in der Hand halte, und nachdem er geantwortet, daß es ein Bericht sey, fragt der Sprecher die Kammer, ob sie die Überreichung des Berichts genehmige; geht diese Motion durch, so fordert der Sprecher den Präsidenten auf, den Bericht zu überbringen, welches er sogleich thut. Der Bericht wird auf den Tisch gelegt, und ein Tag bestimmt, an dem er in Untersuchung genommen werden soll.

E r l a n g e n

gedruckt bei Joh. Ludw. Christian Hilpert.

Nachricht für den Buchbinder.

Die Vorrede des Uebersetzers wird der Vorrede des Verfassers vorgebunden, wie auch die Seitenzahlen zeigen.